KB039746

삶은
문제해결의
연속이다

삶은 문제해결의 연속이다

칼 포퍼 지음 ─ 허영은 옮김

KARL
POPPER

All Life is
Problem Solving

포레스트북스

일러두기

이 번역본에는 독일어 원본 『Alles Leben ist Problemlösen』에서 네 장(章)이 빠졌음을 알린다. 내용이 동일하거나 아주 약간만 다른 영어 번역판으로 루틀리지(Routlege)사가 출간한 칼 포퍼의 다른 선집에 이미 실렸기 때문이다. 독일어본의 2장 '과학적 환원과 과학의 본질적인 불완전성(Wissenschaftlich Reduktion und die essentielle Unvollständigkeit der Wissenschaft)'은 『The Open Universe: An Argument for Indeterminism』(1982년, 한국어판 『칼 포퍼 열린 우주: 비결정론을 위한 논증』(철학과현실사, 2020년) 부록 2로 실렸다. 8장 'Über Geschichtsschreibung und über den Sinn der Geschichte(역사의 기록과 역사의 의미에 대하여)'는 『The Open Society and Its Enemies』(1945년, 1966년에 5쇄, 한국어판 『열린사회와 그 적들』, 민음사, 초판 1999년)의 25장과 거의 겹친다. 그리고 10장 'Bemerkungen zur Theorie und Praxis des demokratischen Staates(민주주의 국가의 이론과 실천에 대한 고찰)'와 11장 'Freiheit und intellektuelle Verantwortun(자유와 지적 책임)'은 『The Lesson of This Century』(1997년, 국내 출간 제목은 『우리는 20세기에 무엇을 배울 수 있는가』, 생각의나무, 2000년)의 각각 8장과 9장이다.

빠진 네 장은 '지식의 진화론에 대하여'(5장), '마사리크와 열린사회'(14장), '문제들과 사랑에 빠졌더니 어느 날 철학자가 되어 있었다'(15장)로 대체되었다. 전부 영어로 쓴 논고들이다.

'공산주의의 몰락: 과거를 이해해야 미래를 바꿀 수 있다'(12장) 역시 영어로 쓰였으며 『Alles Leben ist Problemlösen』에 독일어로 번역되어 실렸다. 이 책은 영문 초고를 최초로 출간하는 것이다.

이 영역본은 패트릭 카미에(Patrick Camiller)가 멜리타 뮤(Melitta Mew), 데이비드 밀러(David Miller)의 도움으로 번역하였다.

삶을 대면하는 혜안

배철현 (하버드대 고전문헌학 박사)

칼 포퍼는 구루다. 생명을 지닌 모든 존재라면 반드시 안고 사는 문제, 좀 더 세속적인 용어를 사용하자면 고통과 직면했을 때, 그것과 대면하여 극복할 수 있는 삶의 문법을 제시하였다. 생물은 자기보존(自己保存)을 위해 끊임없이 변화한다. 그 변화만이 유일한 살길이다. 인생은 문제투성이일 수밖에 없다. 우리의 일상은 어제의 소홀을 통해, 오늘의 산만을 거쳐, 내일의 걱정으로 견고하게 자리를 잡는다. 이 순환이 반복되면, 그 사람은 우울과 불행의 늪에 빠지고 만다. 우리가 이 역경 앞에서 취하는 태도는 두 가지다. 첫 번째 태도는 문제를 묵인하고 외면하는 것이다. 두 번째 태도는 그 문제를 직시하고 해결점을 찾으려는 시도다. 이 시도는 십

중팔구 틀릴 수밖에 없어, 시행착오(施行錯誤)라고도 불린다.

첫 태도는 반드시 불행으로 이어진다. 그 문제는 점점 실타래처럼 얽혀, 시간이 지날수록 그 실마리는 자취를 감춘다. 급기야 영영 풀 수 없는 삶의 저주가 된다. 불행은 문제를 대면하려는 용기의 부족에서 싹이 튼다. 불행에 봉착한 인간은 니체가 말한 20세기 등장한 우상인 '국가'에 의존한다. 그는 국가가 자신을 구원해줄 구세주라고 착각하고 숭배한다. 그는 국가가 주장하는 이념을, 마치 자신의 이익과 직결되는 것으로 착각한다. 그는 맹목적으로 단테 『신곡』에 등장하는, 누군가의 깃발을 보고 뒤따라가는 영혼과 같다. 그는 이 체제의 일부, 대체 가능한 부품으로 전락한다. 20세기에 등장한 '민주주의의 적들'인 전체주의 아류들, 즉 사회주의와 공산주의가 그 예들이다. 전체주의자들은 국민 한 사람 한 사람을 폐기 가능한 물건으로 본다. 오늘날 소위 '민주주의' 국가 대부분은 대중의 인기라는 바람에 나부끼는 겨와 같은 허상 위에 올려놓은 부실한 모래성이다.

두 번째 태도는 자신에게 일어난 문제를 간과하지 않고, 자신의 삶에 지대한 영향을 끼칠 수 있는 문제로 인식하고 그 해결책을 찾으려는 시도다. 포퍼는 영국의 실증주의자답게 희망적이다. 그는 누구보다도 선명하게, 그리고 실천이 가능한 명제를 제시하였다. 이 명제들은 간명한 언어이지만, 행동으로 옮길 수 있기에 혁명적이다. 그는 현대인이라면 누구나 품고 있는 고달픈 인생에서 부딪히는 난제를 풀 수 있는 실마리를 세 단계로 제시한다: 1. 문제; 2. 시도된 해결책들; 3. 제거.

첫째, 우리는 '문제'에 봉착하여, 어떤 태도를 취해야 하나? 포퍼에게 그 태도는 자신의 시적인 경험을 기반한 연역(演繹)이다. 그 문제에 대한 해답은 나와는 상관이 없는 누군가가 알 수 없는 수학 공식을 사용하며 제시한 귀납(歸納)이 아니다. 오늘날 과학 근본주의자들이 주장하는 명제들은 많은 경우, 그 누구도 동의하지 않는 선별적인 대상을 통한 실험을 토대로 구축한 '이론(理論)'에서 출발한다. 이론은 인간 지식의 확장, 특히 미래의 과학적인 발견으로, 우리가 신봉한 소위 '절대진리'라는 우상을 조각한다. 그리고 성경의 「다니엘서」에 등장하는 네부카드네자르가 만든 우상처럼, 현대인들의 수긍과 절대신뢰를 요구한다. 우리가 믿는 신의 이름을 들먹여 만든 교리든, 혹은 권위를 휘두르며 수긍을 강요하는 철학자나 과학자의 이론이든, 이것들은 내 삶의 문제를 해결하기에 너무 엉성하여 오류가 발견될 수밖에 없다. 포퍼는 귀납주의자들이 자부하는 '절대진리'가 일상의 예들로 허물어질 수 있다는 '반증가능성(反證可能性)'을 제시한다. 반증가능성이 매일 우리의 삶을 긴장하게 만들고 신나게 만든다.

둘째, 우리는 각자의 삶의 문제에 대한 해결(解決)책을 얻으려고 시도(試圖)해야 한다. 해결책은 만고의 진리가 아니라, 지금-여기에 적용할 수 있는 시급하고 가변적이며 일시적이다. 그래서 희망적이다. 단세포 동물인 아메바로부터 고등생물인 인간까지, 아니 잡초나 듬직한 참나무도 계절의 흐름에 따라 생존을 위해 스스로 변신하고 진화해왔다. 이 미세한 변신이 해결책이 되어, 이전의 골치 아픈 문제들이 더 이상 문제가 되지 않는다. 우리가 생각, 말, 그리고 손발을 이용하여 취해야 할 행동의 원칙이 '시도'다. 시도는 정답은 아니지만, 정답을 향해가는 열정이자 겸손이며, 끊임없는 시도는 그 자체가 정답이다. 다양한 가능성과 의외의 결과를 염두에 두는 사고실험만이, 인간을 자신과 다른 생각을 지니는 인간을 포용할 따뜻한 가슴을 선물하기 때문이다. 우연히 한 장소와 시간에서 다른 생물이 아닌 동물로 태어난 개인이, 자신이 우연히 습득한 지식이 '진리'라고 생각하고 얼굴 붉히며 주장하는 사람처럼 무식한 자는 없다. 열린 마음으로 독창적인 해결책을 가지고 문제를 해결하려고 시도하는 인간에게, 그 문제는 더 이상 장애물이 아니라, 그다음 단계로 도약하기 위한 발판이 되어 문제가 슬그머니 해소(解消)된다.

셋째, 새로운 해결책이 옳다고 판단되면, 어제까지 금과옥조처럼 모신 신념을 버려야 한다. 포퍼는 그 단계를 '제거'라고 말한다. 제거는 우리를 더 이상 신나게 만들지 않는 지나간 것들을 처

삶은 문제해결의 연속이다

분하는 과감한 유기이며, 자신이 목숨처럼 믿었던 삶의 철학을 반박하고 감히 배신하는 용기다.

우리가 삶에서 추구하지 말아야 할 것들, 즉 엑스트라extra를 삶에서 솎아내면 오늘이라는 산책이 즐겁다. 자신의 삶에서 '하지 말아야 할 것들', 즉 not-to-do 리스트를 하루에 하나씩 적어 10개 항목을 마음에 새기고 삶에서 제거한다면, 그는 이미 행복한 인간이다. 포퍼는『삶은 문제해결의 연속이다』에서, 글을 통해 간결하게 말한다. 만일 독자가 하루에 한 편씩 깊이 읽는다면, 그는 좀 더 나은 생각을 지닌 인간으로 살고 싶은 욕망이 생길 것이다. 그는 우리에게 삶의 문법을 제시하였다. 15편의 에세이 안에 우리가 일상에 적용할 수 있는 혜안들을 숨겨놓았다. 하루에 한 개씩 읽고 느끼길 바란다.

문제투성이처럼 보이는
자신의 삶을 사랑하는 방법

이진우 (포항공대 명예교수)

　과학철학이 실존철학이 될 수 있음을 선명하게 보여주는 이 책의 매력은 제목에 있다. "모든 삶은 문제해결이다." 문제로 가득 찬 현실 속에서 인간은 태어나서 죽을 때까지 평생을 문제해결에 바친다. 과학도 마찬가지로 추측과 논박이라는 '시행착오'의 방법을 사용한다. 시행착오는 진화 과정을 관통하는 '삶의 관점'이다. 여기서 포퍼는 "과학을 예술가의 관점에서 바라보고, 예술은 삶의 관점에서 바라본다"는 니체의 실존철학을 실천한다. 과학은 진리를 탐구하지만, 포퍼는 과학적 탐구가 최종 진리의 목적지에 도달할 것이라고 기대해서는 안 된다고 말한다. 어떤 대답도 반증되고 수정될 수 있다. 모든 대답은 잠정적이다. 따라서 진리를 절대적으로 주장하는 과학은 과학이 아니다.

우리가 가진 모든 지식은 가설적인 것처럼, 우리의 삶도 시행착오를 통해 해결되어야 할 문제이다. 과학을 진정한 과학으로 만드는 결정적 요소가 비판적 접근이듯이, 삶을 진지하게 만드는 것은 삶에 대한 열린 태도이다. 삶에 정답이 있다고 믿는 사람은 문제를 피할 뿐만 아니라 문제 자체를 인식하지 못한다. 오류를 저지르지 않고서 어떻게 오류를 수정할 수 있단 말인가? 삶을 살지 않고 어떻게 삶의 의미를 깨달을 수 있는가? 우리는 오직 실수를 통해서만, 오류를 포착하고 그 오류를 제거하는 과정을 통해서만 삶을 배운다. 삶에도 정답이 있다고 믿게 만드는 과학의 시대에 이 책은 강력한 도전이고 유혹이다. 문제투성이처럼 보이는 자신의 삶을 사랑하는 방법은 바로 문제들과 사랑에 빠지는 것이다. 과학 이론과 열린사회의 문제를 평이하게 서술하는 이 책에는 실존철학적 통찰이 숨겨져 있다. 포퍼가 제시하는 실존적 명령은 간단하다. 오류를 두려워하지 말라!

내가 가장 사랑하는 책

홍진채 (라쿤자산운용 대표이사)

삶의 무게에 한참 힘들어하던 시절, 지인의 소개로 이 책『삶은 문제해결의 연속이다』를 접했다. 그 지인은 내가 가장 존경하는 사람이었고, 이 책은 그가 가장 사랑하는 책이라고 하였다. 그리고 얼마 지나지 않아 이 책은 내가 가장 사랑하는 책이 되었다.

한국에서 칼 포퍼는 상당히 저평가되어 있다. 과학계에서는 토머스 쿤과 과학철학 논쟁에서 '패배'했고, 철학계에서는 비트겐슈타인과 '부지깽이 논쟁'을 일으켰으며, 정치계에서는 신자유주의의 '괴두' 중 하나로 꼽힌다. 그의 이름만으로도 진저리 치는 사람들을 보면서 깜짝 놀랐던 기억은 아직도 생생하다. 그들이 포퍼를 단 한 번도 진지하게 읽어보지 않았다는 건 어떻게 이해해야 할까.

포퍼는 그저, 그가 발견한 '문제'를 해결하고자 치열하게 고민했을 뿐이다. 그의 첫 번째 '문제'는 과학이 과학이기 위한 조건이었다. 과연 우리 인간이 무언가를 '안다'고 이야기할 수 있을까? 인류가 쌓아온 '지식'이란 도대체 무엇일까? 『탐구의 논리』에서 그는 과학과 유사과학을 구분하는 방법론을 제시했다. 이후 그 논의는 과학인 척하는 유사과학, 과학의 지위를 얻었노라고 자평하는 사회과학, 특히 마르크스주의로 칼끝을 향했다. 한때 공산주의자였던 그는 공산주의자들의 모순을 접하고, 그들이 불러올 폐해에 맞서는 것이 인간으로서의 의무라 생각하고 마르크스주의를 논박하는 데에 삶의 상당 기간을 매진했다.

그가 가장 두려워한 것은 '닫힌 사회', 즉 사회의 미래가 결정되어 있고, 불변의 진리로써 이를 예측할 수 있다고 주장하는 자들이 권력을 잡은 사회였다. 진리가 결정되어 있다고 믿는 자들이 지배하면서 비판과 변화를 허용하지 않는 사회는 그 자체로 폭력적이고, 틀렸다. 사회과학은 자연과학이 아니며, 역사는 과거의 경로에 따라 '거부할 수 없는 방향'으로 흘러가는 것이 아닌, 현재를 살아가는 인간의 의지로 만들어내는 것이다.

인간은 선지자를 원하곤 한다. 스스로 생각하고, 결정하고, 책임지는 일은 상당한 에너지를 요하며, 또한 용기가 있어야 한다.

'정답이 정해져 있다'는 사상은 매혹적이고, '그 정답을 알고 있는 듯한' 선지자의 뒤를 따르는 일은 평온함을 안겨준다. 그들에게 있어 '미래는 알 수 없으며, 문제해결을 시도하고 실패하는 것만이 우리가 할 수 있는 최선의 태도'라는 포퍼의 주장은 피곤하며, '진리를 알고 있다'고 주장하는 그들의 지배층을 위협하는 사상이다.

인간을 인간답게 만드는 것은 지식의 축적, 즉 문제해결을 위한 시도와 누적된 실패들이다. 물론 현재의 세상도 아주 많은 문제를 안고 있지만, 그래도 지난 시간을 돌이켜보면 숱한 문제를 해결하고 진보를 이룩했다. 인간이 발전할 수 있었던 근저에는 '문제를 직시하고 해결하고자 하는 태도'가 있었다. '세상에 문제가 많다'라고 비난만 하거나, '사악한 자들의 탐욕'으로 모든 문제를 귀결시키는 태도는 아무것도 해결하지 못했다.

포퍼는 최후의 계몽주의자. 결정론과 냉소주의에 맞서서, 미신과 광신을 걷어내고 인간이 발전할 수 있다는 낙관주의를 견지했다. 모든 생명체는 실수를 통해서만 학습할 수 있다. 오류의 가능성을 인정하고 자유로운 비판을 주고받는 사회는 엄청난 잠재력을 가지고 있다. 우리는 그 잠재력을 발현시키기 위하여 오늘도 '열린 마음으로' '새로운 시도를 하고' '책임지고자' 노력해야 한다.

낙관주의는 인간의 의무다. 그는 우리에게 이렇게 요구한다. "시류를 거스르고 날마다 조금씩 더 책임지기를 주저하지 마십시

삶은 문제해결의 연속이다

오. 어쩌면 이것이 자유를 위해 우리가 할 수 있는 최선일지도 모릅니다."

이 책은 포퍼의 사상을 가장 쉬운 언어로 소개한 책이다. 명쾌하면서도 깊은 울림을 준다. 중고서적도 더 이상 구할 수 없어 제본까지 해가며 친구들에게 선물하던 책이 드디어 재출간이 된다니, 가슴 깊이 환영한다.

인생의 오류를 피하는
사고의 기준점을 세워 주는 책

강민구 (SV인베스트먼트 이사)

   나에게는 얼굴을 맞대 보지 않은 스승이 몇 있다. 10대에는 빌 게이츠와 록스타들이 그러했던 것 같고, 20대에는 칼 포퍼가, 30대는 아마티야 센이 삶과 사고의 많은 부분을 흔들고 채워 주었다. 포퍼는 과학철학이라는 단어를 처음 만났던 시절에 '패러다임 이론'이라는 멋져 보이는 말을 들고 나온 토마스 쿤과 논쟁을 벌이는 꼰대스런 상대방으로 처음 기억되었는데, 많은 수업이나 해설서가 그렇듯 패러다임이라는 단어에 설명이 집중되다 보니 포퍼는 그냥 나이 많은 고리타분한 철학자로 스쳐 지나간 것이 첫 만남이었다.

   이후 조금 더 시간을 두고 서점에서 『삶은 문제해결의 연속이다』라는, 그의 책 중 가장 읽기 쉬운 강연록 겸 에세이집을 먼저 접하게 되면서 그가 참 따뜻하고 겸손하지만, 화가 많은 합리적인 자유주의자라는 것을 알게 되었고, 이후 훨씬 복잡하고 분노가 많이 섞인 그의 저서들을 더듬거리며 읽고 이해하면서 고민 많던 20대의 내가 세상을 어떻게 이해하고, 나를 어떻게 돌아보고, 어떻게 사고하고, 어떻게 살아야 하는지에 대한 해답을 조금이나마 찾을 수 있었다.

앞서 말했듯 그의 다른 저서들은 오랜 세월이 지나도 인기가 없는지 개정도 잘되지 않고, 상당히 읽기 어려운 데 반해, 맞는 말만 늘어놓는 노인네와의 첫 만남을 갖기에 이 책은 아주 괜찮은 방식과 내용으로 구성되어 독자가 제법 편하게 다가갈 수 있다. 철학에 익숙지 않은 사람이라도 이해할 만한 이야기이지만, 독자에 따라 내용이 다소 반복적이라거나 지루할 수도 있는데, 몇 번이 책을 읽으며 느낀 바를 적자면, 맞는 말은 원래 재미없을 수 있으니 참고 보면 좋다.

학계에서 화려한 이론이 나오고 나치가 그러했듯 대중을 선동하는 매력적인 메시지가 등장했던 폭풍 같은 시대를 살았던 포퍼는 그 파고 속에서 반증가능성, 열린사회, 과학적이고 합리적인 사고라는 기준을 두고 예민하게 살아온 사람이었고, 그런 탓인지 덜 매력적이지만 항상 나와 세상이 틀렸을 수 있다고 의심하고

반성하고 수정해야 한다는 이야기를 계속해서 던진다. 부정할 수 없는 건, 맞는 말은 맞는 말이기 때문이고, 지루한 건 그 주장이 덜 자극적인 탓이 크다.

어려운 이야기들을 떠나서 우리 삶의 영역에서도 내 주장을 뒷받침할 이유나 근거를 찾아 옹호하는 식으로 살아갈 것인가, 나도 세상도 언젠가 틀릴 수 있다는 걸 인지하고 논리의 가장 민감한 지점들을 계속 두드려 보며 살 것인가. 이 두 태도를 달리하는 것만으로도 한 사람과 사회는 사뭇 다른 색을 갖게 된다. 소셜미디어의 시대를 지나며 반지성주의에 대한 비판이 등장할 때나 인간의 지식과 학습이 다 무의미한 것처럼 보이는 AI시대를 맞이하면서도 "무지는 지식이 없는 것이 아니라, 지식을 혐오하고 배우기를 거부하는 것이다"라는 그의 말은 뇌리를 크게 울렸고, "현상이 아무리 반복되더라도 관찰한 것을 일반화한 것은 진리일 수 없다"라는 그의 기조 역시 내가 살아오는 과정에서 범할 수 있는 많은 오류를 피하도록 했다.

언어를 통해 의미가 전달된다는 것은 항상 불확실한 것이라, 내가 그가 전하려 했던 생각을 정확히 이해한 것인지 나는 모른다. 다만 그를 철학자라고 표현하기보다는 스승이라 말함은, 철학이나 학문이 아니라 현실의 영역에서 내게 그러했듯, 많은 사람에게 꽤 오랫동안 변하지 않을 만한 단단한 사고의 기준점을

삶은 문제해결의 연속이다

세워 줄 수 있으리라 생각하기 때문이다. 물론 찬사로서 표한 변하지 않는다는 말조차 그는 그다지 쉬이 달갑게 받아들였을 것 같지 않지만 말이다.

단단한 마음에서 나오는 겸손과 용기

윤수영 (트레바리 대표)

『삶은 문제해결의 연속이다』는 읽기 편한 책은 아니다. 철학 용어가 많이 나오거나 문장이 난해하기 때문은 아니다. 물론 그런 부분도 있지만 골치 아플 땐 쿨하게 넘기며 읽어도 괜찮다.

이 책이 불편한 이유는 우리 시대에서 미덕이라고 여기는 부분을 정면으로 반박하기 때문이다. 포퍼는 시종일관 지적으로 겸손할 것을 강조한다. 함부로 확신을 가지기엔 우리가 아는 것이 거의 없다고 말한다. 우리가 할 수 있는 건 그저 조금씩 진리를 향해 나아갈 뿐이라고 말한다. 'Fake until you make it'이라는 말이 유행할 정도로 자기 확신을 중요하게 생각하는 시대적 감수성과는 참 맞지 않는 생각이다.

겸손과 더불어 포퍼가 부르짖는 가치가 있다면 용기다. 포퍼는 "지금까지 그래왔다고 앞으로도 그러리라는 법은 없다"라고 힘주어 말한다. 후손들에게 더 나은 세상을 물려주겠다는 책임감을 가지고, 해야 할 일을 하자고 설득한다. 이런 낯간지러운 말을 하려면 용기가 필요하다. 우리 시대는 (현실주의라는 탈을 쓰고 있긴 하지만) 꽤 냉소적이기 때문이다.

겸손과 용기는 맞닿아 있다. 둘 다 단단한 마음에서 온다. 담대하게 쌓아 올린 정신력이 아니면 진정으로 겸손해지기도, 용기를 내기도 어렵다. 다행히 포퍼는 본인의 생각이 단단하게 다져지는 과정을 이 책을 통해 공개했다. 명저『삶은 문제해결의 연속이다』를 통해 거인의 어깨에 올라타 보길 권한다. 그가 바랐던 것처럼 그의 언어를 비판적으로 숙고하면서.

들어가는 말

이 에세이 및 강연 원고 모음은 『In Search of a Better World(더 나은 세상을 찾아서)』의 속편이라고 할 수 있습니다. 둘 다 자연과학에 방점을 둔 기고문들과 역사 및 정치사에 방점을 둔 기고문들을 포함하고 있기 때문입니다. 이 책의 제목인『삶은 문제해결의 연속이다』는 9장의 제목이기도 한데, 『In Search of a Better World』의 짧지만 중요한 '서문을 대신한 개요'에 큰 영향을 준 논고입니다. 이 책의 '들어가는 말'에도 보통의 서문보다 더 무게를 실어보았습니다.

원고 선정은 든든한 조수 멜리타 뮤 그리고 파이퍼출판사의 클라우스 스태들러Klaus Stadler 박사의 도움과 조언에 힘입어 이루어졌습니다. 두 분께 심심한 감사를 표합니다.

I

책의 1부에는 '자연과학에 관한 문제들'이라는 부제를 달았습니다. 내가 중점을 둔 것은 생물학과 살아 있는 생명체의 헤아릴 수 없는 풍요로움입니다.

어떤 방향에서든 생물학의 많은 영역을 깊이 파고들수록 생물학적 구조의 풍부함은 더욱 심오해지고 그 조화로운 상호작용은 점점 더 경이롭게 다가옵니다.

6장은 신의 피조물에서 조화를 찾는 위대한 구도자이자, 고도로 추상적인 동시에 고도로 조화로운 방식으로 행성 운동을 결정하는 세 가지 법칙을 발견해낸 위대한 과학자 요하네스 케플러에게 헌정하는 장입니다. 자연과학을 태동시킨 세 명의 걸출한 지식인(동시대인인 갈릴레오와 케플러 그리고 뒤를 이은 뉴턴) 중 가장 위대한 사람을 꼽으라면 아마 케플러일 것입니다. 케플러는 세 명 중 가장 호감 가는 성격에 열린 마음, 겸손한 태도까지 갖추었습니다. 세 사람 모두 열정적인 탐구자이자 지칠 줄 모르는 연구자였습니다. 그들은 지속적으로 실망스러운 결과를 맛보면서도 굴하지 않고 피와 땀을 쏟아 연구를 이어갔고, 그 대가로 세상을 새로운 시각(다르게, 더 아름답고 조화롭게, 그리고 앞선 누구보다 더 나은 방식)으로 보는 엄청난 기쁨을 누렸습니다. 그러나 그들의 연구는 쉽게 잘못된 것으로 증명될 수도 있기에, 연구의 보상으로 따라온 그러한 기쁨이 다소 과분하다는 것 또한 잘 알았고요.

세 사람 가운데 케플러만이 유일하게 연구를 완성했으며, 또 유일하게 모든 연구 과정을 정직하고 양심적으로 기록했습니다. 그뿐 아니라 케플러는 자신에게 지적 영감을 준 코페르니쿠스의 대범한 아이디어들이 탈레스부터 아리스토텔레스, 아리스타르코스, 프톨레마이오스에 이르는 고대 그리스 사상가들에게서 기원했음을 간파한 유일한 인물입니다.

갈릴레오와 뉴턴과 달리 케플러가 자신의 실수들(뼈를 깎는 어려움을 통해서만 극복할 수 있는 실수들)을 직시하고 그로부터 뭔가를 배울 수 있었던 건 바로 그의 겸손함 덕분이었습니다. 세 명의 지적 거인은 각자 나름의 미신에 사로잡혀 있었습니다('미신'은 매우 주의해서 사용해야 하는 단어입니다. 우리가 아는 것이 얼마나 적은지, 그리고 우리가 깨닫지 못하는 사이 다양한 형태의 미신에 사로잡힌다는 것을 분명히 알고 있기 때문입니다). 갈릴레오는 자연적 원운동을 깊이 믿었는데, 케플러가 오랜 투쟁 끝에 자신과 천문학에서 모두 타파한 믿음입니다. 뉴턴은 전통적(주로 성서적) 인류 역사에 대한 긴 글을 썼는데, 그는 미신에서 파생된 원칙에 따라 날짜를 조정했습니다. 그리고 케플러는 천문학자이자 점성술사였는데, 바로 그 이유로 갈릴레오를 비롯한 많은 동료에게 사이비 과학자 취급을 받았습니다.

삶은 문제해결의 연속이다

그러나 케플러는 자신이 품은 점성술적 미신의 독단적 형태에 저항하기도 했습니다. 한마디로 그는 자기비판적 점성술사였습니다. 그는 별자리가 말해주는 운명은 고정불변한 것이 아니라 인간의 의지로 바꿀 수 있는 것임을 설파했습니다. 당대 점성술 비평가들을 상대로 크게 타협한 셈이지요. 세 명의 위대한 인물 중 케플러는 미신에 대해 가장 덜 독단적인 태도를 보인 사람이었습니다.

II

2부 '역사와 정치에 관한 고찰'은 그때그때 작성한 원고들로 구성되어 있습니다. 여기서 어떤 조언이나 처방은 제시하지 않으며, 비록 오류가 없지는 않겠지만 책임감 있는 태도를 취할 것을 촉구합니다.

당연하게 들리겠지만 나는 민주주의를 지지합니다. 그러나 대부분의 민주주의 옹호자들이 취하는 방식으로 지지하는 건 아닙니다. 윈스턴 처칠은 이렇게 말했습니다. "다른 모든 정부 형태를 제외하면 민주주의는 최악의 정부 형태다." 우리에게 다수의 결정을 따르는 것보다 더 좋은 것은 없습니다. 다수당 정부는 책임을 지며, 연립정부는 그보다 책임이 덜하며, 소수당 정부는 더 적게 책임을 집니다.

국민에 의한 통치라는 의미에서의 '민주주의'는 실질적으로는 존재한 적이 없으며, 혹여 존재했다 하더라도 실상은 전횡적이고 무책임한 독재정권에 불과했습니다. 정부는 국민을 상대로 책임을 질 수 있으며, 마땅히 그래야 합니다. 그러나 국민에 의한 통치는 그것이 불가능하지요. 누구에게도 책임을 지울 수 없으니까요.

그러므로 내가 지지하는 것은 '민주적으로 선출되고 헌법에 의거해 통치하는 정부'입니다. 이는 '국민에 의한 통치'와는 사뭇 다릅니다. 나는 또한 '책임을 지는 정부' 형태를 지지합니다. 무엇보다 뽑아준 국민에게 책임을 져야겠지만, 나아가 인류에 대한 도덕적 책임을 지는 정부를 지지합니다.

두 차례의 세계대전 이후보다 수천 배나 많은 무책임한 손에 이토록 파괴적이고 많은 무기가 쥐어졌던 적은 없었습니다. 그들이 우리에게 책임을 져야 할 부분입니다. 우리는 반드시 그들에게 책임을 물어야 합니다.

대부분의 정치 지도자는 기꺼이 현 상황을 바꾸려고 할 것입니다. 그러나 그들은 전임자들로부터 갱단 리더들의 군비확장 경쟁으로 인해 끊임없이 악화되는 정세를 물려받은 입장입니다. 문제는 그들이 마지못해 그 상황을 받아들이려 한다는 것입니다. 어떠한 형태의 중재(간섭)도 그들이 보기엔 너무 위험하고 큰 어려움이 따릅니다. 그래서 가능한 그 상황에 대해 최대한 언급하지 않으려고 합니다.

두 차례의 세계대전이 끝난 후 군비 축소 논의가 이루어졌습니다. 서방 민주국가들은 실제로 상당한 정도로 군비를 축소했습니다. 그러나 서방 국가들만 그랬습니다. 이는 국제연맹과 제2차 세계대전 후 국제연합UN의 위대한 이념이었는데, 즉 다른 국가들이 의무를 학습하고 이어받기 전까지 그들은 도덕적, 군사적 우위로 평화 유지의 책임에 대한 의무를 다하겠다는 이념이었습니다.

현재 우리가 이러한 입장에서 물러나기 일보 직전임은 누가 봐도 분명합니다. 우리는 유권자들에게 이에 대해 설명하지 않고 그저 희생을 두려워하기만 합니다. '모험'에 가담하기를 기피합니다. 여기서 '모험'이란 우리의 의무를 뜻합니다.

III

나는 유럽과 미국 역사를 들여다볼 때마다 어김없이, 내가 종종 인용해온 역사가 H. A. L. 피셔Fisher가 내린 결론에 이릅니다. "진보는 모든 역사에 명명백백히 기록되어 있다. 그러나 진보는 자연법칙이 아니다. 한 세대가 이룬 진보를 다음 세대가 얼마든지 잃을 수 있다."

나는 이 세 문장에 각각 동의할 만하다고 생각하며, 동의할 수밖에 없습니다. 그런데 피셔의 말대로 역사가 우리에게 가르쳐주지만, 한편 불안정해서 언제든 잃을 수 있다는 이 '진보'라는 것이 대체 무엇일까요?

이 질문에 대한 답은 명쾌하면서도 매우 중요합니다. 피셔가 말하는 진보, 보통 우리가 생각하는 진보는 윤리적 또는 도덕적 진보입니다. 그것은 신약성서가 이미 약속한 바 있는 이 땅의 평화, 모든 내전과 국가 간 분쟁이 종식되면 찾아올 평화를 말합니다. 문명화된 인류 사회를 향한 진보, 평화 유지를 목표로 한 법치 그리고 그 법치를 근간으로 하는 모든 국가의 연맹을 이룩하기 위한 진보를 뜻합니다.

이는 (칸트에 의하면) 인간의 도덕적 의무입니다. 선의를 가진 모든 인간이 져야 할 의무, 인류 역사상 반드시 성취해야 할 목표인 것이지요. 핵무기가 출현한 이래 이것은 필연적인 목표가 되었습니다.

(현재 문명국들이 더 강력한 힘을 쥐고 있기에) 달성 가능성이 큰 목표일 뿐 아니라, 반드시 이루어야 할 목표이기도 합니다. 핵무기의 존재가 여기에 당위성을 부여합니다. 적어도 인류와 문명의 진보를 지지하는 이들에게는 그렇습니다. 다른 선택지는 인류 멸망밖에 없기 때문이지요.

삶은 문제해결의 연속이다

인류 평화라는 목표는 아우구스투스 시대의 로마제국 그리고 신약성서에서 기원합니다. 'Et in terra pax hominibus bonae voluntatis', '땅에서는 모든 선한 자들에게 평화가 있으라' 혹은 '모든 선한 자들로 인해 평화가 도래하리라'고 풀이해도 좋겠군요.

제1차 세계대전이라는 범죄(켈로그-브리앙 조약으로 이어짐)와 제2차 세계대전이라는 범죄(국제연합으로 이어짐)로부터 선한 의지를 가진 이들에게서 강력한 정치운동이 일어났습니다. 그러나 피셔의 말처럼 "한 세대가 이룬 것은 얼마든지 다음 세대가 잃을 수 있"습니다.

실제로 잃기도 했습니다. 우리는 그것을 다시 손에 넣어야 합니다. 우리에게 지워진 의무에 대해 숙고해봐야 합니다. 더불어 우리의 정치 지도자들에게, 그들의 책임은 그들이 죽으면서 (혹은 사임하면서) 끝나는 것이 아님을 상기시켜야 합니다.

1994년 7월 12일 켄리에서
칼 포퍼

차례

1부

KARL
POPPER

자연과학에 관한 문제들

과학 이론의
논리와 진화[1]

오늘 강연에서 내가 전하려는 핵심 개념은 다음과 같은 방식으로 설명할 수 있습니다.

자연과학과 사회과학은 언제나 문제들에서, 그리스 철학자들이 말한 것처럼 어떤 것이 우리 안에 경이로움을 불러일으키는 것에서 출발합니다. 이 문제들을 풀기 위해 과학은 일반 상식이 문제를 푸는 것과 동일한 방법, 즉 시행착오의 방법을 택합니다. 더 정확히 말하면, 문제에 여러 가지 해결책을 대입해보고 거짓

---

1 1972년 3월 7일 NDR(북부독일방송)에서 한 강연

해설책을 틀렸다고 민주이여 제기히는 방식입니다. 이 방법은 다수의 실험적 해결책을 대입할 것을 전제로 합니다. 다수의 해결책을 하나씩 차례로 시험하면서 제거해나가는 것이지요.

사실 이 방법이 유일하게 논리적으로 타당한 것 같습니다. 단세포 생물인 아메바 같은 하등생물도 문제해결에 이 방법을 사용합니다. 이 경우에는 생명체가 장애가 되는 문제를 없애기 위해 취하는 시험적 행동들을 말합니다. 고등생물은 시행착오를 통해 특정 문제를 해결하는 방법을 학습할 수 있습니다. 고등생물도 마찬가지로 시험적 행동들(멘털 테스트)을 수행합니다. 고등생물이 하는 학습이란 본질적으로 시험 행동을 차례로 수행하면서 문제를 해결하는 방법을 찾아가는 과정이라고 할 수 있습니다. 그렇다면 동물의 성공한 해결책을 *기대*와 나아가 *가설* 또는 *이론*과 비교해볼 수 있습니다. 동물들은 비슷한 상황에서 동일한 시험적 행동이 문제를 해결해줄 것을 (어쩌면 무의식적으로 혹은 기질적으로) 기대하는 것을 볼 수 있습니다.

동물의 행동을 보면, 식물도 마찬가지지만, 모든 생물은 법칙이나 규칙을 좇도록 조건화되어 있음을 알 수 있습니다. 모든 생물은 자신이 속한 환경에서 법칙이나 규칙을 기대하는데, 나는 이러한 기대들 대부분이 유전적으로 결정되어 있다고 봅니다. 타고나는 거지요.

삶은 문제해결의 연속이다

이 기대가 어긋난 것으로 드러날 경우 문제가 발생하며, 이는 빗나간 기대를 새로운 기대로 대체하기 위한 시험적 행동으로 이어집니다. 기대들에 대해 너무 자주 실망하게 되면 그 고등생물은 문제에 굴복합니다. 문제를 해결하지 못해 결국 죽고 마는 것입니다.

지금까지 이야기한 시행착오를 통한 학습을 다음 3단계 모델로 정리해보려 합니다.

1. 문제

2. 시도된 해결책들

3. 제거

이 모델의 첫 번째 단계는 문제입니다. 문제는 어떠한 장애(타고난 기대 또는 시행착오를 통해 학습된 기대의 장애)가 발생할 때 대두됩니다.

두 번째 단계는 시도된 해결책들입니다. 즉 문제해결을 위한 시도들입니다.

세 번째 단계는 실패한 해결책들의 *제거*입니다.

이 3단계 모델에서는 복수성pluralism이 핵심입니다. 첫 번째 단계인 문제 자체는 단수로 나타날 수 있지만, 두 번째 단계는 아닙니다. 나는 두 번째 단계를 '시도된 해결책들'이라고 복수형으로 표현했습니다. 앞서 동물의 시행착오를 이야기한 부분에서도 행동들이라고 복수형으로 표현했고요. 한 번의 특정 행동을 시험적 행동들이라고 칭하는 건 이치에 맞지 않지요.

두 번째 단계인 시도된 해결책들은 따라서 시험적 행동들을 말하며, 그렇기에 복수형입니다. 이는 세 번째 단계인 *제거*의 대상이 됩니다.

세 번째 단계인 *제거*는 부정적 성격을 띱니다. 제거는 본질적으로 오류들의 제거입니다. 실패한 해결책이나 애초에 잘못 제시된 해결책을 제거한 후 문제가 여전히 미해결 상태로 남아 있으면 다시 새로운 해결책들의 시도가 뒤따릅니다.

시도한 해결책이 마침내 성공하면 어떤 일이 일어날까요? 두 가지 일이 일어납니다. 첫째, 행동 주체는 성공적인 해결책을 학습합니다. 동물의 경우 보통 비슷한 문제가 다시 발생했을 때 앞서 실행한 시험적 행동들을, 실패한 것까지 포함하여, 대충 빠르게 앞서 했던 순서대로 반복한다는 뜻입니다. 성공한 해결책에 이를 때까지 대략적으로 이런 수행을 반복합니다.

그러니까 학습이란 실패하거나 제거된 해결책들을, 잠깐 떠올렸다가 치우는 정도로, 점점 대상에서 제외해가다가 결국 성공한 하나의 해결책을 거의 유일한 고려 대상으로 남기는 과정을 의미합니다. 이것은 시도된 해결책들의 복수성에 의한 제거 절차입니다.

삶은 문제해결의 연속이다

이를 통해 생명체는 새로운 *기대*를 학습했다고 할 수 있습니다. 일련의 시험적 행동들을 거쳐, 그리고 마침내 제거되지 않은 최종 시험적 행동을 거쳐 문제가 해결되기를 기대하는 것이라고 정리할 수 있습니다.

앞으로 살펴보겠지만, 생명체의 이러한 기대 형성 과정은 과학에서 가설 또는 이론의 수립 과정과 서로 대응을 이룹니다. 그런데 과학 이론의 정립에 대한 이야기로 옮겨가기 전에, 3단계 모델의 또 다른 생물학적 적용 사례를 짚고 넘어가고자 합니다. '문제-시도된 해결책들-제거'라는 나의 3단계 모델은 다윈의 진화론 도식과도 궤를 같이 합니다. 나아가 개별적인 생명체의 진화뿐 아니라 *종의 진화*에도 적용이 가능합니다. 3단계 모델의 언어로 이야기하면, 환경 조건이나 생명체 내부 구조에서 일어난 변화가 문제를 발생시킵니다. 이는 종의 적응 문제입니다. 즉 해당 종이 자신의 유전적 구조를 변화시켜 문제를 해결해야만 생존할 수 있다는 얘기입니다.

다윈의 관점에서 이 과정을 어떻게 설명할까요? 우리의 유전 장치는 변화나 돌연변이가 유전 구조에서 반복해서 일어나도록 설계되어 있습니다. 진화론에서는 이러한 돌연변이가 3단계 모델 중 2단계인 시도된 해결책들의 역할을 한다고 봅니다. 대개의 경우 돌연변이는 치명적입니다. 돌연변이 보유자와 돌연변이가 발생한 생명체에 지녕석이라는 뜻입니다. 그러니 이러한 방식으로 돌연변이 개체들은 모델의 3단계에 따라 *제거됩니다*. 이렇게 보면 3단계 모델에서 두 번째인 *시도된 해결책들의 복수성*이 얼마나 중요한지 아무리 강조해도 지나치지 않지요. 돌연변이가 매우 많이 일어나지 않는다면, 그것은 시도된 해결책들로 고려할 가치가 없습니다. 그러니 충분한 돌연변이성은 우리 유전 장치의 작동에 필수적이라고 봐야겠지요.

이제 드디어 오늘 강연의 주제인 과학 이론, 혹은 과학의 논리에 대한 이야기로 들어가보겠습니다.

첫 번째로 제시할 명제는 과학이 생물학적 현상이라는 것입니다. 과학은 과학 이전의 지식에서 나왔습니다. 상식 수준의 지식의 놀라운 연장이며, 여기서 상식은 다시 동물적 지식의 연장이라고 볼 수 있습니다.

두 번째 명제는 앞서 소개한 3단계 모델이 과학에도 적용 가능하다는 것입니다. 서두에서 과학이, 그리스의 철학자들이 이미 꿰뚫어봤듯, 문제 혹은 어떤 것이 불러일으킨 경이로움에서 출발한다고 했습니다. 그 자체로는 평범한 어떤 것이, 과학적 사고를 하는 이에게는 문제 혹은 경이의 원천이 되는 것이지요. 내가 제시하려는 논제는 과학에서 이루어진 모든 발전은 오직 이런 방식

삶은 문제해결의 연속이다

으로만 이해될 수 있다는 겁니다. 그 출발점은 하나의 *문제* 혹은 *문제* 상황(지식이 축적된 상태에서, 특정 상황에서 문제가 출현하는 것)이었다고요. 이는 매우 중요한 사항입니다. 옛 과학 이론은 과학의 출발점이 우리의 감각 인식 혹은 감각기관의 관찰이라고 가르쳤고, 지금도 그렇게 가르칩니다. 언뜻 매우 합당하고 설득력 있게 들리지만, 사실 이 가르침은 근본적으로 잘못되었습니다. '문제가 없으면 관찰도 없다'는 명제 하나만으로도 그것이 잘못됐음을 증명할 수 있습니다.

내가 여러분에게 "관찰해보세요!"라고 하면, 언어의 관용적 쓰임에 따라 여러분은 "예, 그런데 무엇을요? 무엇을 관찰하라는 거죠?"라고 물을 수밖에 없습니다. 그러니까 관찰을 통해 해결될 수 있는 문제가 뭔지 지정해달라고 내게 요구하는 겁니다. 그런데 내가 문제는 주지 않고 대상만 정해준다면, 그 자체로도 의미가 있긴 하지만 결코 충분하진 않습니다. 예를 들어봅시다. 내가 "당신의 시계를 한번 보세요"라고 하면, 상대방은 여전히 내가 뭘 관찰하라고 요구하는지 모를 겁니다. 하지만 아주 사소하더라도 일단 문제를 던져주면 얘기가 달라집니다. 상대방은 그 문제에 관심이 없더라도 최소한 인식 또는 관찰을 통해 무엇을 찾아내야 하는지 알 수 있습니다(달이 차오르고 있는지 이지러지고 있는지, 혹은 지금 읽는 책이 어느 지역에서 출간됐는지 등의 문제를 예로 들 수 있습니다).

그렇다면 왜 옛 과학 이론은 문제가 아닌 감각 인식이나 관찰에서 모든 것이 출발한다고 했을까요?

옛 과학 이론은 상식적인 개념으로의 지식에 방점을 뒀기 때문입니다. 이렇게 상정하면 외부 세계에 대한 우리의 지식은 전적으로 우리의 감각 수용 정보에서 파생한 것이 됩니다.

나는 상식을 매우 존중하는 편입니다. 우리가 조금만 엄격한 태도를 갖는다면, 그 어떤 문제 상황이든 전적으로 상식에만 의존하여 해결할 수 있다고 믿을 정도로요. 그러나 상식은 항상 믿을 수 있는 것이 아닙니다. 과학적 또는 인식론적 이론의 문제에서는 지나치다 싶을 정도로 비판적인 태도를 갖는 것이 매우 중요합니다.

우리의 감각기관들이 우리를 둘러싼 세계에 대한 정보를 제공하는 대체 불가능한 기관임은 자명합니다. 하지만 그 사실로부터 우리의 지식이 감각 인식에서 출발한다는 결론을 도출하면 곤란합니다. 오히려 그 반대죠. 우리의 감각들은, 진화론적 관점에서 볼 때, 특정 생물학적 문제들을 해결하기 위해 갖추어진 도구입니다. 인간과 동물의 눈이 발달한 것은 자신에게 부상을 입힐 수도 있는 위험한 물체와의 충돌을 피하기 위해 미리 위치를 바꾸거나 움직이기 위해서라고 합니다. 진화론에서 보면 우리의 감각기관들은 우리가 발명한 현미경이나 망원경처럼, 일련의 문제들에 대해 시도된 해결책들의 결과물인 거죠. 이는 생물학적 관점에서 볼 때, 문제가 관찰이나 감각 인식에 선행함을 말해줍니다. 관찰 및 감각 인식은 여러 가지 해결책을 시도할 때 중요한 보조 수단이 되며, 실패한 해결책들의 제거에도 주된 역할을 합니다. 따라서 3단계 모델은 과학 이론 또는 방법론에도 다음과 같이 적용이 가능합니다.

1. 출발점은 언제나 문제 혹은 문제 상황이다.
2. 그다음엔 시도된 해결책들이 뒤따른다. 시도된 해결책들은 항상 이론으로 제시되는데, 이 이론들은 시행에 불과하기에 틀리는 경우가 많다. 이 이론들은 현재도 그렇고 미래에도 줄곧 가설 혹은 추측으로 남는다.
3. 과학에서도 우리는 우리가 저지른 실수들을 *제거함으로써*, 즉 우리의 잘못된 이론들을 *제거함으로써* 학습한다.

과학을 설명할 때도 문제-시도된 해결책들-제거의 3단계 모델을 적용할 수 있습니다. 이는 오늘의 중심 논제로 이어집니다.

인간의 과학이 갖는 특징은 무엇일까요? 아메바가 뉴턴이나 아인슈타인 같은 위대한 과학자들과 가장 크게 다른 점이 무엇일까요? 답은, 과학의 가장 두드러진 특징은 *비판적 방법론의 의식*

적 적용이라는 셈니다. 3단계 모델의 .... 세끼 단계에서는 인간
은 의식적으로 비판적 태도를 취합니다.

비판적 방법론 하나만으로도 과학의 형태를 취한 지식의 놀라
운 급성장, 과학의 놀라운 진보를 설명할 수 있습니다.

과학 이전의 지식은, 동물적 지식이든 인간이 학습한 지식이
든, 모두 교조적입니다. 그런데 과학은 비(非)교조적이며 비판적
인 방법을 생각해내는 데서 시작합니다.

보통 비판적 방법론의 발명은 비판적 논의를 가능케 하는 기술
(記述)적인 인간 언어를 전제로 합니다. 나아가 쓰기 또한 전제되
어야 합니다. 비판적 방법론의 본질은 우리의 시도된 해결책들,
우리가 제시한 이론 및 가설들이 언어로 표현되고 객관적으로 제
시되어 의식적인 비판적 검토의 대상이 된다는 것입니다.

한 사람이 주관적 또는 사적인 생각이나 진리라고 믿는 생각,
즉 성향상 그 사람의 정신 구조에 속하는 생각과 똑같은 내용이
라도 말하기로 (그리고 어쩌면 글로) 표현되어 공적 논의의 대상이 될
수 있는 생각, 대상으로 제시될 수 있는 생각 사이의 차이를 아는
것이 매우 중요합니다.

나의 논지는 '오늘 비가 내릴 것이다'라는 무언의 생각에서 '오
늘 비가 내릴 것이다'라고 말하는 명제로의 단계는 매우 중요한,
즉 심연abyss을 뛰어넘는 단계라는 것입니다. 생각의 표현이라는

이 첫걸음은 언뜻 대단치 않아 보일 수 있습니다. 그러나 생각을 말로 표현하는 것은 나의 성격, 나의 기대치, 그리고 어쩌면 나의 두려움마저 다른 이들이 쉽게 접근할 수 있는, 그에 따라 누구든 비판할 수 있는 대상으로 만든다는 뜻이지요.

이 차이는 나에게 개인적으로도 중대한 의미를 갖습니다. 어떤 명제(예를 들면 어떤 예측)는 발화되는 순간 나에게서 떠납니다. 나의 기분이나 희망, 두려움과 따로 존재하게 됩니다. 객관화하는 것이지요. 그 명제는 나뿐만 아니라 다른 사람들에게도 실험적으로 옹호받을 수 있지만, 마찬가지로 실험적으로 반박될 수도 있습니다. 누구든 마음껏 그 명제를 놓고 고찰하고 논의할 수 있다는 겁니다. 마음껏 그에 대한 찬반을 표할 수도 있지요.

여기서 앎(Wissen, 지식)이라는 단어의 두 가지 의미(주관적 지식과 객관적 지식) 사이에 중대한 차이가 대두됩니다. 대개 앎이라 하면 어떤 주관적인 상태, 정신적 상태를 떠올립니다. '알다'라는 동사부터 보면, 대개는 '안다'를 어떤 것을 믿는다는 개념으로 설명합니다(단, 충분한 근거가 뒷받침되는 믿음이어야겠지요). '앎'이라는 단어의 이런 주관적인 해석은 옛 과학 이론에 너무 큰 영향을 미쳤습니다. 사실 이런 해석은 어떤 과학 이론에도 도움이 되지 않습니다. 과학적 지식은 주관적 기대나 확신이 아니라 말로 표현된 객관적 명제들로, 또한 가설과 문제들로 이루어졌기 때문입니다.

과학은 인간 정신의 산물입니다. 그런데 이 산물은 성당 건물 만큼이나 객관적입니다. '명제란 생각을 언어로 표현한 것'이라고 했을 때 이 문장은 참이라고 할 수 있지만 그 객관성은 충분히 조명되지 않았습니다. 이는 '생각'이라는 단어의 모호성과 직결됩니다. 베르나르트 볼차노Bernard Bolzano(1781~1848, 프라하 태생 오스트리아의 수학자. 독일 관념론에 반대하여 논리주의의 기초를 쌓았다. _옮긴이)나 (그 뒤를 이은) 고틀로브 프레게Gottlobe Frege(1848~1925, 독일의 논리학자·수학자·철학자. 분석철학과 기호논리학 발달에 기여했으며 수학에서의 논리주의를 주창했다. _옮긴이) 같은 철학자들이 특히 강조했듯, 우리는 주관적 사고 과정을 객관적 내용, 사고의 논리적 또는 정보 제공적 내용과 명확히 구분해야 합니다. 내가 "마호메트Mahomet(아랍어 이름은 무함마드)의 사상은 붓다의 사상과 매우 다르다"라고 말하면, 이는 두 사람의 사고 과정이 아니라 두 사람이 내놓은 교리 또는 이론의 논리적 내용을 얘기하는 것입니다.

사고 과정들은 인과적 관계일 수 있습니다. 내가 "스피노자의 이론은 데카르트 이론의 영향을 받았다"라고 말하면 나는 두 사람 간의 인과적 관계를 묘사하면서 동시에 스피노자의 사고 과정에 대해서도 진술하고 있는 셈입니다.

그러나 내가 "그렇지만 스피노자의 이론은 몇 가지 중요한 점에서 데카르트의 이론과 상반한다"라고 하면, 이는 사고 과정이

삶은 문제해결의 연속이다

아닌 두 학설의 객관적인 논리적 내용에 대해 말하는 것이 됩니다. 내가 인간의 발화된 언어의 객관성이라는 특징을 강조한 건 진술의 논리적 내용을 특히 염두에 둔 것입니다. 앞에서 말로 표현된 생각만이 비판의 대상이 될 수 있다고 한 것도 발화자의 정신에서 일어나는 사고 과정이 아닌 명제의 논리적 내용만이 비판적 논의의 대상이 될 수 있다는 의미입니다.

여기서 '문제-시도된 해결책들-제거'라는 3단계 모델을, 더불어 새로운 지식 습득 과정을 설명한 이 도식이 아메바에서부터 아인슈타인에게까지 두루 적용 가능하다는 나의 주장을 다시 상기시키고자 합니다.

"아메바와 아인슈타인의 다른 점이 무엇인가?" 이 질문은 과학 이론에서 결정적인 질문입니다. 가장 중요한 차이는 세 번째 단계인 시도된 *해결책들의 제거*에서 나타납니다.

과학 이전의 지식 개발에서는 제거가 우리에게 일어나는 현상이었습니다. 환경이 우리가 시도한 해결책들을 제거했죠. 그 과정에서 우리는 능동적 주체가 아닌 수동적 객체에 불과했고요. 우리는 제거를 겪어야 했습니다. 즉 자연환경이 우리가 시도한 *해결책들*을 너무 자주 파괴하거나 혹은 이전에 성공한 *해결책들*을 파괴할 경우, 필연적으로 시도한 해결책들의 주체인 인간도 파괴되었습니다. 이는 다윈론의 자연도태설에도 분명히 설명되어 있습니다.

과학적 방법론 및 접근법이 참신한 점은 우리가 제거 과정에 능동적으로 관심을 갖고 개입한다는 것입니다. 시도된 해결책들은 객관화되어, 우리는 더 이상 우리가 시도한 해결책들과 동일시되지 않습니다. 우리가 3단계 모델을 얼마나 의식하고 있건, 과학적 접근법의 가장 참신한 점은 우리가 시도된 해결책들의 제거를 능동적으로 추구한다는 것입니다. 우리는 시도된 해결책들을 비판에 부치며, 이용 가능하고 생산 가능한 모든 수단을 동원해 비판합니다. 예를 들면, 환경이 어떤 이론이나 시도된 해결책을 반박할 때까지 기다리는 대신 우리가 시도한 해결책에 *최대한* 불리해지도록 환경을 조정하는 식입니다. 그럼으로써 우리가 내놓은 이론을 시험합니다. 실로 엄격한 테스트가 아닐 수 없습니다. 우리 스스로 *거짓*false 이론을 가려내야 하기 때문에, 그런 이론들을 제거하기 위해 할 수 있는 모든 방법을 동원하는 것입니다.

따라서 아메바가 아인슈타인과 결정적으로 어떻게 다르냐는 질문에는 다음과 같이 답할 수 있습니다.

아메바는 최대한 반증을 피한다는 것입니다. 아메바가 품는 기대는 그 개체의 일부이며, 과학 이전 원시적 차원의 생물이 갖는 기대나 가설이 논박되면 그 기대나 가설을 품은 생물도 함께 파괴

삶은 문제해결의 연속이다

됩니다. 반면 아인슈타인은 자신의 가설을 객관화했습니다. 그래서 그의 가설은 인간 아인슈타인과 분리되어 존재하며, 아인슈타인의 가설은 비판을 거쳐 파괴해도 그 자신은 함께 파괴되지 않습니다. 과학에서는 우리의 가설이 우리 대신 죽어주는 셈입니다.

이제 나의 가설을 소개할 차례가 되었습니다. 기존의 수많은 과학 이론 지지자가 모순적이라고 낙인찍은 이론입니다. 핵심은 오늘날의 과학적 접근법이 과학 이전의 접근법과 차별되는 지점은 시도된 반증이라는 것입니다. 모든 시도된 해결책, 모든 이론은 가능한 한 엄격하고 철저하게 검증됩니다. 엄격한 검토란 결국 검토 대상의 *취약점*을 찾아내려는 시도입니다. 우리가 이론을 검증하는 것도 그 이론의 *취약점*을 찾아내려는 것입니다. 그러므로 한 이론을 시험하는 것은 그 이론을 논박하거나 반증하려는 시도인 것이죠.

물론 과학자들이 항상 자기 이론을 반증하기를 좋아한다는 얘긴 아닙니다. 과학자는 자신의 이론을 *시도된 해결책*으로서 시험대에 세웁니다. 그것이 가혹한 검증을 통과할 것으로 기대하고 만들어진 이론이라는 뜻입니다. 그래서 성공적인 것처럼 보였던 해결책을 반증해낸 과학자들이 개인적으로 크게 실망을 느끼는 경우도 많습니다.

보통 이론 반증은 과학자 개인적인 목표가 아닙니다. 진정한 과학자는 자신이 큰 희망을 건 이론이 반증되지 않도록 노력할 것입니다.

이는 과학 이론 발전의 관점에서 보면 상당히 바람직한 현상입니다. 그러한 노력이 없다면 어떻게 *진짜* 반증과 진짜처럼 보이는 *가짜* 반증을 구별할 수 있겠습니까? 과학에서는 어떤 이론이든 진중한 검증의 대상으로 세울 때 찬성과 반대의 두 무리가 형성되어야 합니다. 이성적이고 과학적인 논의를 거쳐야 하는데, 논의라는 게 항상 똑 떨어지는 결론을 내놓는 게 아니기 때문입니다.

과학을 진정한 과학으로 만드는 가장 특징적인 요소는 *비판적 접근*이며, 이는 과학 이론의 객관적, 공개적, 언어적 공식화를 통해 이루어집니다. 이 과정에서 보통 찬반양론이 형성되고 그에 따라 자연스럽게 비판적 논의가 제기됩니다. 때로 몇 년이 가도록 논쟁이 종결되지 않는 경우도 있습니다. 알베르트 아인슈타인과 닐스 보어 사이에 있었던 유명한 논쟁이 그런 경우입니다. 게다가 모든 과학적 논쟁이 종결될 것이라는 보장도 없습니다. 그 무엇도 과학의 진보를 보장해주지 않습니다.

그렇다면 나의 중심 논제는 다음과 같이 정리할 수 있습니다. 과학 이전의 접근법과 차별되는 과학 및 과학적 접근법의 핵심은 시도된 해결책들을 의식적으로 비판하는 태도입니다. 의식적으로 비판하는 태도는 제거 단계에, 즉 비판과 반증 시도에서 능동적으로 이루어집니다.

반대로 한 이론을 반증에서 구해내려는 시도 또한, 앞서 이야기했듯, 나름의 방법론적 역할을 합니다. 그러나 나의 논지는 이런 독단적 태도는 과학 이전의 특징이며, 반면에 의식적인 반증 시도 노력을 비롯한 비판적 접근이야말로 과학을 낳고 또 과학적 방법론의 지배적 기준이 된다는 것입니다.

과학적 방법론에 찬반양론 형성이 필요하기는 하지만, 내 생각에 그보다 더 중요한 건 반증 시도와 간혹 성공하는 반증이 얼마나 의미 있는지를 모든 연구자가 제대로 이해하는 것입니다. 과학적 방법론은 프랜시스 베이컨과 제임스 진스 경Sir James Jeans(1877~1946, 영국의 물리학자·천문학자 _옮긴이)이 가르친 바대로 누적적이 아니라 근본적으로 혁명적이기 때문입니다. 과학적 진보는 기본적으로 새 학설이 기존 학설을 대체하면서 이루어집니다. 새 이론은 기존 이론이 해결한 모든 문제를 풀 수 있어야 하며, 최소한 기존 이론만큼은 잘 해결할 수 있어야 합니다. 그래서 아인슈타인의 이론은 최소한 뉴턴의 이론만큼 행성 운동과 거시역학 문제를 해결하거나, 어쩌면 뉴턴의 이론보다 더 잘 해결합니다.

그런데 혁명적 이론은 새로운 가정에서 출발하며, 기존의 이론을 초월하고 그것에 정면으로 배치되는 결론을 내립니다. 기존 이론과의 충돌은 새 이론을 기존 이론과 구별해준 실험들을 고안하게 하는데, 반드시 두 이론 중 적어도 하나를 반증할 수 있는 실험이어야 합니다. 사실 그 실험들도 살아남은 이론의 우월성은 입증해줄지는 모르나 그 가설이 참인지는 입증하지 못합니다. 그리고 살아남은 이론도 곧 또 다른 이론으로 뒤집힐 수 있습니다.

과학 발전이 이런 식으로 이루어진다는 것을 이해한 과학자는 자신이 정성 들여 다듬은 이론에 비판적 태도를 취하게 됩니다. 비평가들의 손에 당하느니 차라리 스스로 시험하고 반증하는 편이 나을 테니까요.

내가 아주 자랑스럽게 생각하는 대표적인 사례가 있습니다. 인간의 뇌를 연구하여 노벨상을 받은 나의 오랜 친구 존 에클스 경입니다. 에클스를 처음 만난 건 내가 뉴질랜드 더니든에 있는 오타고대학에서 강의를 맡았을 때였습니다. 그는 신경자극이 어떻게 '시냅스 전달'을 통해 하나의 신경세포에서 다른 신경세포로 전달되는지를 밝혀내기 위해 수년간 실험을 계속해오고 있었습니다. 당시 케임브리지대학의 헨리 데일 경을 위시한 학파는 분자 형태의 화학적 '전달물질'이 각 시냅스(신경세포를 분리하는)를 가로지르면서 한 세포에서 다른 세포로 자극을 전달한다고 추측했습니다. 그런데 에클스는 실험 결과, 전달에 걸리는 시간이 너무 짧다는 데 주목했고(그가 보기엔 전달물질이 이동하기에 너무 짧은 시간이었습

삶은 문제해결의 연속이다

니다), 그에 따라 신경의 자극과 억제 모두 전적으로 전기전달로 이루어진다는 가설을 세운 것입니다.

이후의 전개는 에클스의 입을 통해 듣는 게 좋겠습니다.

1945년까지만 해도 나는 과학 연구에 다음과 같은 전통적 입장을 고수하고 있었다.

첫째, 모든 가설은 신중하고 꼼꼼하게 수집한 실험적 데이터에서 나온다. 프랜시스 베이컨과 존 스튜어트 밀에게서 비롯된 귀납적 과학 개념이다. 대부분의 과학자와 철학자는 아직도 이것이 진정한 과학적 방법론이라고 믿는다. 둘째, 과학자의 우수성은 그가 세운 이론들의 신뢰도로 평가받는데, 그 이론들은 앞으로 더 많은 데이터가 축적되면서 당연히 다듬어져야 하겠지만 바라건대 추후의 개념 발전에 확고하고 안정적인 기반으로 자리 잡아야 한다. 과학자들은 보통 아직 건설이 진행 중인 건축물 대하듯 실험적 데이터를 언급하거나 가설을 논하기를 좋아한다. 마지막으로 가장 중요한 셋째, 과학자가 어떤 가설을 옹호했는데 새로운 데이터로 인해 그 가설이 반증되어 완전히 폐기하게 된 경우야말로 가장 유감스러운 상황이자 가장 큰 실패다.

내 문제는 바로 그것이었다. 오랫동안 지지해온 가설이 폐기될 운명에 처한 것을 깨달았을 때 나는 깊은 상심에 빠졌다. 시냅스 전달에 관한 논쟁에서 오랫동안 큰 목소리를 내왔는데… 그때는 신경세포 사이의 시냅스 전달이 주로 전기자극으로 이루어진다고 믿었다. 전달 속도가 느린 화학물질도 추후 작용한다는 건 인정했지만, 그래도 시냅스를 통한 빠른 전달은 전기전달로 이루어진다고 믿었다.

반증당하는 것이 과학자에게 전혀 수치스러운 일이 아님을 포퍼의 조언으로 깨닫게 된 것은 그즈음이었다. 그건 수십 년 인생을 통틀어 내가 들어본 가장 훌륭한 한마디였다. 포퍼는 신경자극물질과 신경억제물질의 시냅스 전달이 전기전달로 이루어진다는 내 가설을 아주 엄정하고 철저하게 구체화해 다른 학자들의 반증을 오히려 부추기라고 나를 설득했다(실제로 몇 년 후인 1951년 운동뉴런(중추부에서 반응기로 흥분을 전달하는 뉴런 _ 옮긴이) 세포 내 전압 기록이 가능해지면서 내 가설은 대부분의 동료와 나 자신에 의해 아주 보기 좋게 반증되었다). 포퍼의 조언 덕에 나는 거의 20년간 자식처럼 품어온 가설의 죽음을 기쁘게 받아들였고, 곧 데일과 뢰비Otto Loewi(1873~1961, 노벨 생리의학상을 받은 독일의 약리학자 _옮긴이)가 주창한 화학전달 이론에 크게 기여할 수 있었다.

나는 마침내 과학적 방법론에 대한 포퍼의 가르침으로 굉장한 해방감을 맛보았다.

이 일화에는 묘한 속편이 있다. 시냅스 전달의 전기전달 가설의 폐기 처분이 너무 성급한 것이었음이 드러난 것이다. 내가 연구한 시냅스 전달 경로 중 대다수가 물론 화학물질에 의한 것이었지만 이후 전기전달물질도 여러 종류 발견됐으며, 내가 시냅스에 관해 쓴 책[2]에는 신경의 자극과 억제 모두에 관여하는 전기전달에 대한 내용이 두 장이나 차지하고 있다![3]

에클스와 데일이 내놓은 가설들이 둘 다 틀렸다는 점은 주목할 만합니다. 두 사람 모두 자신의 가설이 모든 종류의 시냅스 전달에 예외 없이 적용된다고 믿었거든요. 데일의 가설은 당시 두 학파가 연구하고 있던 시냅스 전달 현상에 모두 적용되긴 했으나, 일반적으로 적용할 수 없다는 점에서 에클스의 가설과 마찬가지였습니다. 데일 가설의 지지자들은 이 점을 완벽하게 간과한 듯합니다. 에클스를 상대로 승리했음을 확신한 나머지 그들 자신도 똑같은 잘못을 저질렀음을 깨닫지 못한 것입니다. '관련된 모든 데이터가 수집될 때까지 기다리지 않고 성급하게 일반화한 것'입

2 John Eccles, 『The Physiology of Synapses』, Springer Verlag, Heidelberg, 1964
3 John Eccles, 『Facing Reality: Adventure of a Brain Scientist』, Springer Verlag, New York, Heidelberg & Berlin, 1970, pp. 105-016

니다(그러나 실상 모든 데이터를 수집하기란 거의 불가능합니다).

노벨상 수상에 얽힌 일화가 실린 전기에서 에클스는 이렇게 말했습니다. "이제는 내가 애지중지해온 가설이 반증되는 것을 기쁘게 받아들일 수 있게 되었다. 그러한 반증 역시 과학적 성공이기 때문이다."

마지막 한 문장이 매우 의미심장합니다. 우리는 항상 반증을 통해 전혀 새로운 사실들을 배웁니다. 어떤 가설이 잘못됐다는 사실뿐 아니라, 그것이 왜 잘못되었는지도 배웁니다. 무엇보다 중요한 건, 더욱 예리하게 조준된 새로운 문제를 얻는다는 것입니다. 그리고 우리 모두가 알고 있듯이 새로운 문제는 새로운 과학 발전의 진정한 출발점입니다.

내가 3단계 모델을 계속 언급해서 놀랐을 겁니다. 계속 언급한 이유는 지금 소개할 매우 유사한 4단계 모델을 더 쉽게 이해하도록 하기 위해서였습니다. 과학적 방법론의 전형이자 과학 발전의 메커니즘이기도 한 모델이지요. 4단계 모델은 (문제-시도된 해결책들-제거의) 3단계 모델에서 파생했다고 볼 수 있습니다. 첫 번째 단계를 '기존의 문제'라고 부르고 네 번째 단계를 '새로운 문제'라고 부를 뿐이죠. 여기서 '시도된 해결책들'을 '잠정적 이론들'로, '제거'를 '비판적 논의를 통한 제거 시도'로 대체하면 과학 이론에서 전형적인 4단계 모델이 됩니다. 정리하면 다음과 같습니다.

삶은 문제해결의 연속이다

1. 기존 문제

2. 잠정적 이론들 세우기

3. 실험적 검증을 포함하여 비판적 논의를 통한 제거 시도들

4. 이론들의 비판적 논의에서 도출되는 새로운 문제들

이 4단계 모델로 여러 과학적 논제를 증명할 수 있습니다.

먼저 문제를 봅시다. 과학 이전의 문제들, 그리고 과학적 문제들은 본질적으로 처음에는 실제적인 성격을 띠지만, 4단계 모델에 대입하면 최소한 그중 일부가 이론적 문제들로 대체됩니다. 이는 곧 새로운 문제 대부분이 이론에 대한 비판에서 비롯된다는 뜻입니다. 이론에 이미 새로운 문제들이 내재해 있는 거죠. 헤시오도스가 노래한 우주의 기원에 담긴 문제들은 물론이거니와 소크라테스 이전의 그리스 철학자들이 이야기한 문제들도 그러했습니다. 그리고 오늘날 자연과학에 내재한 문제 대부분도 그렇고요. 문제 자체가 이론이 낳은 산물이며, 또한 비판적 논의를 통해 이론에서 드러난 난제에서 나온 산물이기도 합니다. 이러한 이론적 문제들은 근본적으로 설명 혹은 설명적 이론을 요구하는 질문이라고 볼 수 있습니다. 그 이론들이 내놓는 잠정적 답안들은 사실상 시도된 설명들입니다.

'실제적 문제'에는 어떤 것을 예측하는 문제도 포함시킬 수 있

습니다. 그러나 순수과학의 지적 측면에서 봤을 때, 예측은 세 번째 단계인 비판적 논의와 검토에 속합니다. 예측은 실제로, 그리고 실제 세계에서 우리가 가설 혹은 시도된 설명들의 타당성을 검증할 수 있게 해주기 때문입니다.

4단계 모델을 보면 과학 연구가 기존 문제에서 시작해 또 다른 주기의 출발점이 되는 새로운 문제에서 끝나는 순환구조의 한가운데서 이루어짐을 알 수 있습니다. 이러한 순환적 혹은 주기적 특성 덕분에 4단계 모델의 어떤 단계에서든 연구를 시작할 수 있습니다. 두 번째 단계인 잠정적 이론 수립에서 시작한다고 해봅시다. 그러면 연구자는 기존 이론에서 출발해 비판적 논의와 제거를 거쳐 문제를 도출하고, 그 문제를 풀기 위한 새로운 이론을 수립하겠지요. 바로 이 순환적 특성 때문에 이 논리가 충분히 성립되는 겁니다.

더불어, 만족할 만한 이론들의 창조를 과학 탐구의 목적으로 볼 수 있다는 것도 4단계 모델을 지지할 이유가 됩니다. 그러나 한편으로 만족스러운 이론으로 판정받는 조건이라는 문제는 출발점으로서의 문제로 다시 이어진다는 점도 지적해야겠습니다. 우리가 어떤 이론에 가장 먼저 요구하는 것은 그 문제를 이루는 어려움들을 제거함으로써 설명이 필요한 문제들을 해결하는 것이기 때문입니다.

삶은 문제해결의 연속이다

마지막으로, 우리는 지금까지 존재해온 이론들을 제거 혹은 근절하는 것을 출발점으로 삼을 수도 있습니다. 과학은 한 가지 이론이 무너지는 데서 출발한다고도 할 수 있으니까요. 이러한 붕괴, 제거는 제거된 이론을 더 나은 이론으로 대체하는 문제로 이어집니다.

나는 개인적으로 문제를 출발점으로 삼기를 선호하는데, 이 모델의 순환적 특성상 어떤 단계든 새로운 발전의 출발점이 될 수 있다는 것 또한 잘 알고 있습니다.

4단계 모델의 중요한 특징은 동적 특성입니다. 각 단계는 다음 단계로 나아가려는 논리적 추동력을 품고 있습니다. 과학은 이러한 논리적 밑그림에서 볼 수 있듯이 끊임없이 성장하는 것으로 이해해야 할 현상입니다. 본질적으로 역동적이며, 결코 완성되지 않는 것이지요. 목표에 최종적으로 도달하는 지점이란 없습니다.

내가 문제를 출발점으로 삼기를 좋아하는 이유가 하나 더 있습니다. 기존의 문제와 그 뒤를 잇는 새로운 문제의 거리는 기존 이론들과 그것을 대체하는 다음 세대의 새로운 이론들 간의 거리와 비교했을 때, 과학적 진보의 특징으로서 훨씬 더 대단해 보이기 때문입니다.

중력에 관한 뉴턴과 아인슈타인의 이론을 예로 들어봅시다. 두 이론 간의 거리는 상당하지만 그래도 뉴턴의 이론을 아인슈타인의 언어로, 즉 텐서 미적분학에 내입해 설명하는 것이 가능합니다. 그리고 일단 그렇게 해보면, 페테르 하바스Peter Havas (1916~2004, 헝가리 출신 미국의 물리학자 _옮긴이) 교수가 실제로 그렇게 했는데, 두 이론 간의 차이가 중력의 유한한 전파 속도, 즉 유한한 빛의 속도 c에 귀결한다는 것을 알게 됩니다. 이는 곧 아인슈타인의 이론에서 중력 전파의 유한 속도 c를 무한 속도로 대체하면 뉴턴의 이론이 된다는 것을 하바스 교수가 증명했다는 뜻입니다.

그러나 중력 이론으로 성취된 진보가 중력 전파의 유한속도에 한정된다고 결론 내린다면 그것은 오판일 것입니다.

뉴턴 이론의 비판자들(에른스트 마흐 같은)이 발견한 *문제들*과 아인슈타인 이론의 비판자들(이 경우 아인슈타인 자신이 대표자임)이 발견한 *문제들*을 비교해보면 그 진보의 급진성과 역동성이 훨씬 명확하게 드러나게 됩니다.

기존의 문제들과 새로운 문제들을 비교하면 두 이론 간의 엄청난 거리, 엄청난 진보를 인식할 수 있습니다. 사실상, 기존 문제들 가운데 해결되지 않은 건 하나밖에 없습니다. 이른바 '마흐의 원리'에 대한 설명입니다. 마흐의 원리는 질량이 큰 물체의 관성이 먼 우주 질량의 영향을 받는다는 명제의 필요조건이 됩니다. 아인슈타인은 자신의 이론이 마흐의 원리를 설명하지 못하자 크게 실망했습니다. 사실 그의 중력 이론은 관성을 중력 작용의 결

삶은 문제해결의 연속이다

과로 봤습니다. 그런데 아인슈타인의 중력 이론에서 질량을 빼면 특수상대성 이론으로 붕괴되고, 관성은 질량에 의한 것이라는 설명조차 성립되지 않게 됩니다.

아인슈타인은 이를 자신의 이론의 최대 결함으로 보았습니다. 마흐의 원리를 중력 이론에 통합하는 문제는 반세기가 넘도록 이 분야 모든 과학자를 사로잡았습니다.

이런 이유로 나는 4단계 모델에서 문제를 출발점으로 삼는 것이 좋다고 보는 겁니다. 그리고 다른 건 차치하더라도 4단계 모델은 과학 이전과 비교해 그 이후 비약적으로 발전한 과학 이론의 새로운 점을 잘 보여줍니다. 주로 언어의 발명과 글쓰기 및 비판적 논의를 통해 우리가 제거 과정에 능동적으로 개입하게 되었다는 점이 그것입니다. 내가 말하고자 하는 주요한 논지는, 과학이 비판적 논의의 발명으로 발생했다는 것입니다.

여기서 도출할 수 있는 중요한 결론 하나는 경험과학 이론들이 다른 이론들과 어떻게 다른가 하는 것입니다. 이것 자체는 경험과학이 아닌 이론과학의 문제입니다. 과학의 논리 혹은 철학에 귀속되는 문제인 것입니다. 나의 주요 논지에서 도출할 수 있는 답은 다음과 같습니다.

경험과학 이론이 다른 이론들과 다른 점은 그것이 습득 가능한 실험 결과에 의해 뒤집어질 수 있다는 것입니다. 여기서 습득 가능한 실험 결과란, 실제로 얻을 수 있다면 이론을 반증할 수 있는 실험 결과를 말합니다.

나는 경험과학 이론을 다른 이론과 구분하는 문제를 '구획 demarcation의 문제'라 명명하고 그에 대해 내가 제시한 해결책을 '구획 기준'이라고 칭한 바 있습니다.

구획 문제에 대해 내가 제시한 해결책은 다음의 구획 기준입니다. "습득 가능한 경험에 모순되고 그에 따라 원칙적으로 경험에 의한 반증이 가능한 이론만이 경험과학 이론이다."

나는 이 구획 기준을 '반증가능성 기준'이라 부르기로 했습니다.

반증가능성 기준은 수많은 이론에 비추어 설명해볼 수 있습니다. 예를 들어, 백신 접종이 천연두를 예방한다는 이론은 반증이 가능합니다. 백신 접종을 받은 사람이 천연두에 걸리면 이론은 반증되니까요.

그런데 이 예는 반증가능성 기준이 자체적 문제를 안고 있음을 증명하기도 합니다. 백신 접종을 받은 백만 명 가운데 단 한 명만 천연두에 걸린다면 이 이론이 반증되었다고 말하기 어려울 것입니다. 오히려 접종 과정이나 백신에 문제가 있을 거라고 추측하겠지요. 게다가 원칙적으로, 그런 구멍은 어떤 경우에서든지 찾아낼 수 있습니다. 반증을 앞에 뒀을 때 우리는 어떻게 해서든 빠져나갈 구멍을 만들거든요. 보조 가설을 끌어와 반증을 거부할

삶은 문제해결의 연속이다

수도 있습니다. 우리는 어떤 형태의 반증이든 그에 대항해 자신의 이론을, 한스 알베르트Hans Albert(1921년생, 포퍼와 함께 비판적 합리주의를 대표하는 독일의 사회철학자 _옮긴이) 교수의 표현을 빌리면, '면역시킬' 수 있습니다.

그렇다면 반증가능성 기준을 적용하기란 그리 쉽지 않게 됩니다. 그럼에도 반증가능성 기준은 나름의 효용이 있습니다. 항상 이렇게 단순하지는 않겠지만, 다음과 같은 방식으로 천연두 예방접종 이론에 적용해볼 수 있습니다. 만일 백신 접종을 받았으나 천연두에 걸린 사람의 비율이 백신 접종을 받지 않고 천연두에 걸린 사람의 비율과 대략 같다면(혹은 더 크다면), 모든 과학자는 백신 접종으로 천연두를 예방할 수 있다는 이론을 버릴 것입니다.

이 예를, 내가 보기에 반증이 불가능한 이론과 비교해봅시다. 이를테면 프로이트의 정신분석 이론입니다. 이 이론은 원칙상 그것에 위배되는 인간 행동을 실례로 들 수 있어야만 검증될 수 있습니다. 그런 식으로 반증이 가능한 행동 가설들이 있긴 한데, 예를 하나 들자면 수십 년을 정직하게 살아온 사람이 재정 상태만 안정적이라면 늙어서 갑자기 도둑이 되지는 않는다는 것입니다.

이 행동 가설은 분명 반증이 가능하며, 실제 반증 사례가 종종 일어나는 것으로 알고 있습니다. 그러니 바로 위의 가설은 그 내용이 명백히 거짓이라고 볼 수 있겠지요.

그러나 위의 이론과 반대되게, 정신분석 이론을 논박할 수 있는 인간 행동은 실제로는 없는 듯합니다. 어떤 사람이 자신의 목숨을 버리고 다른 사람의 생명을 구한다든가 혹은 오랜 친구의 생명을 위협한다고 쳐도 (이를 상상 가능한 그 어떤 유별난 행동으로 대체해도 마찬가지입니다) 그러한 행동들은 정신분석 이론에 위배되지는 않습니다. 원칙적으로 정신분석 이론은 아무리 특이한 인간 행동이라도 설명할 수 있으니까요. 그러므로 정신분석 이론은 경험적 반증이 불가능합니다. 검증이 불가능한 것입니다.

프로이트가 통찰력이 부족했다는 얘기가 아닙니다. 그의 이론이 경험과학이 아니며, 그렇기에 철저한 검증이 불가능하다는 얘기입니다. 이는 앞서 예로 든 백신 접종 이론과 대조되며, 무엇보다 물리학과 화학, 생물학 이론들과 대조됩니다.

아인슈타인의 중력 이론이 발표된 이래 뉴턴의 역학을, 그것이 아무리 진실에 근접했더라도, 거짓 이론으로 볼 이유가 여럿 생겼습니다. 그런데 뉴턴의 이론과 아인슈타인의 이론은 모두 반증이 가능합니다. 물론 '면역시키기' 전략으로 얼마든지 반증에서 빠져나갈 수 있지만요. 생각해낼 수 있는 그 어떤 인간 행동도 프로이트의 정신분석 이론에 모순될 수 없지만, 테이블이 갑자기 움직이기 시작한다면 그 테이블의 움직임은 뉴턴의 이론에 모순됩니다. 만약 테이블에 놓인, 차가 가득 담긴 찻잔이 갑자기 춤추

삶은 문제해결의 연속이다

고 빙글빙글 돌고 이리저리 움직이기 시작한다면 그건 뉴턴 이론의 반증이 될 것입니다(그 요란한 움직임으로 찻잔 속 차가 전혀 쏟아지지 않는다면 더더욱 확실한 반증이 될 것입니다. 혹자는 역학이 원래 물리적 신체의 온갖 상상 가능한 행동에 위배되는 것이라고도 말할 것입니다). 그 어떤 상상 가능한 인간 행동에도 모순되지 않는 정신분석 이론과 사뭇 다르게요.

아인슈타인의 중력 이론은 뉴턴의 역학 이론에 대한 모든 모순에 영향을 받을 것입니다. 이는 바로 뉴턴의 이론이 그만큼 아인슈타인의 이론에 근접해 있기 때문입니다. 그런데 아인슈타인은 거기서 더 나아가 뉴턴의 이론을 거스르지 않으면서 자신의 이론만 논박할 사례를 집중적으로 찾아내려 했습니다.

실제로 아인슈타인은 자신이 예측한 시리우스(천랑성) 동반성 및 다른 백색왜성들의 스펙트럼에서 자신이 예측한 적색편이(스펙트럼선의 파장이 장파장 측으로 치우쳐 적색을 띠는 현상 _옮긴이)가 발견되지 않았다면 자신의 이론이 반박된 것으로 간주했을 것이라고 기록했습니다.

여기서 아인슈타인이 자신의 중력 이론에 유난히 엄격하고 비판적인 태도를 가졌던 점이 흥미롭습니다. (대부분 아인슈타인 자신에 의한) 검증 시도 가운데 어느 것도 그의 이론에 위배되는 결과를 내지 않았음에도 불구하고, 그는 이론상의 근거를 들어 자신의 중력 이론을 100퍼센트 만족할 수 없는 가설로 간주했습니다. 그는 자신의 이론이, 다른 모든 자연과학 이론과 마찬가지로, 해결책을 찾기 위한 잠정적provisional 시도에 불과하며, 따라서 가설적 성격을 띤다는 것을 잘 알고 있었습니다. 하지만 그는 거기서 한 걸음 더 나아갔습니다. 자신의 이론이 왜 불완전하며 또 자신의 연구에 대입하기에 왜 부적합한지 설명하는 이유들을 제시한 것입니다. 게다가 적합한 이론이 갖추어야 할 필요조건까지 열거했습니다.

다만 자신의 기존 중력 이론에 대해 스스로 인정한 한 가지는 궁극적으로 추구되는 완벽한 이론에 뉴턴의 이론보다 더 근접해 있으며 그렇기에 참에 이르는 더 나은 접근이라는 것이었습니다.

나는 이 참에 대한 근접성이 과학 이론에서 가장 중요한 개념 중 하나라고 봅니다. 이는 앞서 언급한, 상반된 가설에 대한 비판적 논의가 과학에서 매우 중요하다는 것과도 연결됩니다. 그런데 비판적 논의는 특정 가치에 의해 규제됩니다. 규제적 원칙, 혹은 칸트 철학에서 말하는 규제적 관념을 필요로 하는 것입니다.

상반된 이론들의 비판적 논의를 좌우하는 이 규제적 관념들 중 가장 중요한 세 가지를 꼽자면 첫째는 참[진리]이고, 둘째는 한 이론의 논리적이며 경험적인 내용이며, 셋째는 한 이론이 갖는 참인 내용과 그 내용의 진리에의 근접성입니다.

참의 개념이 비판적 논의를 좌우한다는 것은 우리가 거짓 이

삶은 문제해결의 연속이다

론들을 제거할 목적으로 비판적 논의를 행하는 사실에서도 알 수 있습니다. 바꿔 말하면 우리가 참 이론의 추구라는 개념에 의해 움직인다는 얘기입니다.

두 번째 규제적 관념인 이론의 내용은 우리로 하여금 높은 차원의 정보를 담은 이론을 추구하게 합니다. 12×12=144 같은 항진명제나 단순 계산식은 아무런 알맹이가 없습니다. 어떤 경험적 문제도 해결해주지 못합니다. 고차원적 문제는 고차원적인 논리적·경험적 내용을 담은 이론에 의해서만 해결될 수 있습니다.

내용의 크기size는 곧 이론의 대담성이라고 말할 수 있습니다. 더 많은 것을 주장하는 이론일수록 거짓으로 판명될 위험도 크니까요. 그래서 우리는 참을 추구하되 대담하고 모험적인 참에만 관심을 갖습니다. 고차원의 논리적 내용을 담은 대담한 이론의 예로 다시 한번 뉴턴과 아인슈타인의 중력 이론들을 들 수 있습니다. 그 밖에도 원자의 양자 이론과 유전의 비밀을 일부 풀어낸 유전자 암호 이론을 들 수 있습니다.

이러한 대담한 이론들은 고차원적 내용(즉 고차원의 논리적·경험적 내용)을 담고 있습니다. 이론의 내용에 관한 이 두 가지 개념은 다음과 같이 설명할 수 있습니다. "한 이론의 논리적 내용은 그 이론의 결론들의 집합, 해당 이론에서 논리적으로 추론할 수 있는 모든 명제의 총집합이다(그리고 도출할 수 있는 결론의 수가 많을수록 그 집합은 고차원적이 된다)."

더 흥미로운 것은 이론의 *경험적 내용*이라는 개념입니다. 이 개념을 이해하려면 우선 어떤 경험적 자연법칙 또는 경험적 이론이 관찰 가능한 특정 사건들을 *배제*한다는 개념부터 이해해야 합니다('모든 까마귀는 검다'는 가설은 흰 까마귀의 존재 가능성을 배제하며, 흰 까마귀의 목격은 그 가설을 반증한다는 식으로요). 그러나 우리가 앞서 살펴봤듯, 프로이트의 정신분석 이론은 관찰 가능한 그 어떤 현상의 발생 가능성도 배제하지 않습니다. 그래서 정신분석 이론의 내용은 분명 고차원적일지 모르나 그것의 경험적 내용은 제로에 가깝습니다.

따라서 어떤 이론의 경험적 내용이란 그 이론에 의해 배제되는 경험적 명제들의 집합이라고 정리할 수 있습니다. 바꿔 말하면, 그 이론을 거스르는 경험적 명제들의 집합도 됩니다.

아주 단순한 예증을 봅시다. '흰 까마귀는 없다'는 가설은 '여기 흰 까마귀가 있다'는 진술과 모순됩니다. 흰 까마귀의 존재 가능성을 부인하는 가설이니까요. '모든 까마귀는 검다'는 가설은 더 큰 경험적 내용을 담고 있습니다. 흰 까마귀뿐 아니라 파란색, 녹색, 빨간색 까마귀의 존재 가능성까지 전부 배제하기 때문입니다. 배제된 명제들의 집합이 훨씬 크지요.

어떤 이론에 모순되는 경험적 혹은 관찰적 진술은 해당 이론의 *가능한 반증* 또는 *잠재적 반증자*라고 할 수 있습니다. 가능한 반

삶은 문제해결의 연속이다

중의 예가 실제로 관측된다면 그 이론은 경험적으로 반증되었다고 할 수 있습니다.

'여기 흰 까마귀가 있다'는 진술은 그러므로 '흰 까마귀는 없다'는 저차원적 내용의 가설과 '모든 까마귀는 검다'는 고차원적 내용의 가설 모두에 대한 가능한 반증이 됩니다.

"1972년 2월 10일에 녹색 까마귀 한 마리가 함부르크의 동물원에 전달되었다"는 진술은 '모든 까마귀는 검다'는 이론의 가능한 반증 혹은 잠재적 반증자인 동시에 '모든 까마귀는 빨간색 또는 파란색'이라는 가설에 대한 가능한 반증 혹은 잠재적 반증자도 됩니다. 만약 그러한 진술, 그러한 잠재적 반증자가 관찰 결과에 근거해 참으로 받아들여진다면 그 진술이 반증자가 되는 모든 가설이 사실상 반증된 것으로 간주되어야 합니다. 재미있는 점은 한 가설이 주장하는 바가 많을수록 그 가설의 잠재적 반증자 수도 많아진다는 것입니다. 많은 것을 주장할수록 더 많은 문제를 해결할 수 있습니다. 설명적 잠재력 혹은 잠재적 설명력이 더 큰 것입니다.

이런 관점에서, 다시 한번 뉴턴과 아인슈타인의 중력 이론을 비교해봅시다. 우리는 아인슈타인 이론의 경험적 내용과 잠재적 설명력이 뉴턴 이론보다 우위라는 결론을 내릴 수 있습니다. 아인슈타인의 이론이 훨씬 많은 것을 주장하고 있기 때문입니다.

특히 행성 수기를 포함하여 뉴턴 이론의 모든 운동을 설명할 뿐
아니라, 중력이 빛에 미치는 영향까지 설명하고 있습니다(뉴턴이
자신의 중력 이론에서, 또 광학 이론에서도 전혀 설명을 제시하지 못했던 부분입니다).
따라서 아인슈타인의 이론은 더 큰 모험성을 띱니다. 그리고 원
칙상 뉴턴의 이론과 관계없는 관측 결과에 의해서도 반증될 수
있고요. 그러므로 아인슈타인 이론의 경험적 내용, 그 잠재적 반
증자의 양은 뉴턴 이론의 경험적 내용보다 훨씬 많은 셈입니다.
결국 아인슈타인 이론의 잠재적 설명력 또한 뉴턴 이론보다 훨씬
큽니다. 예를 들어 우리가 아인슈타인이 예측한 시리우스 동반성
스펙트럼의 적색편이가 관찰에 의해 확인되었음을 받아들일 경
우, 그러한 광학 현상들은 아인슈타인 이론에 의해 설명된 것이
라고 볼 수 있습니다.

그러나 그와 관련된 실제 관측이 아직 이루어지지 않았다 해
도, 아인슈타인 이론이 뉴턴의 이론보다 잠재적으로 더 우수하다
고 말할 수 있습니다. 더 방대한 경험적 내용과 더 큰 잠재적 설명
력을 갖기 때문입니다. 이는 이론상 더 흥미롭다는 뜻도 됩니다.
그러나 동시에 아인슈타인의 이론은 뉴턴의 이론보다 더 큰 위험
성을 갖습니다. 잠재적 반증자의 수가 더 많다는 바로 그 이유로
그만큼 반증되기 더 쉽기 때문입니다.

그러므로 아인슈타인의 이론은 이미 엄격한 검증이 가능하다

삶은 문제해결의 연속이다

고 판명된 뉴턴의 이론보다 더욱 엄격한 검증이 가능합니다. 만약 아인슈타인의 이론이 그러한 검증들을 통과해 가치를 증명한다 해도 우리는 그 이론이 참이라고 단정할 수는 없습니다. 나중에 반증될 수 있기 때문입니다. 단, 그 경험적 내용뿐 아니라 참인 내용도 뉴턴 이론보다 한 수 위라고 할 수는 있습니다. 이는 아인슈타인 이론에서 도출할 수 있는 참인 진술의 수가 뉴턴 이론에서 도출할 수 있는 것보다 많다는 뜻입니다. 나아가 아인슈타인의 이론이 실험적 검증의 결과들에 기초한 비판적 논의에 비춰볼 때, 참에 이르는 더 나은 접근으로 보인다고 말할 수도 있습니다.

참에의 근접성은 (규제적 원리로서의 참 이념처럼) *실재론적 세계관의 필수 전제입니다.* 그것이 곧 '실재란 우리의 과학적 이론들이 묘사하는 바 그대로임'을 전제하지는 않지만, 실재라는 것이 존재하며 4단계 모델의 시행착오 방법론을 적용한다면 우리 그리고 우리의 이론들(그 자체로 우리가 창조한 개념들이며 그렇기에 항상 관념화의 결과물)이 실재의 적합한 묘사에 점점 더 근접해갈 수 있음을 전제합니다. 그러나 방법론만으론 부족합니다. 운도 따라야 합니다.

우리가 사는 이 지구의 환경 조건, 생의 존재를 가능케 하고 인간의 언어와 의식 및 과학의 발전을 가능케 하는 지구의 환경 조건은 우주를 통틀어 거의 드무니까요. 그 우주라는 것이 우리의 과학이 묘사하는 것과 매우 동떨어져 있다 해도 말이지요. 과학

에 따르면 우주는 물질이 서의 없는 텅 빈 공간이며, 주로 무질
서한 복사에너지로 가득 차 있다니 말입니다. 그리고 텅 비어 있
지 않은 공간은 무질서한 물질들이 채우고 있으며, 대체로 분자
가 만들어지기에는 온도가 너무 높거나, 아니면 인간이 알고 있
는 생명체가 발생하기에는 너무 낮다고 하고요. 지구 이외에 다
른 별에 생명체가 있건 없건, 우주론적 관점에서 생명체의 발생
은 극도로 드문, 있을 법하지 않은 현상입니다. 그러니 생명체의
발생에 비춰보면, 과학의 비판적 방법론은 매우 희귀한 (어떤 계산법
으로 개연성을 따져 봐도 거의 일어날 법하지 않은) 발달입니다. 바로 그래서
생명과 과학의 발생이 우리에게 주어진 이루 말할 수 없는 행운
이라는 겁니다.

실재론적 세계관은 참으로의 근접성과 함께, 끊임없이 관념화
idealizing한다는 과학의 특성을 이해하는 데 필수적 요소라 생각됩
니다. 더불어 실재론적 세계관은 유일하게 인도적인 세계관이라
는 생각도 듭니다. 세상 사람들 모두가 똑같이 살아가고 고통받
고 죽는다는 사실을 염두에 둔 유일한 세계관이니까요.

과학은 인간의 관념들이 만든 산물의 체계입니다. 여기까지는
어떻게든 관념론이 들어맞는 셈이지요. 그러나 이런 관념들은 실
재에 부딪혀 시험당하면 무너질 확률이 높습니다. 결국 실재론이
옳을 수밖에 없는 이유도 바로 이것입니다.

삶은 문제해결의 연속이다

실재론과 관념주의, 실재론에 대한 논의로 내가 주제에서 잠시 빗나간 것으로 보일지도 모르겠습니다. 실은 그렇지 않고, 오히려 반대입니다. 실재론 논쟁은 양자역학에서 중요하게 취급되며, 따라서 오늘날 과학철학에서 가장 최신 정보가 다루어지며 또 가장 활발하게 논의되는 문제이기도 합니다.

내가 이 문제에 중립적 입장을 가지고 있지 않음이 지금쯤 분명해졌으리라 봅니다. 나는 전적으로 실재주의를 옹호합니다. 그러나 양자역학 분야에는 상당히 영향력 있는 관념주의 학파도 있습니다. 사실 있을 법한 관념주의 분파는 다 있으며, 심지어 한 유명한 양자물리학자는 양자역학에서 유아론적인 결론들을 도출한 후 그것이 양자역학에서 필연적 결론이라고 주장하기도 했습니다.

그에 대해 내가 할 수 있는 대답은 그것이 사실이라면 그 결론이 얼마나 대단하고, 얼마나 실재에 근접해 있든 현재 양자역학 이론에서 뭔가 크게 잘못됐음이 분명하다는 것뿐입니다. 양자역학은 다른 어떤 이론보다 더 엄격한 검증을 거쳤습니다. 그러나 이를 통해 우리는 실재론적 태도를 유지할 때에만 양자역학에서도 참에 근접한 결론을 도출할 수 있음을 알 수 있습니다.

과학 이론에서 실재주의와 객관주의를 유지하려는 노력은 앞으로도 한동안 계속될 것입니다. 이는 아직 해결되지 않은 원론적인 문제입니다. 그리고 이미 지적된 바 있지만, 과학 이론을 현재의 차원을 뛰어넘어 진일보시켜줄 문제이기도 합니다. 이 근본적 문제에 대한 나의 입장이 충분히 명확하게 드러났기를 바랍니다.

삶은 문제해결의 연속이다

2장

육체-정신의 문제에 대한 실재론자의 고찰[4]

내가 기억하기로 독일에서 하는 강연은 이번이 세 번째입니다. 만하임에서는 처음이고요. 이곳에 자주 오지 않는 만큼, 강연 주제도 고심해서 선택해야 했습니다.

I

원래는 내 첫 번째 책의 주제인 '인식론의 두 가지 근본적 문제'

---

4 1972년 5월 8일 만하임에서 한 강연

에 대하여 강연하려고 했습니다. 첫째는 경험과학을 형이상학 같은 심오한 기타 학문들과의 구획 문제이고, 둘째는 귀납법이라는 문제였습니다. 하지만 그 문제들에 대해 내가 제시한 해결책은 『탐구의 논리』에 이미 제시된 바 여러분에게는 이미 익숙할 테고, 아직 발표하지 않은 새로운 결과가 있긴 하지만 내가 이 나이가 돼서도 초기에 물고 늘어진 주제들을 초월하지 못했다는 인상을 줄까 봐 그만두기로 했습니다.

그다음으로 사회철학적 주제를 택할까도 고려해봤습니다. 그러나 이 분야의 책 세 권이 이미 독일어로 번역되어 나왔고, 나의 친구 한스 알베르트 교수가 그의 저서 『비판적 이성 소고Traktat über die kritische Vernunft』에서 뛰어난 통찰을 보여주었기에 역시 그만두기로 했습니다.[5]

대신 육체와 정신의 상호작용이라는 주제를 택한 데에는 다른 여러 가지 이유가 있습니다. 이 문제는 어쩌면 영원히 풀리지 않을지 모르는 중대한 수수께끼를 안고 있습니다. 철학사에서 가장 심오하고 가장 풀기 어려운 문제, 현대 형이상학의 중심에서도 가장 중심이 되는 문제라고 해도 과언이 아닐 겁니다. 게다가

---

5 『Treatise on Critical Reason』, Princeton University Press, 1982

육체와 정신의 문제는 우리 인간에게 다른 어떤 문제와도 비견할 수 없을 정도로 중요하기도 하고요. 육체와 정신의 문제는 현대 실존주의에서 인간이 처한 상황이라고 칭하는 것의 바탕을 이룹니다. 인간은, 적어도 의식이 있는 동안은, 영적인 존재이기 때문입니다. 인간은 영적인 존재이고, 하나의 자아이며, 또한 물리적 법칙에 제한을 받는 육체에 묶인 정신입니다. 이는 풀어 설명하기엔 너무도 자명해서 실존주의자들은 (내가 보기엔 반박할 수 없는) 이 자명함의 이면에 숨은 문제들을 합리적으로 설명해보려는 시도조차 없이 순순히 받아들였습니다.

그렇지만 육체와 정신의 관계는 그리 간단한 문제가 아닙니다. 여기에는 인간의 자유라는 문제도 개입되는데, 인간의 자유는 정치를 비롯한 모든 영역의 근저를 이루는 개념입니다. 또한 물리적 세계에서 인간이 어떤 위치를 차지하는가라는 문제도 포함됩니다. 이 물리적 세계를 나는 '제1세계'라고 칭할 겁니다. 인간의 의식에서 사고 과정이 이루어지는 세계는 '제2세계'라고 칭할 것이고, 인간 정신의 객관적 창조가 이루어지는 세계는 '제3세계'라고 부를 것입니다. 이 얘기는 나중에 하기로 하지요.

여기서 잠시, 내가 이 주제를 택한 또 다른 이유와 강연 제목에서 나 자신을 실재론자라고 소개한 이유를 짚고 넘어가고자 합니다. 내 연구를 간접적으로 접해 대강만 알고 있는 독일의 많은 철학자, 사회학자는 내게 '실증주의자'라는 꼬리표를 붙였습니다. 나의 첫 책이, 실제로는 비엔나학파(1920년대 빈을 중심으로 논리실증주의를 기치로 하여 창립된 철학자, 수학자, 과학자들의 모임 _옮긴이)의 실증주의자들이 신랄하게 비판했지만, 바로 그 비엔나학파가 낸 몇몇 책에 여러 차례 인용되었다는 이유로요. 그 맥락을 보면, '실증주의자'는 모든 철학 이론의 반대자, 특히 실재론의 대항자라는 뜻으로 쓰이고 있는 걸 알 수 있습니다. 오늘 강연 주제를 이렇게 정한 이유 중 하나는 제목에서부터 비(非)실증주의적 입장을 택하고 싶었기 때문입니다.

'형이상학'이라는 단어에 대해 한마디만 더 할까 합니다. 헤겔과 마르크스, 엥겔스 그리고 레닌은 이 세계를 동적인 것이 아니라 정적인 것으로 보는, 진화에 적대적인 철학을 말하고자 이 용어를 사용했습니다. 이 용법에는 항상 의문의 여지가 따랐습니다. 변화라는 문제, 그리고 세상의 끊임없는 진화는 소크라테스 이전 시대의 철학에서부터 가장 오랫동안 논의되어온 문제이기 때문입니다. 어쨌거나 나는 정적인 세계가 아닌 변화하는 세계를 믿습니다. 그리고 내가 아는 한, 정적인 의미에서 형이상학자가 존재한 지는 오래전입니다. 대신 나는 나 자신을 진화론을 인정하는 형이상학적 실재론자로 보고 있으며, 인간 지식의 진화라는 역동적인 문제를 과학철학에 도입한 장본인이라는 것도 덧붙이

삶은 문제해결의 연속이다

고 싶군요.

마지막으로 짚고 갈 점은 내가 단순명료한 표현법을 중시하는 사람이라는 것입니다. 그러나 안타깝게도 내 강연은 이해하기 쉽지 않습니다. 가장 어려운 부분은 제1세계와 제2세계, 특히 제3세계를 명확히 구분하는 것입니다. 이 어려운 부분부터 설명하면서 시작해보겠습니다. 그럼 다른 부분은 비교적 쉽게 이해가 될 테니까요.

나는 물리적 현상이 일어나는 세계를 '제1세계'라 하고, 정신 현상이 이루어지는 세계를 '제2세계'라 칭했습니다. 여기까지는 복잡할 게 없습니다. 이해가 어려워지는 건 '제3세계'라고 칭한 부분입니다.

가장 넓은 의미로 '제3세계'는 인간의 정신이 낳은 산물들의 세계입니다. 좁은 의미로 보면 잘못된 이론까지 포함해 모든 이론의 세계이자, 다양한 이론의 참·거짓 문제를 포함한 과학적 문제의 세계입니다. 넓은 의미에서 보면 문학 작품이나 모차르트의 오페라, 협주곡 같은 예술 작품들은 제3세계에 속합니다. 그러나 굳이 나누고 싶다면 예술 작품의 세계는 제4세계에 속하는 것으로 해도 좋습니다. 용어를 어떻게 정의하느냐의 문제입니다.

중요한 건 과학 이론이 속한 제3세계와 정신적 세계를 일컫는 제2세계의 문제들을 구분하는 일입니다. 이 구분은 베르나르트

볼차노가, 그리고 이후 고틀로프 프레게가 분명히 한 바 있으니,
내 이론은 두 사람이 제시한 해석에서 한 걸음 더 나아갑니다.

볼차노는 '진술 그 자체'를 이야기했습니다. 여기서는 우리가
어떤 진술을 이해할 때 일어나는 정신적 사고 과정이 아니라 진
술의 논리적 측면에 방점을 둔 과정을 뜻하는 용어입니다. 프레
게는 진술의 내용을 이야기했는데, 역시 논리적 측면에서의 명제
를 일컫는 것입니다.

쉬운 예를 하나 들어봅시다. 수학자 두 명이 '3×4=13'이라는
잘못된 결론에 도달했다고 해봅시다. 여기서 제2세계에서 각각
두 개의 사고 과정, 서로 사뭇 다를 수 있는 별개의 사고 과정이
발생했습니다. 그런데 '3×4=13'은 하나의 (거짓된) 진술 자체이며,
(논리적으로 거짓된) 하나의 내용입니다. 이 진술 자체는 제2세계가
아닌 제3세계에 속합니다. 우리는 이 진술 '3×4=13'이 '3×4=12'
라는 진술에 논리적으로 반한다고 말할 수 있습니다. 또한 '3×
4=13'이라는 진술은 아무리 많은 위대한 수학자가 참이라고 믿는
다고 해도, 지금도 그렇고 앞으로도 항상 객관적으로 틀린 진술
이므로 제3세계에 속한다고 말할 수도 있습니다.

이에 따라 우리는 주관적 사고 과정이 일어나는 제2세계와 객
관적 진술 혹은 객관적 사고 내용이 발생하는 제3세계를 구분할
수 있습니다.

삶은 문제해결의 연속이다

여기까지가 볼차노와 프레게의 기본적인 견해입니다. 나는 거기서 한 걸음 더 나아가 제3세계에 참인 진술 그 자체뿐만 아니라 거짓인 진술 그 자체, 그리고 문제와 논쟁까지 포함하겠습니다.

여기서 제3세계의 두 가지 특징을 짚고 넘어갑시다. 하나는 그것이 실재한다는 것이고, 다른 하나는 그것이 최소한 부분적으로나마 자율적이라는 것, 즉 제2세계와 독립된 내부 구조를 가진다는 것입니다.

먼저 제3세계의 실재성에 대해 얘기해볼까요. 실재에서 발견되는 모든 패러다임은 제1세계의 물리적 객체입니다. 돌이나 나무, 동물이 여기 해당하지요. 여기에 더해, 나는 제1세계의 *객체*에 직간접적으로 영향을 줄 수 있는 것을 '실재하는 것'으로 규정할 것을 제안합니다.

제3세계에 속하는 과학 이론들은 제1세계의 대상에 직접적 혹은 간접적 영향을 준다고 말할 수 있겠지요.

고층건물의 건축을 가장 쉬운 예로 들 수 있습니다. 고층건물은 물리적 객체이고, 따라서 제1세계에 속합니다. 그런데 그 건물은 설계에 따라 건축되었고, 설계는 여러 이론과 수많은 문제에 영향을 받았을 겁니다.

그런데 건물을 짓는 데 각각 역할을 수행하는 설계와 이론, 문제들은 먼저 건축가라는 사람의 의식(즉 제2세계)에 영향을 미쳤으며, 나중에야 건축노동자들의 룰니식 운동의 세계에, 또 그에 따라 물리적인 굴착기와 석재, 벽돌 등에 영향을 미쳤을 겁니다. 이는 가장 흔한 경우입니다. 제3세계가 대개 정신적 세계인 제2세계를 통해 제1세계에 간접적인 영향을 주는 것을 말하는 겁니다. 어쩌면 제3세계는 대개의 경우가 아니라 항상, 그것도 직접적이 아니라 오직 제2세계를 통해서만 제1세계에 영향을 주는지도 모릅니다. 어찌됐든, 이 예는 제1세계뿐 아니라 제2세계, 제3세계까지, 세 가지 세계 모두의 실재성을 보여줍니다.

고층건물이나 교각이 무너지면 (불행히도 때때로 일어나는 일인데) 이는 제2세계의 오류 혹은 잘못된·주관적 생각의 탓일 수도 있지만, 때로는 거짓된 객관적 이론, 즉 제3세계의 오류 탓인 경우도 있습니다.

물론 제3세계의 실재성을 부정하는 철학자들도 있습니다. 그들은 우리의 사고, 즉 제2세계는 존재하지만 그 자체의 내용은 존재하지 않는다고 주장합니다. 사고의 내용을 정신의 추상작용, 뇌가 만들어내는 환상으로 치부하는 것이지요.

이에 대한 내 반론은 제3세계가 분명 발생론적으로는 제2세계의 산물이지만 부분적으로 자율적인 내부 구조를 가진다는 것입니다.

몇 가지 좋은 예를 수학에서 찾아볼 수 있습니다. 연속된 자연

삶은 문제해결의 연속이다

수 1, 2, 3, 4…는 내가 생각하기에 인간 언어의 산물입니다. '1과 2, 그리고 많이'만 있는 원시 언어들도 있고, 5까지만 셀 수 있는 언어들도 있습니다.

무한대의 자연수는 일반적으로 인간의 언어와 마찬가지로 인간의 위대한 발명품입니다. 그러나 누구도 소수(素數)를 발명하지 않았습니다. 그것은 수를 세다가 발견되었습니다.

이 중요한 논점을 조금 더 설명해보겠습니다.

독일의 위대한 수학자 크로네커Leopold Kroneker(1823~1891)는 "신이 자연수를 만들었고, 그 밖에 모든 것은 사람이 만들었다"고 했습니다. 내 생각은 다릅니다. 자연수는 인간이 만든 것입니다. 숫자 세기를 계속하다가 발명해낸 인간 언어의 산물이지요. 덧셈 또한 인간의 발명이며, 곱셈도 마찬가지입니다.

그러나 덧셈이나 곱셈의 법칙(예를 들어 결합법칙)은 인간의 발명이 아닙니다. 그것들은 인간의 발명에서 의도치 않게 파생된 결과물로, 발견되었다고 봐야 합니다. 자신과 1만으로 나뉠 수 있는 소수의 존재 역시 비교적 최근에 이루어진 하나의 발견입니다. 아무나 알아챈 게 아니라 자연수를 들여다보다가 그 특별한 규칙을 연구한 이들(진짜 수학자들)이 발견한 것입니다.

역사적으로 보면 소수가 자연수와 함께 발명되었다고 해야겠지만, 자연수의 발명 시점에서 분명 수백 년은 지나 소수가 발견되기 전까지는 소수의 존재 자체가 인간의 의식, 곧 제2세계에 존재하지 않았습니다. 소수가 존재하게 되자마자, 자연수와 함께 제3세계에 존재했다고는 말할 수 있겠지요. 따라서 발견되기 전에 제3세계의 자율적인 영역에 존재해온 셈입니다. 발견된 후에는 (비록 수학자라는 작은 규모의 집단에게만 해당하지만) 제2세계와 제3세계 모두에 존재하게 되었고요.

우리는 제3세계에서 소수의 존재가 그것의 발견을 유도한 제2세계 사고 과정의 원인 중 하나라고 말할 수 있으며, 사실 그렇게 말해야 마땅합니다. 에베레스트산의 존재가 인도의 토지조사국으로 하여금 그 산봉우리를 발견하도록 이끈 원인인 것과 마찬가지로요. 제3세계의 자율적인 영역이 제2세계에 인과적 영향을 준다는 얘기입니다. 그런데 제3세계의 자율적 영역은 제1세계에도 작용합니다. 동료들에게 소수의 존재를 설명한 최초의 수학자는 분명 자신의 혀를 사용했을 것입니다. 그런데 우리의 혀는 다른 신체 부위와 마찬가지로 제1세계에 속합니다.

나중에 수학자들은 소수를 더 철저히 연구하기 시작했고, 아직도 그 연구는 진행 중입니다. 숫자에 관한 이론에는 *미해결 문제*가 많습니다. 이러한 문제들 역시 발명이 아니라 발견된 것으로, 제3세계의 자율적인 영역에 속합니다.

한 예로, 고대의 수학자들은 큰 숫자로 갈수록 소수가 점점 드

삶은 문제해결의 연속이다

물게 나타나며 또한 두 소수 간 간격이 점점 멀어진다는 것을 발견했습니다. 소수의 수열은 2, 3, 5, 7로 시작하지요. 2와 3은 유일하게 어떤 자연수도 그사이에 끼어 있지 않은, 서로 가장 가까이 있는 소수 짝입니다. 그런데 서로 매우 가까이 있으면서 사이에 오직 한 숫자만 끼어 있는 소수 짝은 여럿 존재합니다. 5와 7, 11과 13, 17과 19를 예로 들 수 있겠네요. 이런 쌍들을 쌍둥이 소수라고 부릅니다.

여기서 소수와 관련하여 제3세계에서 발견된 몇 가지 문제를 언급해야겠습니다.

첫째, 큰 숫자로 갈수록 소수가 나타나는 빈도가 줄어드는데, 그러다가 소수가 더 이상 발견되지 않는 지점이 오지 않을까? 바꿔 말하면, 이후로는 합성수밖에 나오지 않는 가장 큰 소수가 존재하는가?

이 문제는 유클리드 이전에도 제기됐겠지만, 어쨌든 그것을 해결한 사람은 유클리드였습니다. 유클리드는 최대의 소수라는 것은 존재하지 않는다는 증거를 발견했습니다. 그럼으로써 그는 자연수의 수열이 무한대이듯 소수의 수열도 끝이 없다는 것을 증명해 보였습니다. 자연수의 수열에서는 그 증거가 매우 간단합니다. 우선 자연수 수열에 끝이 있다고 가정하고 최대의 자연수를 a라고 해봅시다. 여기서 단순히 a+1을 만들면 그 가정은 틀린 것이 됩니다. 이는 최대의 자연수가 존재한다는 가정의 귀류법(歸謬法)적 증명입니다. 유클리드는 최대의 소수가 존재한다는 가정을 증명할 좀 더 복잡한 *귀류법* 공식을 만들어냈습니다. 그리고 이 위대한 유클리드의 증명은 이어서 '소수는 무한하다'는 하나의 정리로 자리 잡았습니다. 이 정리는 제3세계에 속합니다. 유클리드의 머릿속에 있던 가공의 정리와 가정은 제2세계에 속하는데, 그것은 *최대의 소수란 실제로 존재하지 않는다*는 제3세계의 사실에 인과적으로 연결되거든요.

유클리드는 그 증명을 유명한 저서 『기하학 원론The Element』에 실었습니다. 제3세계의 정리는 따라서 파피루스로 옮겨갔으며, 그 과정에서 제1세계를 인간 유클리드라는 제2세계를 통해 인과적으로 변경했습니다. 유클리드의 천재적인 증명은 이제 수 이론과 관련된 모든 책에 실려 있습니다. 그런데 책은 기계로 출판되지요. 기계는 책과 마찬가지로 이론의 여지 없이 제1세계에 속한 물리적 객체입니다. 이번에도 제3세계의 자율적 영역에서 시작되어 제2세계를 통해 제1세계에 인과적으로 영향을 끼친, 인과적 효과라고 볼 수 있습니다.

비슷하지만 내가 아는 한 아직 *미해결* 상태인 문제도 있습니다. 최대의 쌍둥이 소수가 존재하는지에 대한 문제입니다. 내가 알기로는 최대의 쌍둥이 소수가 존재하지 않음을 의심하는 수학자는

삶은 문제해결의 연속이다

없습니다. 그러나 역시 내가 아는 한, 이 가정에 대한 증거 또한 없습니다. 이는 제3세계에 속한 미해결 문제이며, 이를 해결하기 위해 애쓰는 모든 수학자에게 인과적 영향을 주고 있습니다.

조금 전에 책이 제1세계에 속한다고 했습니다. 그런데 그 내용은 당연히 제3세계에 속합니다. 『기하학 원론』의 두 가지 판본은, 두 버전이 조금이라도 다른 한, 둘 다 제1세계에 속하고요. 그러나 두 권이 같은 내용을 담고 있다는 점에서 두 책은 똑같이 제3세계에 속합니다.

그에 따라 책이나 도서관, 내 강연의 원고는 제1세계와 제3세계에 속하게 됩니다. 청중 가운데 누군가가 내 독일어(정확히는 빈에서 사용되는 독일어라고 해야겠군요)를 이해하지 못할 경우 그 사람은 내 강연의 청각적인 면, 제1세계에 속하는 부분만 접할 것입니다. 그러나 독일어를 이해하고 내 논지를 이해하려고 애쓰는 사람에게는 내 강연에서 오직 제3세계에 속하는 면만 의미를 갖습니다.

내 강연의 내용을 이해하려는 여러분의 노력은 제2세계에 속합니다. 또, 그런 노력을 할 때 여러분은 제3세계에 속하는 어떤 대상에 집중하고 있는 셈입니다. 따라서 여러분의 제2세계는 제3세계로부터 인과적으로 영향을 받는 것입니다.

그렇다면 제1세계와 제3세계에 동시에 속한 객체가 존재하며, 또한 제2세계와 제3세계에 동시에 속한 객체가 존재한다는 말이 됩니다. 여기서 중요한 논지는 제3세계에만 속한 객체노 존새한다는 것입니다. 예를 들면, 어느 수학자가 오늘 연구 중이며 내일 발견하게 될 아직 발견되지 않은 증명이 그것입니다. 그 증명은 내일이면 제2세계와 제3세계에 모두 속하게 될 것이며, 종이에 기록된다면 제1세계에도 속하게 될 것입니다(그러나 그것은 오늘 이미 제2세계에 영향을 주고 있습니다).

우리는 그 증명이 기록되기 전에 이미 제1세계에 속해 있다고, 알지는 못해도 가정할 수는 있습니다. 제2세계의 사고 과정이 추정컨대 두뇌 작용과 연계되어 있으며, 따라서 제1세계의 물리적 현상과 연결되어 있기 때문이죠.

II

이는 육체와 정신의 관계라는 문제로 이어집니다.

육체와 정신의 문제란, 제2세계에서 일어나는 인간의 사고 과정이 과연 제1세계의 두뇌 작용과 연계되어 있는지, 그리고 어떻게 연계되는지의 문제를 뜻합니다.

이에 대해 지금까지 제시된 이론들은 다음과 같습니다.

1. 육체와 정신의 상호작용 이론: 제2세계와 제1세계는 서로

삶은 문제해결의 연속이다

영향을 주기에, 우리가 책을 읽거나 강연을 들으면 두뇌 작용이 일어나 의식적인 사고 과정이라는 제2세계에 어떠한 작용을 합니다. 반대로, 한 수학자가 어떤 식을 증명할 때 제2세계는 그의 두뇌, 즉 제1세계에 작용합니다. 이것이 육체와 정신의 상호작용 이론입니다.

2. 육체와 정신의 병행(並行) 이론: 제2세계의 모든 사고 과정은 제1세계의 두뇌 작용과 평행으로 이루어집니다.

3. 순수 물리주의 혹은 철학적 행동주의: 오직 하나의 세계, 즉 제1세계만이 존재하며 인간과 동물의 움직임, 인간과 동물의 행동도 전부 제1세계에 존재합니다. 이 관점에서 보면 내가 제2세계라 부르는 것은 존재하지 않으며, 제3세계라 부르는 것도 당연히 존재하지 않습니다.

4. 순수 심리주의 혹은 유심론: 오직 제2세계만 존재하며 제1세계는 나의 상상에 지나지 않는다는 관점입니다.

그렇다면 기본적으로 1) 육체와 정신의 상호작용 이론, 2) 육체와 정신의 병행 이론, 3) 순수 물리주의 혹은 철학적 행동주의, 4) 순수 심리주의의 네 가지 시도된 해결책들이 있다고 볼 수 있습니다.

나는 이 중 가장 오래된 해결책인 첫 번째, 육체와 정신의 상호작용 이론이 진지하게 살펴볼 가치가 있는 유일한 해결책이라고 주장합니다.

먼저 세 번째와 네 번째 시도된 해결책을 잠깐 들여다봅시다. 내가 보기엔 둘 다 전형적인 '모래에 머리 처박기(현실 도피)' 식으로 문제를 풀려는 시도에 지나지 않습니다. 육체와 정신의 관계라는 문제는 육체나 정신 어느 하나의 존재라도 부정하는 순간 논의할 가치가 없는 문제로 전락합니다.

이 두 해결책이 어떤 식으로 중요 논점을 외면하는 논리적 구조를 가지고 있는지 구체적으로 설명할 수도 있습니다. 그러나 오늘날, 특히 영국과 미국, 호주 철학자들 가운데 순수 물리주의 또는 행동주의 지지자가 아무리 많다고 해도, 나는 구체적 비판에 시간을 할애할 정도로 그 이론들을 진지하게 받아들이고 있지 않습니다.

제3세계의 존재에 관한 나의 주장은 제2세계가 제3세계와 제1세계의 매개로서 존재한다는 명제를 주요 논거로 삼습니다.

순수 심리주의도 마찬가지입니다. 오늘날 우리는 물리적 실체라는 게 존재하지 않음을 알고 있습니다. 물질이란 매우 복잡하면서도 어느 정도 규명된 구조일 따름입니다(철학에서 실체란 무언가를 설명하는 데 쓰이지만, 그 자체로는 설명할 필요도 없고 설명할 수도 없는 어떤 본질적인 요소를 뜻합니다). 그러나 물질이 실체가 아니라 하더라도, 물리적

삶은 문제해결의 연속이다

인 사물들은 실재하거나 존재한다고 간주하기에 아주 좋은 예시들입니다.

세 번째, 네 번째 해결책에 대해서는 이 정도로 하겠습니다.

그런데 두 번째 시도된 해결책인 육체와 정신의 병행 이론은 얘기가 다릅니다.

육체와 정신의 병행 이론은 우선 육체와 정신의 존재를 인정하며, 제3세계의 존재를 인정할 여지도 있습니다. 육체와 정신의 관계 측면에서 봤을 때, 육체와 정신의 병행 이론의 주요 동기는 그것이 세계를 인과적으로 독립적인 것으로, 더 정확히는 인과적으로 독립적인 두 개의 평행 체계로 이루어진 세계로 보게 해준다는 겁니다.

이는 모든 물리학자에게 특히 의미 있는 부분인데, 물리적 현상이 정신적 현상에 종속될 수 있다는 관념은 대부분의 물리학자에게 반감을 불러일으키기 때문입니다. 게다가 그런 인과적 효과를 미치는 모델을 떠올리기란, 즉 그것을 세세히 이해하고 받아들이기란 매우 어려운 일이기도 하고요.

이것이 사람들로 하여금 육체와 정신의 상호작용 이론을 거부하게 만든 진짜 이유입니다.

이제 반론을 펼쳐보겠습니다. 나는 두뇌 현상 없이는 정신적 사고 과정도 일어날 수 없음을 순순히 인정합니다. 육체와 정신의 병행 이론에 따르자면, 두뇌의 어떤 영역이든 물리적인 현상이 존재하면 그에 상응하는 정신적인 현상을 촉발해야 합니다.

여기서 그치지 않고, 뇌의 그 영역에서 일어나는 모든 특징적 현상과 제2세계에서 일어나는 모든 특징적 현상 간에 일대일 관계가 존재한다고 해야 얘기가 됩니다.

그런데 그런 일대일 관계는 존재하지 않는 것 같습니다. 뇌의 일부를 제거하면 다른 부분이 그 역할을 대신하는 것을 보면 말입니다. 이러한 기능 전이transfer of functions의 가능성은 일반적으로 대부분의 살아 있는 생명체(그리고 삶에서 일어나는 대부분의 현상)의 특징인 것으로 보입니다. 게다가 나도 제1세계의 두뇌 작용을 야기하지 않고서 일어날 수 있는 제2세계 사고 과정은 없음을 인정할 의향은 있지만, 모든 증거를 따졌을 때 실제로 육체와 정신 작용의 병행은 일어나지 않는다고 봐야 할 것 같습니다. 오히려 제3세계의 사고 내용과 그것을 구현한 제1세계 결과물의 관계가 존재합니다. 책이나 강연을 떠올리면 이해가 쉽습니다. 지금 이 강연은 내가 빠르게 말하건 느리게 말하건, 큰 소리로 말하건 작게 말하건 제3세계에 속하는 측면에서는 다를 게 없습니다. 다른 언어로도 꽤 정확히 옮겨질 수 있고요. 책의 경우 개정판에 따라 서로 다르게 출판될 수 있습니다. 물론 각 개정판 및 번역판들은 공통된 무언가를 담고 있습니다. 그러나 일대일 대응은 존재하지 않으며, 따라서 실제 병행도 없습니다.

이제 가장 중요한 논지를 이야기할 차례입니다. 우리의 물리적 환경, 즉 제1세계가 제3세계의 이론, 예를 들면 원자론이나 전자파 이론(달에 발사시키는 로켓의 제어에 결정적인 전자기파 이론) 등의 영향으로 얼마나 크게 변했는지 생각해보십시오. 이러한 관점에서 제1세계, 특히 제1세계의 변화들을 보면 물리적 세계가 제2세계, 제3세계와 인과적으로 결코 분리되어 있지 않음을 분명히 알 수 있습니다.

그럼에도 제1세계의 인과적 폐쇄성을 고수하려는 시도는 논리적으로 봤을 때, 제일 먼저 제시되었고 가장 오래되기도 한 시도된 해결책인 육체와 정신의 상호작용 이론이 굳이 육체와 정신의 병행 이론으로 (심지어 순수 물리주의로도) 대체된 주된 원인이라고 할 수 있습니다.

이러한 시도는 내가 봤을 때 매우 비현실적입니다. 물리학을 배웠고 가르치기도 해본 입장에서, 물리적 세계가 인과적 독립성을 갖지 않음을 인정하는 게 왜 그렇게 어려운지 잘 알고 있습니다. 그렇다 해도 이와 같은 관념은 몇 가지 사실에 의해 이미 논박된 것으로 보입니다.

물리적 세계의 인과적 폐쇄성이라는 관념은 역학이 물리학의 전부이년 시설에서 비롯되었습니다. 이 관념은 이미 전자기학이 받아들여지면서 논박되었습니다.

우리는 전자기력과 중력의 관계에 대해 아무것도 모르며, 물리학과 핵력(核力)이라는 두 영역의 관계에 대해서도 아는 바가 거의 없습니다. 우리에겐 그러한 작용들을 이해시켜줄 역학적 '모델'이 없습니다. 그런데도 서로 다른 그 두 영역이 상호작용하는 관계임은 의심의 여지가 없습니다. 태양의 중력이 핵의 작용을 유도하고, 그것이 다시 수소원자를 결합시켜 헬륨원자를 발생시키는(핵융합반응) 사실에 누구도 의문을 제기하지 않습니다. 어쨌거나 각기 다른 하나의 힘(중력, 전자기력, 핵력 등)들이 서로 곧장 전환될 수는 없는 것으로 보입니다. 그중 어떤 영역도 독립적이지 않고요. 그럼에도 인과적 폐쇄성 관념은 단일 이론을 발견하려는 수많은 시도를 낳았습니다. 아인슈타인도 1919년부터 1955년까지 단일 이론을 증명하려고 연구했지요. 이러한 상황을 고려했을 때, 물리학의 인과적 폐쇄성을 고집하는 것은 잘못된 태도 같습니다.

정리하면 이렇습니다. 제3세계에 속하는 우리의 이론들이 제2세계를 통해 제1세계에 영향을 준다는 사실은 제1세계가 인과적으로 폐쇄되어 있다는 가정의 반박이 됩니다. 그렇다면 육체와 정신의 상호작용 이론에 대한 반론은 더 이상 존재하지 않는다는 얘기가 됩니다.

III

이어서 설명할 논지는 이것입니다. 제3세계의 존재, 그리고 우리가 제2세계의 사고 과정을 통해 제3세계의 객체를 접할 수 있다는 사실은 인간의 자아, 자의식, 동물의 정신과 구별되는 인간의 정신을 설명하는 데 결정적 역할을 합니다.

앞에서 물질은 실재가 아니지만 최소한 일부나마 설명이 가능한 매우 복잡한 구조를 가졌다고 말한 바 있습니다. 같은 관점에서 인간의 정신, 인간의 자아는 실재가 아니면서도 드물게 복잡한 구조를 가지고 있습니다.

우선, 인간의 정신은 단지 의식으로만 이뤄진 게 아닙니다. 항상 제3세계의 이론들에 근거한 지식이 수반됩니다.

동물 역시 과거의 경험에 뿌리를 둔 기대를 품습니다. 한 쥐가 다른 쥐에게 이렇게 말했다는 우화를 들어본 적이 있을 겁니다. "흰 실험복 입은 저 인간을 내가 어찌나 잘 훈련시켰는지, 지렛대를 누를 때마다 꼬박꼬박 와서 먹을 것을 준다니까." 사실 나는 이 이야기가 별로 신빙성이 없는 조건반사 이론보다 더 진리에 근접했다고 생각합니다. 파블로프의 개는 분명 반사 행동을 보였으나, 그것은 조건화된 것이 아니었습니다. 그보다는 발견이라고 봐야 하죠. 안타깝게도 그 얘기는 지금 자세히 할 수 없겠군요.

아무튼 동물들은 시간에 대한 기질적 지식뿐 아니라 시간 의식도 가지고 있습니다. 그러나 우리는 동물들이 시간(과거든 현재든 미래든)에 대한 이론은 가지고 있지 않다고 추정할 수 있겠죠. 그런데 자의식이 있으려면, 자신에게 최소한 대강의 틀이라도 재구성할 수 있는 생애가 있음을 아는 게 굉장히 중요합니다. 자신이 누구인지 잊어버리는 병증이 있는데, 이는 자신의 정체성을 아는 것이 당연히 일어나는 현상이 아님을 말해줍니다. 물론 자의식 혹은 자아를 발전시키는 기질을 우리가 타고난다는 건 인정합니다. 그러나 우리에게 자아가 있음을 알기 위해서는 다른 사람들과의 사회적 상호작용이 필요하며, 무엇보다 언어 그리고 언어로 표현되는 이론들을 학습할 필요가 있습니다.

동물들에게도 특질이나 성격은 있습니다. 일부는 타고나는 것이며 일부는 학습됩니다. 그러나 나는 동물이 자신의 정체성을 의식하면서 산다고 생각하지는 않습니다. 이와 관련하여, 우리는 잠들기 전에도, 자고 일어난 후에도 같은 사람이라는 이론(시간이 흘러도 정체성이 유지된다는 이론사회심리학자 쿠르트 레빈Kurt Lewin이 주창한 'genidentity' 개념으로, '동同 정체성' 쯤으로 옮길 수 있겠으나 아직 번역어가 정립되지 않았다. _옮긴이)이 있습니다. 또한 우리 모두 육체를 부여받았는데 우리의 의식은 간간이 잠에 의해 단절되지만 육체는 언제나 그대로이며, 따라서 며칠 전에 했던 생각을 떠올리거나 깨어 있는 상

삶은 문제해결의 연속이다

태에서 있었던 일들을 기억할 수 있다는 이론도 있습니다. 이는 단순한 기억 저장과는 다릅니다. 그건 동물도 할 수 있으니까요. 내가 생각하기에 완전히 형성된 자의식을 갖추기 위해서는 다른 사람들 그리고 자기 자신을 지명할 수 있는 언어가 있어야 합니다. 아이들이 자기 자신을 '나'라고 지칭하기 전에 먼저 자기 이름을 익히는 것도 이와 관계 있을 것입니다.

따라서 제3세계의 이론들과 인간의 제2세계에서 이루어지는 의식적인 사고 과정 사이에는 특히 더 중요한 상호작용이 존재하는 셈입니다. 다시 말해, 인간만이 가지는 자의식이라는 특질은 오직 이러한 상호작용을 통해서만 형성될 수 있다는 것입니다.

IV

내가 이번 강연에서 짧게 소개한 이론은 나의 지식 이론 그리고 나의 과학 이론과도 긴밀히 엮여 있습니다.

내 지식 이론의 기저를 이루는 개념은 문제 그리고 가설과 이론, 추측을 통해 문제를 해결하려는 시도가 관찰보다 우선한다는 것입니다. 논리적, 역사적으로 우리는 제일 먼저 이론을 통해 세상을 경험했습니다. 개인적 생애에서는 물론이고, 인류 역사에서도 그러했지요.

신행 인류에서 이론에 상응하는 것은 기질과 기대입니다. 마법이나 의식(儀式)에 해당하는 것 또한 동물의 범주에 존재할 겁니다. 우리 인간만이 가지고 있는 것은 스토리텔링 형태의 말하기 능력입니다. 인간 언어만의 특징은 묘사나 주장이 가능하다는 것입니다. 동물들도 내적 상태의 표현이나 경고, 위협 등의 신호는 가능합니다.

나는 고유한 인간 언어의 발명이 과거에 일어난 일을 보고하거나 혹은 상세히 묘사하는 능력과 관련 있다고 봅니다. 그 결과, 사건의 보고에는 종종 화자가 바라는 바가 섞여 있습니다. 사람들은 보고하는 대신 이야기를 하기 시작하고, 이야기들이 서로 일치하지 않으면서 참 여부를 가리는 문제가 대두됩니다. 어떤 (예를 들면 사냥에 대한) 이야기 혹은 보고가 참이냐 거짓이냐를 따지게 되는 겁니다. 한 사건의 기술(記述)이 참이냐 아니면 그저 (낚시꾼의 무용담처럼) 희망 섞인 자랑에 불과하냐의 문제와 함께, 참 여부라는 매우 중대한 문제가 떠오르는 거지요. 동시에 동화나 지어낸 이야기를 들려주는 것이 가능해집니다. 그런데 동화나 허구 이야기, 신화는 말하자면 최초의 이론적 해석이라고 볼 수 있겠죠. 그리스에서 과학의 시초는 호메로스와 헤시오도스로 거슬러갑니다. 예술의 시작이라 할 수 있는 사냥과 동물을 묘사한 선사시대 동굴 벽화는 신비한 이야기를 들려주는 것과 같고요. 또, 고대 이

삶은 문제해결의 연속이다

집트와 아시리아의 예술은 허구의 이야기 혹은 당시 일어난 사건들의 묘사가 주를 이룹니다. 이런 식으로 제3세계가 발달하기 시작한 겁니다.

종합하면 이렇습니다. 인간의 지식 이론적 특성에 방점을 찍고 인식론에서부터 제3세계에 대한 이론까지 훑어봤습니다. 나는 우리의 인간됨이 제3세계의 존재에 뿌리를 두고 있다고 보며, 객관적인 제3세계와 연관 지었을 때만, 나아가 인간이 객관적 진실뿐 아니라 신화와 같은 상상의 산물을 창조해낸다는 개념과 결부시켰을 때에만 설명될 수 있다고 봅니다.

요약

이 강연에서 내가 시도한 바는 다음과 같습니다.

1. 나는 육체-정신의 문제를 해결하고자 한 것이 아닙니다. 나는 두뇌와 의식이 서로 어떻게 작용하는지도 알지 못합니다.
2. 다만 지금까지와 다른, 새로운 방향에서 문제를 제시해보았습니다.
3. 나는 부분적으로 자율적이나 상호 연관되어 작용하는 3개의 세계, 곧 물리적인 제1세계와 의식적 사고 과정이 이루어지는 제2세계, 인간 정신의 산물로 이루어진 제3세계의 존

재를 주장하고 있습니다.

4. 나는 특히 물리주의 또는 행동주의에 반하여, 오직 제2세계만이 제1세계에 대한 제3세계의 영향을 설명해주므로 제2세계는 분명 존재함을 증명해 보이고자 했습니다.

5. 물리적 세계인 제1세계가 정신적 세계인 제2세계에 열려 있음을 설명했습니다. 이는 물리학자들이 유난히 받아들이기 꺼려하는 명제입니다. 그럼에도 어쨌든 그 가정이 참임을 증명하려고 했습니다.

6. 제2세계가 제3세계와 아주 긴밀히 얽혀 있거나 상호작용하기에 인간의 자의식은 제3세계 존재 없이는 이해될 수 없음을 증명하는 데 특히 무게를 실었습니다. 자의식은 제3세계에 단단히 고정되어 있는 것이라고요.

7. 그렇다면 발생론적으로 봤을 때 제3세계가 제2세계의 산물인 것만큼, 인간의 제2세계 또한 제3세계의 산물이라고 말할 수 있겠지요. 혹은 이렇게 표현할 수도 있습니다. 우리는 우리가 만들어낸 산물들의 산물, 우리 모두가 기여하는 문명이 만들어낸 산물이라고요.

인식론과
평화의 문제[6]

I

기대 이상으로 젊은이들이 많이 와주어 매우 흐뭇하군요. 지금부터 여러분을 다소 길고 흥미진진한 여정으로 안내할 것이므로, 먼저 내 소개부터 해야겠습니다.

올해 나이 여든셋이 된 나는 내가 아는 사람 중 가장 행복한 사람입니다. 삶이 그렇게 경이로울 수가 없습니다. 물론 한편으로는

---

6 1985년 8월 취리히에서 한 강연

믿을 수 없을 만큼 끔찍하기도 합니다. 나 역시 가까운 친지와 친구들을 가슴 아프게 떠나보냈습니다. 친척 중 열여섯 명이나 히틀러에게 희생되었습니다. 몇몇은 아우슈비츠에서 죽었고, 몇몇은 스스로 목숨을 끊었습니다. 그러나 이 모든 일에도 여러 차례 절망을 맛봤고, 오늘날에도 마음에 무거운 근심을 안고 있으며, 매 순간 희비가 교차함에도 불구하고 나는 여전히 행복합니다.

내 인생사를 늘어놓느라 시간을 낭비하지 않겠습니다. 내가 느끼는 바는 괴테의 『파우스트』 천상의 서곡 첫 여덟 줄에 고스란히 담겨 있으니, 그것으로 대신하겠습니다.

> 태양은 옛날처럼
> 형제 별들과 다투어 노래 부르며
> 우레 같은 우렁찬 걸음으로
> 자신의 정해진 길을 가도다.
> 그 광경이 천사들에게 힘을 주지만,
> 어느 누구도 그 근본을 알아낼 수는 없도다:
> 헤아릴 수 없이 숭고한 창조의 업적은
> 천지창조의 그날처럼 장엄하구나.[7]

내가 이런 이야기를 하는 이유는 오늘날 지식인들 사이에 지배

삶은 문제해결의 연속이다

적인 사상(우리 세상이 사악하다는 사상)이 매우 어리석으며 단단히 잘못되었다고 보기 때문입니다. 사람들은 제언(提言)을 몹시 갈망합니다. 이 제언에 대한 위험한 욕구가 오늘 강연의 주제 중 하나입니다. 내가 논하고자 하는 주제는 매우 광범위합니다. 그것을 최대한 간략하게 전달하기 위해, 힘겹지만 기쁘게 시간과 노력을 쏟았습니다. 충분히 요약하지 못했을까 봐 염려되고, 그렇기에 여러분이 능동적인 청자가 되어주길 부탁합니다.

그렇지만 내가 제언하는 어떤 것도 믿지 말 것 또한 부탁합니다! 단 한마디도 믿지 말기를! 무리한 요구라는 것은 압니다. 나는 최대한 진실만을 말할 테니까요. 그러나 이것만은 경고하겠습니다. 나는 아무것도, 아니, 거의 아무것도 모른다고요. 우리 모두 아무것도 혹은 거의 아무것도 모릅니다. 나는 그것이 인생의 기본적인 진리라고 추측합니다. 우리는 아무것도 모르며, 오직 추측만 할 뿐입니다. 짐작만 하는 것입니다. 우리가 가진 최고의

---

7 파우스트 1부, 243-250행, 『Goethe: Selected Verse』(Penguin Classics, Harmondsworth, 1964) 180쪽 영역문 재인용
추가 주해:
(1-2) 별들의 아주 오래된 조화
(3) 뉴턴? 아니, 프톨레마이오스일 겁니다.
(4) Sonnen-Untergang[sunset] (모차르트의 'Dies Irea' 아니면 'Don Giovanni').
(6) 내가 소장한 판본에는 이 행의 끝에 세미콜론이 있습니다. 하지만 콜론이어야 한다고 봅니다. 'ergründen mag'['can't fathom']은 'unbegreiflich'['inconceivably']를 암시하기에 그렇습니다.
(7-8) 인간도 여기서 말하는 업적에 포함됩니다. 인간도 태양의 우렁찬 걸음 속에 발전할 수 있으니까요.

지식은 단연코 지난 2500여 년 동안 축적해온 놀라운 과학적 지식입니다. 그런데 자연과학은 추측과 가설로 이루어집니다.

그리스어와 라틴어, 영어, 독일어에서는 다음 단어들이 명백히 구별됩니다.

1. Wissen[knowledge, 지식(앎)]≠Vermutung[conjecture, 추측]
   ich weiβ[I know, 나는 안다]≠ich vermute[conjecture, 나는 추측한다]

구별은 의외로 간단합니다.

2. Wissen은 특정한 진리를 의미한다.
   따라서 Wissen은 확실성 또는 확신을 담고 있다.

이러한 언어에서 "나는 오늘이 금요일이라는 것을 알지만 확신하지는 못한다"고 하는 건 어불성설입니다. 그렇게 말하면 "네가 확신하지 못한다면 너는 아는 게 아니라 단지 추측하는 것이다"라는 답변이 돌아올 것입니다.

그렇다면 내가 제시하는 첫 번째 명제는 이것입니다.

삶은 문제해결의 연속이다

3. "과학적 지식이라고 하는 것은 지식이 아니다. 추측 혹은 가설로만 이루어져 있기 때문이다. 그중 일부가 정교한 검증을 거쳤다 하더라도 말이다." 즉,

4. "우리는 알지 못하며, 다만 짐작할 뿐이다. 비록 *과학적 지식*은 지식이 아니지만 그것은 우리가 이 영역에서 가진 최고의 지식이다." 나는 이를 추정적 지식이라고 부릅니다. 주로, 확실한 지식을 얻기를 원하며 지식 없이는 살 수 없다고 생각하는 이들을 달래려는 의도로요.

이런 부류의 사람들이 바로 제언에 대한 위험한 욕구를 가진 사람들입니다. 확신 없이, 확실성 없이, 혹은 권위나 리더 없이 살아갈 용기가 없는 사람들이지요. 어쩌면 아직 유년기에서 벗어나지 못한 사람들이라고 할 수도 있겠네요.

또 어떤 이들은 친구나 의지할 사람, 역할 모델로 삼거나 평범하게 태어나 비범한 업적을 이루어 우러러볼 만한 사람을 필요로 합니다. 병든 사람을 간호하고 있다면 (의학 분야의) 권위자에게 늘 기대고 싶어 하는 식입니다. 사실 그런 것은 존재하지 않습니다. 지식(확실한 지식)은 공허한 단어이기 때문입니다.

과학은 진리를 향한 탐구입니다. 그러나 여기서 말하는 진리는 확실한 진리가 아닙니다.

5. 진리 ≠ 확실한 진리

　진리 ≠ 확실성

　진리가 무슨 뜻인지는 누구나 압니다. 진리는 그것이 이야기하는 대상의 실재와 일치하는 진술입니다.

6. 진리 = 실재와 일치하는 것, 혹은

　진리 = 주장하는 사실과 실제 사실이 일치하는 것

　하지만 정의는 중요하지 않습니다. 단어를 가지고 이러쿵저러쿵하는 건 쓸데없는 짓이지요.

7. 우리는 때때로 어떤 것이 진리임을 단언하거나 혹은 진리에
　도달할 수는 있습니다. 그러나 결코 확실성에 도달할 수는
　없습니다. 자신이 아인슈타인 혹은 괴테의 재림이라는 망상
　에 사로잡힌 이들이 있음을 우리는 (추정적 지식으로) 알고 있지
　않습니까. 그렇기에 내가 지금 취리히에서 강연하고 있다고
　말하면 그건 진실이겠지요. 그러나 앞서 말한 부류의 사람들
　을 겪어본 바, 나 또한 취리히에서 강연을 하는 환상에 사로
　잡혀 있지 않다고 완전히 확신할 수는 없다는 얘기입니다.

　　　　　　　　　　　　　삶은 문제해결의 연속이다

그렇다면 자, 오직 완전한 확실성만이 진정한 지식을 뜻할 것입니다. 우리는 (아마도 사소한 문제를 제외하고) 결코 추측 이상의 수준에 도달할 수 없습니다. 적어도 자연과학에서는요(수학이나 형식 논리학에서는 다를지 모르나, 그 얘기는 여기서 하지 않겠습니다).

과학은 확실성이 아닌, 진리를 추구한다는 얘기입니다. 그것은 어떻게 이루어질까요?

8. 과학자들은 다른 모든 생명체와 같이 시행착오라는 방법을 사용합니다. 시행은 문제에 대한 해결책입니다. 식물 또는 동물 세계의 진화에서 오류, 정확히는 오류의 수정은 대개 해당 생명체의 절멸을 뜻합니다. 과학에서는 가설 혹은 이론의 제거를 뜻하고요.

그 과정은 다윈 선택과 같습니다. 여기서 질문 하나 하지요. 동물 세계에서 지식에, 혹은 추측이나 가설에 해당하는 것이 무엇일까요? 답은 기대입니다. 더 정확히 말하면, 해당 생명체가 주위 환경의 변화(혹은 변화 없음)에 대비하는 상태입니다. 이런 의미에서 꽃이 싹트면 봄 날씨를 기대하는 것입니다. 날이 점점 따뜻해진다는 가설 혹은 이론을 자기 자신과 결합했기 때문이죠. 종종 그 이론은 잘못된 것으로 판명되고, 개화한 꽃은 서리에 얼어 죽습니다.

9. 이런 의미에서, 동식물은 무한대에 가까운 타고난 지식을

가지고 있습니다. 갓난아기는 누군가가 자신을 돌봐주고 영양분을 제공해줄 것을, 그리고 곧 자기를 보며 웃어줄 것을 기대합니다. 그런 것들을 기대할 뿐 아니라 필요로 합니다. 타고난 욕구는 타고난 이론인 것입니다.

10. 모든 생명체는 항상 고도로 능동적입니다. 능동적으로 환경을 탐색하며, 더 나은 생존 조건, 더 나은 세계를 추구합니다. 그리고 주어진 생존 조건을 스스로 능동적으로 개선하려고 합니다.

11. 생(生)은 삶을 위한 환경을 개선해나갑니다. 과거 수백만 년 동안 그래왔으며, 우리는 그 개선된 환경의 운 좋은 계승자일 뿐입니다.

이 과정이 시행과 착오(의 제거)를 통해 일어나므로, 우리가 사는 세계에는 실수가 수없이 많이 일어납니다.

12. 생에는 문제들이 수반되는데, 가치가 개입된 경우에만 문제가 대두됩니다. 예를 들면, 삶의 조건에 대한 평가(가치 매기기)가 그에 해당합니다.

이제 지식 이론과 과학철학에 대한 마지막 논지를 꺼낼 차례가 됐군요.

삶은 문제해결의 연속이다

13. 과학은 문제에서 출발합니다. 과학은 대담하고 창의적인 여러 가설을 통해 그 문제들을 해결하려고 시도하지요. 가설의 거의 대부분은 틀렸거나 검증이 불가능합니다. 가치 있고 검증 가능한 가설은 오류를 찾아 탐색합니다. 우리는 오류를 찾아내 제거하려고 합니다. 그러므로 이렇게 말할 수 있습니다. 스스로 엄격한 오류 수정 절차에 들어가는, 대담하고 종종 책임질 수 없는 개념들로 이루어진 것이 바로 과학입니다.

질문 하나 하지요. 이는 아메바를 비롯한 하등 생물들에게서도 똑같이 보이는 과정입니다. 그렇다면 아메바와 아인슈타인의 차이점은 무엇일까요? 답은 아메바는 오류를 저지를 때 함께 제거된다는 것입니다. 만약 아메바가 자의식을 가졌다면 오류를 저지르는 것을 두려워할 것입니다. 반면 아인슈타인은 오류를 찾아 나섭니다. 그럴 수 있는 건 아인슈타인의 이론은 아인슈타인의 일부가 아니며, 그가 의식적으로 탐구하고 비판할 수 있는 대상이기 때문입니다. 이는 꼭 집어 인간의 언어, 나아가 그 자손인 인간의 글쓰기 능력 덕분에 가능한 것입니다. 언젠가 아인슈타인은 이렇게 말한 적이 있습니다. "내 연필이 나보다 똑똑하다." 언어로 표현된 것, 더 이상적인 경우 글로 표현된 것은 우리가 살못된 부분을 찾아 비판하고 탐구할 대상이 되기에 그렇습니다. 따라서 언어로 구체화된 이론은 모든 동식물의 일부라 할 수 있는 기대와 어느 정도 유사성을 띠지만, 동시에 전혀 다른 어떤 것이 됩니다.

14. 자연과학의 방법론은 의식적 비판을 통해 오류와 그 오류의 수정을 의식적으로 추구하는 것입니다. 이상적이라면 그러한 비판은 감정이 배제된 채, 해당 가설 혹은 이론만을 대상으로 이루어집니다.

지식 이론에 관해 얘기하고자 했던 내용을 다 전했습니다. 이제 오늘 강연의 두 번째 파트인 동물의 언어, 그중에서도 특히 인간의 언어에 대한 이론을 소개하고자 합니다. 세 번째 파트는 암묵적 지시implicit guidance에 대한 내용이고, 네 번째 파트는 평화의 문제를 다룰 예정임을 미리 밝힙니다.

II

먼저, 위대한 심리학자 카를 뷜러Karl Bühler(1879~1963)에게서 영감을 받은 이론을 소개하면서 문을 열겠습니다. 뷜러는 말하기의 세 가지 기능을 제시했는데, 앞의 두 가지는 여러 동물과 모든 인간에게서 발견되는 것이고, 세 번째는 오직 인간에게서만 발견되는 것입니다.

가장 하위 기능은 표현 기능으로, 표정이나 꼬리 움직임 또는 여러 형태의 부름calling이 여기 해당합니다. 이러한 표현적 움직임은 그 동물의 내적 상태를 보여주는 징후로 해석할 수 있습니다.

(잠깐! 한마디 하자면, 유물론자나 행동주의자들은 이러한 학설을 달가워하지 않습니다. 그들은 내적 상태라는 것을 인정하지 않으며, 오직 행동만 관찰 대상으로 한정해야 한다고 주장합니다. 그러나 그것이 잘못임은 쉽게 증명할 수 있습니다. 예를 들어 온도계는 외부로 표출되는 기온뿐 아니라 내적 상태를 '행동'으로 나타냅니다. 온도계 내부에서 분자운동이 활발해지다가 부피가 팽창해 수은 막대가 올라가는 것입니다. 만약 행동주의적 관점이 옳다면, 우리는 이러한 내적 상태를 무시하고 막대의 상승을 오로지 가열의 결과로만 봐야겠죠.)

동물은 반응해줄 상대가 없어도 표정이나 꼬리로 내적 상태를 표현하기도 합니다. 그런데 상대 동물이 거기에 반응하면, 그 표현 행동은 신호가 됩니다. 빌러가 말하는 두 번째 기능인 이 '알리기announcement 기능'은 곧 신호 기능이라고 할 수도 있는데, 이것이 상호 간에 이루어질 경우 동물 간의 대화가 됩니다. 물론 이런 수준의 대화는 인간 사이에서도 이루어집니다. 아직 인간의 언어를 배우지 않은 유아의 경우가 그렇고, 또 특정한 인간의 공통 언어를 사용하지 않는 한 무리의 사람들이 표정이나 신호, 손짓 등으로 의사소통을 시도하는 경우도 그렇습니다.

뷜러가 말하는 세 번째 기능, 곧 서술darstellung 기능은 고유한 인간 언어의 기능이며, 어떤 사실을 기술하거나, 뷜러의 표현을 빌리면, 사실을 표현하는 것입니다.

뷜러가 제시한 이론 중 하나는 고등 기능에는 항상 하등 기능이 수반된다는 것입니다. 새가 경고성 울음을 내지르면 이는 사회적 소통의 수단뿐 아니라 내적 상태의 표현 수단에도 해당합니다. 언어 기능에서 고등 기능으로 갈수록 언어는 더 복잡해지는 것입니다.

여기서 잠깐, 뷜러의 이론만큼 발전한 언어 이론은 별로 없음을 짚고 넘어가야겠습니다. 대부분은 표현 기능을 논하고, 일부 학설은 (경고의 울음처럼, 자연적으로 실질적 기능도 동시에 하는) 사회적 소통의 기능을 이야기합니다. 명령과 초대도 이 범주에 속하죠. 그러나 인간 언어를 결정짓는 가장 놀라운 특징은 사실의 기술이 가능하다는 것이며, 그 기술적 진술이 참일 수도 거짓일 수도 있음을 지적한 이론은 거의 없습니다. 이 거대한 진전이 있어야만 발언이 객관성을 띠며, 사실에 입각한 비판이 시작될 수 있습니다. 비판은 진술이나 이론의 참, 거짓을 가릴 때만 합리적이라고 말할 수 있습니다. 이것으로 뷜러의 언어 이론의 핵심에 대한 간단한 설명을 마무리하겠습니다.

삶은 문제해결의 연속이다

나는 뷜러의 이론에 몇 가지 언어 기능을 더했습니다. 가장 중요한 건 비판 기능으로, 명제의 진실이나 거짓을 비판적으로 논하는 기능을 말합니다. 아인슈타인이 아메바와 다른 점을 이야기할 때에도 이 기능의 중요성을 강조한 바 있지요.

더 나아가 나는 인간 언어의 *비판적 단계*에 *교조적 단계*dogmatic stage가 논리적으로 반드시 선행해야 한다고 여러 번 강조했습니다. 교조주의(도그마)가 일종의 배경 지식으로 제시되어 있어야 우리는 비판을 시작할 수 있으며, 그 (비판적 논의의 배경인) 도그마는 그런 다음에야 비판에 포함될 수 있습니다. 먼저 단단한 틀이 갖춰져 있어야 합니다. 그래야 여러 가지 틀을 비교해보고 그에 대한 비판적 논의로 넘어갈 수 있으니까요.

III

이제 강연의 세 번째 파트로 접어들었습니다. 열다섯 번째 명제로 시작하겠습니다.

15. 인간 언어를 포함한 모든 동물 언어는 다양한 선천적 욕구가 존재함을 전제로 합니다. 적극적인 자기표현 욕구나 다른 사람과 의사소통하려는 욕구, 이러한 문제에서 시행착

오를 통해 학습하려는 욕구가 이에 해명됩니다. 그리한 다고난 욕구 없이, 그리고 시행착오를 통한 능동적 학습(새끼 고양이들이 여기저기 돌아다니며 탐색하는 것이 좋은 예)의 욕구 없이 고등 동물의 생존은 불가능할 것입니다.

16. 동물 및 인간의 선천적 지식, 더불어 능동적 학습을 통해 습득한 지식은 *기대들*로 이루어져 있습니다. 충족되지 않은 기대는 장애나 문제로 경험되며, 이는 다시 다양한 실험과 능동적 학습, 즉 탐구로 이어집니다.

17. 동물 언어나 인간 언어의 능동적 학습은 매우 고차원적인 피(被)암시성(타인의 암시를 받아들여 자신의 의견 또는 태도에 반영하는 성질)이 있음을 전제로 합니다. 모방 능력만으로는 충분하지 않습니다. 모방에서는 감정이입 외에 다른 작용도 이루어지는데, 그래도 감정이입이 그나마 근접하다고 볼 수는 있습니다. 우리는 같은 종의 다른 의사소통 구성원의 바람과 평가에 동조하려고 하는 깊은 선천적 욕구에 대해 이야기하고 있습니다. 청어가 산란기에 집단으로 이동하는 것이나 벌의 집단 서식, 심지어 모기가 떼 지어 몰려드는 것도 오직 이 이론으로만 설명됩니다. 특정 동물이 얼마나 쉽게 암시에 걸리는지 우리는 잘 알고 있습니다(여기서 안다 함은 추정적 지식을 의미합니다). 바닥에 그어놓은 흰 분필선만으로 닭

삶은 문제해결의 연속이다

에게 최면을 걸 수 있습니다.

18. 인간의 언어는 한 언어를 배우고, 말하고, 기술하고, 의사 소통하려는 인간의 선천적 욕구에 좌우됩니다. 제언에 안 내받고자 하는, 언어와 결부된 선천적 욕구가 발현된 결과 라고 볼 수 있습니다.

19. 이 모든 것은 우리를 둘러싼 세계를 발견하고자 하는 강한 욕구, 그 세계에 대해 배우고 나아가 그것을 알고자 하는 욕구와 밀접하게 엮여 있습니다. 인간 집단은 신화나 치료 주술사, 성직자 같은 존재를 만들어냅니다. 일정 단계에 이 르면 우리가 사실은 아무것도 모르거나 아주 조금밖에 모 르고 있다는 기분을 자각하게 되는데, 그로 인해 내적 갈등 이 일면서 인간의 이러한 알고자 하는 욕구가 강화됩니다. 안전에 대한 강렬한 욕구(혹은 동료나 동조자들에게 확신받고 싶은 강 한 욕구)와 마찬가지로, 공통의 도그마를 수립하고 또 그 도 그마가 진리임을 서로에게 제언하려는 욕구 또한 매우 강 하게 일 것입니다. 이것이 바로 암묵적 지시에 대한 욕구입 니다.[8] 인간은 불확실성을 두려워하기 때문에 도그마는 광 적인 믿음이 됩니다.

---

8 독일어구 Suggestionsbedüfnis는 E. K. 헤르츠(Herz) 교수에게서 차용한 것입니다. 이 용어는 영어로 옮기기 어렵습니다.

제1차 세계대전 초기에 전쟁에 미친 집단, 전쟁에 대한 광기도 이런 식으로 커졌습니다. 그런데 전쟁과 평화라는 주제로 들어가기 전에 잠시 예술(그리고 현대 예술)에 대해 이야기하고자 합니다.

가장 위대한 예술은 종교예술이라는 것을 모르는 이는 없을 것입니다. 시스틴 성당을 비롯해 수많은 종교 건축물, 바흐의 마태수난곡부터 모차르트와 베토벤, 슈베르트의 미사곡 등을 보십시오.

그에 비해 오늘날 종교예술은 어떻습니까?

오늘날 가짜 종교가 득세하고 있다고 가정하면 많은 현상이 납득될 것입니다. 꼭 집어서 우리가 사는 세상, 적어도 우리 세계의 사회가 지옥이라고 보는 종교가 바로 그것입니다.

나는 종교에 반대하는 사람이 절대 아닙니다. 다만 내 종교는 이 세상의 경이로움을 교의로 삼는 종교일 뿐이지요. 또한 인간이라는 놀라운 존재가 영위하는 자유와 창조성, 우리가 도울 수 있는 절망에 빠진 이들의 공포와 고통, 인간의 역사에 끊임없이 등장했으며 지금도 계속 출몰 중인 선과 악의 정도, 인간의 수명, 특히 상대적으로 힘겨운 삶을 살아온 여성과 아이들의 수명을 연장하는 게 가능하다는 반가운 소식을 교의로 삼고 있습니다. 이외에는 아무것도 모릅니다. 비록 진리를 향한 과학적 탐구가 나에게 또 하나의 신앙이기는 하지만, 위대한 과학적 가설들은 결코 종교가 아닙니다. 종교로 봐서는 안 됩니다.

삶은 문제해결의 연속이다

그런데 오늘날 현대 예술은 이 같은 현대 종교의 말도 안 되는 광적인 믿음으로 설명됩니다. 스위스나 독일, 영국, 북미 등에 사는 사람들이 사악한 세상, 악으로 가득한 사회 질서 안에서 살고 있다는 믿음 말입니다. 어디에서든 젊은이들에게 너희는 지옥에 살고 있다고 설교하는 (그리고 주지주의적 논쟁과 현대 예술을 동원해 증명하려는) 모습이 보입니다. 어떤 결과를 감수하고 이러는 것일까요? 어린이들에겐 지도자나 역할모델, 도그마, 엄격한 관례가 어느 정도는 필요합니다. 나중에 청년기에 접어들면 그런 지도자나 도그마, 또 '뭐든 다 설명이 되는' 사상에서 스스로 벗어날 수 있고 또 그렇게 해야 마땅합니다. 그렇게 하기란 어렵지 않습니다. 그저 다른 사람(물론 나도 포함해서)의 말에 넘어가 뭔가를 믿지 말라는 겁니다. 지금 우리가 사는 시대, 노예제를 폐지한 이 시대가 과연 인류가 해당 시대에 대한 역사적 지식을 가지고 있는 최고의 시대인지 아닌지는 어느 역사책이나 들춰봐도 금방 알 수 있습니다. 물론 우리는 과거에도 그랬고 앞으로도 (예를 들면, 황당하기 그지없는 사상들에 이끌려) 수많은 실수를 저지를 것입니다.

비교적 열악한 환경에서 살고 있는 러시아인들은 어린 아이들과 젊은이들에게 그들의 조국이 천국이라고 가르칩니다. 놀라운 건 그게 효과가 있다는 겁니다. 러시아인들이 우리보다 전반적으로 삶의 만족도가 높습니다. 암시에 대한 욕구는 대단한 힘이 있

습니다. 그러나 우리가 진리를 얻기 위해 무생할 때, 그 진리가 끼
는 힘 또한 굉장한 것입니다.

IV

도그마와 사상에 우리가 위험할 정도로 쉽게 휩쓸리는 성향의
뿌리를 인식론적, 생물학적 그리고 언어학적으로 설명해보았습
니다. 그런데 그 뿌리 중 하나는 쉽게 말하면, 비겁함입니다. 아,
나 역시 겁쟁이라 억지로 용감한 척하고 싶지 않고 남들에게 영
웅적인 행동을 하라고 부추기고 싶지도 않습니다. 다만 이 땅에
지속적인 평화를 확립하는 중대한 과제가 성취 불가능한 것이 아
니라는 것만은 강조하고 싶습니다.

이는 바로 칸트의 『영구평화론』의 주제이기도 합니다. 슬프면
서도 놀랍도록 용기를 주는 훌륭한 책이지요.

평화의 가장 큰 걸림돌이 원자폭탄이 아님은 분명합니다.

내가 원자물리학자 닐스 보어와 마지막으로 대화를 나눴을 당
시, 내 기억으로는 1952년이었는데 보어는 원자폭탄이 분명 세계
평화를 수호해줄 거라고 단언했습니다. 그때도 그랬고, 지금도
나는 그리 낙관적이지 않습니다. 그러나 적어도 지금까지는 그의
말이 옳았던 것 같군요.

삶은 문제해결의 연속이다

평화에 이르는 길은 아주 힘겨운 길 하나밖에 없는 것 같습니다. 길고도 험난한 길입니다. 어쩌면 우리가 이 길에 발을 들이기 한참 전 핵전쟁이 발발할지도 모르겠습니다. 지식인들, 대부분 최선의 의도를 가지고 있다는 그들이 먼저 조금 더 겸손해지도록, 그리고 선도적 역할을 맡지 않도록 태도를 바꿔야 합니다. 더 이상 새로운 이데올로기, 새로운 종교는 필요 없습니다. 대신에 필요한 건 '조금 더 지적으로 겸손해지는 것'[9]입니다.

우리 지식인들은 아무것도 모릅니다. 그때그때 더듬거리며 앞으로 나아갈 뿐이지요. 개중에 과학자를 자처하는 우리는 앞으로 조금 더 겸손해져야 하며, 더 중요한 건 독단적인 태도를 버리는 것입니다. 그러지 않으면 과학은 결국 실패하고 말 것입니다. 인간의 가장 위대하고 가장 믿을 만한 창조물이라는 그 과학이요.

지식인들은 아무것도 모르는 존재입니다. 그들의 오만함, 주제넘음이야말로 평화의 최대 걸림돌인지도 모릅니다. 한줄기 희망은 그들이 비록 오만하긴 하지만 그걸 깨닫지 못할 만큼 멍청하지는 않다는 것입니다.

우리는 앞으로도 계속 오류를 저지를 것입니다. 그러나 다음의 가설이 진실이라는 것에서 희망이 보입니다. "이데올로기가 없으

---

9 인용부호를 쓴 부분은 1968년 빈에서 내가 그를 상대로 나눈 텔레비전 토론에서 에른스트 블로흐(Ernst Bloch, 1885~1977, 독일의 철학자)에 대한 나의 비판을 요약한 것입니다.

면 전쟁도 없다." 어쨌는 반(反)이데올로기 투쟁은 최소한 해볼 가치가 있는 투쟁인 셈이지요.

강연을 마치며 여러분께 다시 한번 당부할 것은 내가 지금까지 한 어떤 말도 믿지 말라는 겁니다. 더불어 거창하게 강연을 마무리할 의도가 없음을 알아주길 바랍니다.

나는 여러분이 이데올로기에 숨은 크나큰 위험을 자각하기 바랄 뿐이며, 또한 인간의 진화론적 생물학과 지식 구조, 그리고 인간 언어에 숨은 지식과 신념, 상호 암시에 대한 위험한 욕구에 주의를 기울이길 바란다는 말도 덧붙입니다.

삶은 문제해결의 연속이다

진화론적 인식론에 대한
인식론적 견해[10]

선험적-후험적

선험론apriorism에 대한 이야기로 문을 열겠습니다. 우선 여러분 중 누구도 내게 어떤 용어를 사용하라고 왈가왈부하지 말아주었으면 합니다. 용어는 아무 문제가 없습니다. '유전적으로 선험적 genetically a priori'이라는 표현은 적어도 내가 보기엔 오류가 없습니다. 이는 어떤 것이 후험적 경험a posteriori 이전, 어떤 형태이든 감

---

10 1986년 4월 빈에서 열린 심포지엄에서 즉흥적으로 이루어진 토론. Rupert Riedle, Franz M. Wuketits, P. Parey이 『Die Evolutwnäre Erkenntnistheorie』(Berlin/Hamburg, 1987)로 최초로 엮어냄

각의 지각 이전에 이미 존재하고 있다는 뜻입니다. 게다가 바로 이 지점에서 칸트 철학과 명백한 연관성이 있기에 '선험적'이라는 용어를 계속 사용할 필요가 있습니다. 내가 생각하기엔 칸트가 이 용어를, 항상은 아니어도 적어도 빈번히 '유전적으로 선험적'이라는 뜻으로 사용했음을 알고 나면 그의 철학은 훨씬 이해하기 쉬워집니다. 물론 그는 늘 '선험적 타당성a priori valid'에 대해 이야기했지만요.

둘째로, 칸트의 선험적 지식에 대한 나의 견해는 오래 전 콘라드 로렌츠Konrad Lorenz(1903~1989, 오스트리아의 동물학자로, 조류 행동습성 연구로 유명하다. 1973년 노벨 생리학상 수상 _옮긴이)가 발전시킨 관점과 전혀 다르다는 것을 짚고 가야겠습니다. 이 문제는 콘라드 로렌츠와도 개인적으로 종종 토론했는데, 현재 그가 어떤 견해를 가지고 있는지는 모르겠습니다. 로렌츠가 칸트 철학에 대한 자신의 해석을 발표했을 당시, 그는 인류의 먼 조상이 지각perception을 통해 다양한 지식을 습득했으며, 그것이 어떤 식으로든 유전적 구조로 각인됐을 것이라고 생각했습니다. 그렇게 해서 선험적, 즉 유전적으로 선험적인 지식이 됐다는 거죠. 내 생각은 전혀 다릅니다. 개념 사용이 아니라 그 문제에 대한 나의 이론이 다르다는 뜻입니다. 이론은 개념보다 백배 중요합니다(이론은 참일 수도 있고 거짓일 수도 있지만, 개념은 잘해봐야 쓰임이 적합한 정도, 최악의 경우 이해를 오도하는 정도지요.

삶은 문제해결의 연속이다

이론과 비교하면 개념은 그다지 중요하지 않은 셈입니다).

그렇다면 우리가 알고 있는 모든 지식은 유전적으로 선험적인 지식이라고 말할 수 있습니다. 모든 후험적 지식은 우리가 선험적으로 발명해낸 것들로부터 선택된 결과입니다.

감각인식 기관이 있고 그것을 이용해 학습이 가능한 다른 모든 생명체와 마찬가지로, 인간도 학습에 앞서(따라서 유전적으로 선험적인) 지각 정보를 분류하고 해석하는 능력을 가지고 있어야 합니다. 그런데 이는 칸트 철학에서 이야기하는 선험적 지식 개념과 다르지 않습니다. 칸트의 공간과 시간 이론을 떠올리면 더 분명하게 이해될 겁니다.

콘래드의 주장처럼 칸트 철학이 말하는 본능적이고 선험적인 지식이 조상에게서 물려받았기에 타고나는 지각적 지식perceptual knowledge이라고 말하는 것은, 지각으로 습득한 지식이 선험적 지식 없이는 존재할 수 없다는 칸트의 중대한 근원적 통찰을 완전히 무시하는 셈입니다. 사실 우리는 칸트 철학의 선험적 지식을 지각적 지식이라는 용어를 사용해 설명하려는 시도조차 하지 말아야 합니다. 모든 지각적 지식은 선험적 지식을 전제한다는 것이야말로 칸트의 가장 유의미한 업적이니까요.

칸트는 선험적 지식의 존재가 후험적 지식의 존재에 필요조건이라는 이론을 최초로 제시한 철학자였습니다. 그런데 지각적 지식에 선험적 지식이 '필연적'이라는 얘기를 논리학 문법에서 '필연성'을 뜻하는 것으로 이해하면 안 됩니다. 바로 이 지점에서 나는 칸트와 의견을 달리합니다. 우리의 지각적 지식이 가설의 성격을 띠는 만큼, 우리의 선험적 지식 또한 가설일 수 있습니다. 실제로 그렇기도 하고요. 다음의 예로 좀 더 명확히 설명해보겠습니다. 우리가 지각하는 것을 해석하기 위해 우리는 최소한 가까운 주변 환경에 적용할 수 있는 유클리드에 근접한 기하학이 필요합니다. 지구와 달 너머의 공간에 유클리드 기하학이 유효하게 적용되느냐 아니냐는 별개의 문제입니다. 여기서 우리는 가설, 즉 추측에 근거한 지식에 이릅니다. 모든 선험적 지식은 '가설적 수준이 아니라 명증적apodeictic 차원에서' 필연적이라는 칸트의 주장이 내게는 이해는 되지만 근거가 부족하고 심지어 잘못된 것으로 보입니다.

이를 포함해 여러 이유로 나는 칸트의 이론과 정반대로, 우리의 선험적 지식(예를 들면 기하학에서의 선험적 지식)이 가설적(혹은 추정적) 성질을 띤다고 봅니다. 나는 그것이 타당한 선험적 지식도, 필연적인 선험적 지식도, 혹은 명증적인 선험적 지식도 아닌, 오직 유전적으로 선험적인 지식일 수밖에 없다고 봅니다.

그러나 이렇게 이론을 수정해도 칸트의 선험적 지식론은 여전히 중대한 의미를 갖습니다. 더불어 내가 ('유전적으로 선험적'이라는 의미에서) 철저한 선험론자라는 것을 분명하게 밝히고자 합니다. 어

삶은 문제해결의 연속이다

쩌면 칸트보다 더 급진적인 선험론자일지도 모릅니다. 비록 나의 선험론은 가설적 혹은 추정적 선험론이지만요.

　존 로크 이래 모든 인식론자와 극명히 반대되게, 심지어 칸트의 주장과도 대조되게 나는 모든 지식이 그 내용 면에서 선험적, 정확히 말하면 유전적으로 선험적이라는 이론을 지지합니다. 모든 지식은 가설적 또는 추정적이기 때문입니다. 그것은 우리의 가설이니까요. 오직 가설과 실제의 충돌에서 오는 가설의 *제거*만이 후험적 지식입니다. 지식의 경험적 요소는 이러한 의미에서만 존재합니다. 이것만으로도 우리가 경험으로부터 학습하거나 경험론자가 되기에 충분합니다.

　바꿔 말하면, 우리는 오직 시행착오를 통해서만 학습한다는 얘기입니다. 그런데 여기서 시행이란 언제나 우리의 가설을 뜻합니다. 외부 세계가 아닌 우리 자신에게서 비롯된 것이기 때문입니다. 외부 세계에서 우리가 배우는 건 우리의 노력 중 일부는 잘못되었다는 것뿐입니다.

　원시 생명체부터 초기 세포까지 적응은 생명체의 발명이었습니다. 모든 생명체는 적응을 하며 스스로 적응 방식을 개선합니다. 앞서 소개한 내 이론은 몇 가지 굉장히 이해하기 어려운 난제를 낳습니다. 이 난제들은 내 이론이 어려워서가 아니라 우리가 아는 것이 거의 없기에 생긴 겁니다. 생의 기원과 최초의 적응에 관해 우리는 아는 것이 거의 없습니다. 이 문제는 잠시 후 다시 다루겠습니다.

진화론

주제넘지만 나는 진화론, 자연선택을 통한 적응이라는 다윈의 이론을 조금 재구성해봤습니다. 다윈의 진화론은 더 잘 적응한 개체가 자손을 남길 확률이 더 크다고 말합니다.

진화론은 그 변천사만 해도 할 말이 많지만 각설하고 다윈도 이렇게 설명할 텐데, 내가 보기에는 '자연선택'이니 '생존을 위한 경쟁' 등을 논하느니 이 형식 그대로 이야기하는 편이 훨씬 쉽고 명료한 것 같습니다.

'생존 경쟁'과 '자연선택'은 은유에 지나지 않습니다. 이론이 아니라는 얘기입니다. 그것들은 실제로 존재하지 않거든요. 실제 존재하는 건 죽으면서 자손을 남기는 개체들이며, 바로 여기에 더 잘 적응한 개체가 자손을 남길 가능성이 더 크다는 진화론의 골자가 있습니다. 그런데 이 명제로는 진화론의 한계 또한 명확히 드러납니다. 왜냐하면 적응한, 또는 '어느 정도는' 적응한 개체들이 존재한다는 것이 전제되어야 하기 때문이죠. 그리고 이는 생의 기원이라는 문제로 직결되는데, 불행히도 우리는 그것에 대해 여전히 아는 것이 별로 없습니다.

삶은 문제해결의 연속이다

적응과 진화론: 사고 실험

사고 실험을 하나 해봅시다. 시험관에서 생명을 창조할 수 있다고 가정해보죠(거대한 기계 말고 작은 시험관을 말하는 겁니다). 황당무계할 정도로 불가능한 아이디어는 아닙니다. 생명이 어떻게 창조되는지 우리가 대강은 알고 있으니까요. 혹 지금 모른다 해도 백 년 후, 혹은 천 년 후에는 밝혀낼 수 있을 것이라고 생각합니다.

아무튼, 한 개 혹은 여러 개의 유전자를 가진 생명체를 시험관 안에서 만들어냈다고 가정해봅시다. 아마 매우 단순한 구조의 유전자일 것이며, 그것은 시험관 안에서 자기복제를 할 겁니다. 지금 우리는 비(非)생물 요소들을 가지고 인공적으로 생명체를 발생시키는 사고 실험을 하고 있는 겁니다. 이것은 가능성이 매우 희박한, 그리고 성공하기 매우 어려운 일이라는 것은 나도 압니다. 자크 모노Jacques Monod(세균의 유전 현상 연구로 1965년 노벨 생리의학상을 받았으며 『우연과 필연』이라는 유명한 저서를 남긴 프랑스의 생화학자 _옮긴이)가 그것이 얼마나 어려운 일인지 이미 대략적으로 설명한 바 있고요. 그래도 일단 가능하다고 해봅시다. 우리가 창조해낸 이 생명체의 생존확률은 놀라울 정도로 낮습니다. 왜냐하면 우리가 만들어낸 생명체가 시험관에 적응한 상태라고 가정할 이유가 없기 때문입니다.

시험관은 어떤 생명체에게도 굉장히 척박한 환경입니다. 그 생명체가 생존하게 하려면 특별한 장치를 마련해줄 필요가 있습니다. 이는 환경을 생명체에 적응시켜야 한다는 얘기가 됩니다(적응은 상호작용을 바탕으로 이루어지는 현상인 셈입니다). 환경을 생명체에 적응시키려면 최소한 영양을 공급할 슈퍼마켓 한 개는 만들어줘야 합니다. 그 생명체가 만들어내는 배설물을 처리할 하수시설도 필요하고요. 다음으로 자식들을 그 생명체의 삶에서 치워주기 위해 학교를 세워줘야 합니다. 학교의 유일한 목적은 그것이니까요. 그리고 산아제한도 시행해야 합니다. 그렇지 않으면 우리가 시험관에서 만들어낸 생명체는 불어나는 자손들에 깔려 질식사할 것입니다.

이 사고 실험에는 두 가지 목적이 있습니다. 첫째, 태어나는 것만으로는 아무 문제도 해결되지 않음을 보여주기 위해서입니다. 왜 새로 탄생한 이 생명체가 환경에 적응되어 있을까요? 나는 그 생명체가 이미 수백만 번 탄생을 반복한 후에야 비로소 자기가 적응된 환경을 발견했을 거라고 짐작합니다. 미지의 화학적 상태에서 발생한 것이 결코 생존 가능한 환경에서 태어났음을 의미하지는 않는다고요.

생명체가 생존 가능성이 있는 (즉 이미 적응된) 환경에서 태어날 가능성은 생명이 저절로 발생할 가능성만큼이나 희박합니다. 내가 아는 한 이 문제는 지금까지 논의된 적이 없습니다. 나는 이 문제

삶은 문제해결의 연속이다

를 지식 문제와 관련지어 제시하고자 합니다.

생명의 환경 적응 자체가 일종의 지식이기 때문입니다. 이 최소한의 지식 없이는 어떤 생명도 살아남을 수 없습니다. 여기서 지식이란 매우 *보편적인* 생(삶)의 조건에 대한 지식을 말합니다. 내가 앞에서 언급한 조건들(즉 환경)이 생명체에 적응하거나, 아니면 생명체가 환경에 적응해야 합니다. 물론, 상호성에 기반을 두고 이루어져야겠지요.

만약 환경이 적당히 안정적이지 못하면, 그러니까 적응을 위한 조건들이 일정 기간 동안 일관적이지 않으면 그 생명체는 곧 생태학적 재앙으로 소멸해버릴 거라고 거의 확신할 수 있습니다. 여기서 생태학적 재앙은 생명체에 적응한 환경이 변하는 것을 뜻합니다. 환경이 생명체에 더 이상 적합하지 않게 되면 그 생명체는 사멸합니다. 언제고 대재앙이 벌어질 테고, 그러면 모든 과정이 처음부터 다시 시작되어야 합니다. 그러므로 생태학적 조건이 웬만큼 안정적이지 않으면, 애초에 한 생명을 존속시키기에 적합하지 못한 조건이라고 생각하면 됩니다. 역사가 처음부터 반복되어야 하는 것입니다.

그렇다면 적응이 이루어지기 위해서는, 혹은 지식이 존재하기 위해서는 어느 정도 환경적 안정성이 받쳐줘야 합니다. 처음부터, 즉 선험적으로 생명체는 환경에 대해 최소한, 그러니까 우리가 앞서 사고 실험에서 만들어낸 생명체와 그것의 생존에 필요한 조건들에 대해 알았던 만큼은 기본적으로 알고 있어야 한다는 얘기입니다. 적응은 일종의 선험적 지식인 것입니다.

이런 이야기를 한 이유는 사고 실험을 설명하기 위해서가 아니라, 사실은 '진화 인식론'이라 불리는 나의 이론에서 선험적 지식이 어떤 역할을 하는지 설명하기 위해서였습니다. 나는 내 지식 이론을 '진화 인식론'이라고 부르지 않는다고 앞서 밝힌 바 있습니다. 내 지식 이론을 진화론적이라고 정의한 것은 다른 학자들입니다. 내 이론은 다른 진화론적 지식 이론과 사뭇 다릅니다.

내 이론은 생명이 그 발생 시점부터 생존을 위한 일관된 환경 조건에 대한 타고난 기대를 가지고 있다는 가정에서 출발합니다. 여기서 말하는 환경 조건에는 생명체가 일시적으로만 적응할 수 없습니다. 반드시 일정 기간 적응해야만 합니다. 그리고 추측컨대 이는 그 환경 조건이 비교적 안정적이어야 한다는 것을 뜻합니다. 생명체가 발생 가능한 모든 환경 변화를 예측하는 활동에 처음부터 관여할 수 있는 건 사실이나, 그건 너무 신빙성이 떨어지는 얘기입니다.

그리하여 우리는 모든 생명체가 발생 초기부터 어느 정도는 환경의 미래, 즉 미래에 맞닥뜨릴 모든 환경 상태를 예측해야 한다는 결론에 다다릅니다. 그 미래란 몇 시간 후일 수도 있고, 백만 년 후

삶은 문제해결의 연속이다

일 수도 있습니다. 삶은 미래의 환경 조건에 적응해야 하는데, 이러한 면에서 봤을 때 일반적인 지식은 일시적 지식이나 전문적 지식에도 선행합니다. 발생 순간부터 생명체는 일반적 지식, 우리가 자연의 법칙에 대한 지식이라 부르는 지식을 갖추고 있어야 한다는 얘기입니다. 물론 이는 의식적 지식 차원의 지식은 아닙니다. 의식은 별개의 문제입니다. 따라서 나는 지식을 하나의 원시적 생명체로 보기로 했는데, 이는 의인화한 개념입니다.

이제부터 이 의인화에 대해 이야기해보겠습니다.

상동관계, 지식, 그리고 적응

나는 생물학에서 의인화를 사용하지 않는 건 어리석은 일이라고 생각합니다. 다른 분야에서와 마찬가지로 진화론적 접근법을 적용하여, 상동(相同)관계에 대입해 살펴봅시다.

인간의 코와 개의 코를 상동기관(모양이나 기능은 다르나 발생학적으로 동일한 기원을 갖는 기관 _옮긴이)으로 보는 것은 진화론을 알아가는 첫 단계입니다. '개에게 코가 있다'는 건 자명한 사실이 결코 아닙니다. 인간이 만든 이론이며, 분명 고대의 인간이 생각해낸 이론일 것입니다. 자신의 코와 개의 코를 상동하다고 본 것입니다. 그는 동시에 개나 원숭이는 꼬리가 있는 반면, 자신에게는 없다는 것을 인식했을 것입니다. 이러한 상동관계를 인식한 사고는 진화론적 사고의 선제가 됩니다. 신화론적 관점에서 사고하려면 인간의 팔과 새의 날개, 인간의 다리와 새의 다리, 인간의 코와 개의 코 등과 같은 상동관계를 인정할 수밖에 없거든요. '인간의 코와 개의 코는 진화론적으로 상동관계에 있다'는 진화론의 전제가 되는 가설인 것입니다.

상동관계에 주목한 이러한 사고는 인간의 지식, 나아가 지식의 습득 및 보편적 의미의 지식을 보는 시각으로 확장 적용해야 합니다. 어떤 이유에서인지는 모르지만, 개와 유인원은 우리 인간의 지식에 상응하는 것을 갖추고 있습니다. 사실 다소 교조적인 행동주의 이론(인간의 모든 행동은 외부 조건에 적응하는 과정에서 학습되며, 감정은 이 학습에 영향을 주지 못한다고 보는 이론 _옮긴이)이 한마디로 지적 근거가 부족한 이유 중 하나가 바로 이것입니다. 행동주의는 스스로가 행동만을 논의 대상으로 삼음에도 불구하고, 인간 행동과 동물 행동의 상동관계가 이미 그 논의에 포함되어 있으며 바로 그것이 우리가 상동기관에 관한 가설들을 한 단계 발전시키게 해준다는 사실을 인정하지 않거든요.

내가 제시하는 인식론적 논지의 핵심은 지식이 높은 수준의 일반성을 가짐으로써 그에 따라 예측성을 띤다는 것입니다. 지식은 환경이 장기간에 걸쳐 어떻게 변화할지 예측합니다. 한 예로, 우리가 꽃을 관찰하면서 상동적으로 습득한, 낮밤의 변화에 대한 지식이 이에 해당합니다(밤에 꽃잎이 닫히는 현상 등을 보고 알아낸 지식입니다). 이를 보고 꽃이 일반적 규칙성에 대해 '안다'고 볼 수 있습니다. 그렇다고 꽃이 그 규칙성을 이해한다는 건 아니고, 단지 그것에 맞춰 적응한다는 뜻입니다. 꽃잎이 열리고 닫히는 것은 조직의 팽창과 수축으로 인한 것입니다. 그 조직이 이미 그런 조건에 적응되도록 설계되어 있다는 것으로, 규칙성을 전제로 합니다.

나의 인식론적 견해는 진화론이든 칸트 철학이든, 아니면 비진화론이든 여타 인식론자들보다 한층 깊이 들어갑니다. 일반적 적응이 일시적 적응에 우선한다는 것이 그것입니다. 일반적 적응이 먼저 존재하며, 그렇기에 선험적 지식인 것입니다.

기대

설명에 들어가기에 앞서 용어 하나를 소개하겠습니다. 앞서 이야기한, 특히 동물에게서 보이는 여러 형태의 지식 혹은 적응을 다른 말로 기대라고 합니다.

여기, 매일 오후 다섯 시 반에 주인이 귀가하기를 기대하는 개가 있습니다. 개는 다섯 시 반이 되자 어쩔 줄 모르고 왔다 갔다 합니다. 이를 보고 우리는 개가 주인의 귀가에 대비하고 있음을 알 수 있습니다. 이것은 지식의 일종으로, 이러한 형태의 지식은 기대라고 할 수 있습니다. 비슷하게, 꽃들도 저녁에 추워질 것을 기대하고 그에 대비합니다.

우리(적어도 시각장애인이 아닌 사람)는 눈으로 어떤 대상을 지각하기 전에 먼저 눈을 가지고 있다고 말할 수 있습니다. 눈이 곧 기대라는 것(일종의 내재된 지식이며, 따라서 눈이라는 형태로 나타난 적응이라는 것)은 멕시코도롱뇽 아홀로틀을 보면 분명히 알 수 있습니다. 동굴에서 태어나 자라는 아홀로틀은 눈이 완전히 퇴화했습니다. 유전적으로 눈이 먼 것입니다. 우리 눈을 진화하게 한 모든 기대가 아홀로틀의 경우 생략되었습니다. 아홀로틀의 눈은 더 이상 어떤 역할도 하지 않습니다.

그렇다면 눈은 곧 우리가 적어도 빛이 존재하는 세계에 살고 있다는 기대, 눈이 그 빛을 이용할 수 있으리라는 기대입니다. 이런 것들이 우리가 가지고 태어나는 눈에 동반하는 기대입니다. 진화론적으로 보면, 눈은 얼굴을 인식하기에 앞서 존재합니다. 눈은 어떤 면에서는 얼굴 인식과 마찬가지로, 일종의 생물학적 지식인 셈입니다. 눈이 곧 예상 또는 기대이기 때문입니다.

내가 알기로는 사실상 모든 인식론자가 (내가 존경해 마지않는 콘라드 로렌츠도 그렇고) '지식은 지각의 결과'라는 가정에서 출발합니다. 나는 그런 관점을 수정하여 다른 관점으로 이 문제를 바라보고 있습니다. 지각은 지식에 이르는 비교적 덜 중요한 경로이며, 가장 중요한 것은 우리가 감각기관을 통해 지각하는 일시적 환경에 대

삶은 문제해결의 연속이다

한 통제가 결코 아니라는 것입니다. 그보다 지식, 근본적인 지식은 우리가 모든 방향으로 내뻗는 촉수와 같습니다. 지금 나의 상황을 예로 들면, 가장 중요한 건 내가 여기 빈에 있음을, 내가 오스트리아에 있음을 아는 것입니다. 일시적 지각보다 이러한 종류의 지식이 나에게는 더 중요합니다. 일시적 지각 정보들의 해석에 기본이 되기 때문입니다.

그럼 진화론적 인식론에 대한 나의 견해를 가정하고 철저히 일반적인 지식에서 출발해 특정 사실, 이를테면 내가 저기 뒤에 아는 사람 몇 명을 발견했다는 사실로 좁혀 가보도록 합시다. 이 강연장에서 나는 낯선 얼굴로 가득 찬 청중 속에서 내 친구 몇 명을 알아볼 수 있습니다. 이는 지금 이 특정 순간에 나에게 일시적 지각 기능이 작용한 결과입니다. 그런데 그 기능은 나에게 지금 이 특정 순간, 내가 어디에 어떤 상태로 있는가 하는 일반적 상황 판단보다 중요하지 않습니다. 그러한 상황 판단이 이루어져야 내가 조금 전까지 무얼 하고 있었고, 무슨 말을 하고 있었는지 파악할 수 있습니다. 이러한 지식, 이 지각적 지식에서 우리는 얼마든지 딴 길로 샐 수 있고, 또 실제로도 재차 딴 길로 새곤 합니다.

우리가 습득하는 지각적 지식은 해부학적, 생리학적으로 우리 안에 타고난 것, 즉 우리의 뇌가 각종 정보를 선별하고 통합하는 방식으로만 인도되는 것은 아닙니다. 무엇보다도 우리의 목표와 의도에 인도됩니다.

이야기를 하나 들려드리겠습니다.

수십 년 전, 아마 65년 전쯤일 겁니다. 당시 나는 다흐슈타인 산에 있었는데, 할슈테터 빙원에서 풍극(산등성이 일부가 강한 바람을 지속적으로 맞아 V자 모양으로 갈라진 구조 _옮긴이)을 통과해 이동하려고 했습니다. 그런데 갑자기 뿌연 눈바람이 불어 닥쳤고, 거센 눈발 속에 풍극을 찾아 헤매던 나는 한순간 눈발과 얼음 사이에서 풍극 비슷하게 생긴 것을 봤습니다. 당연히 나는 한참을 찾아 헤매던 풍극을 드디어 발견했다고 믿었지요. 그런데 열심히 눈을 맞으며 가까이 가보니 빙원 한가운데 커다란 바위가 우뚝 서 있고, 그 바위 때문에 얼음이 푹 꺼져 커다란 골이 생겨 있더군요. 그것을 그렇게 찾던 풍극이라고 잘못 해석한 것입니다.

이 이야기를 하는 건 우리의 지각이 부분적으로 우리의 순간적인 기대와 관심에 의해 지배된다는 것을 말하기 위해서입니다. 이 일화에서도 볼 수 있듯이, 우리는 지속적으로 능동적인 상태를 유지합니다. 마치 우리의 지각 작용이 사진 찍기라도 되는 양 형태나 소리 등의 지각을 논하는 게 정말이지 이해되지 않습니다. 나는 능동적으로 온갖 정보를 탐색하며, 그 와중에 특정 방향으로, 때로는 그 순간에 내가 추구하는 목표나 희망과 완벽하게 일치하는 방향으로 탐색한 정보들을 해석합니다. 그 희망은 대개

삶은 문제해결의 연속이다

일정 기간 지속됩니다. 앞서 말한 풍금은 한 시간 넘게 찾아 헤맸고, 결국 찾아냈습니다. 그런데 실제 풍금은 내가 기대했던 것과 아주 달랐습니다. 따라서 우리의 목표와 욕망, 선호도 등은 우리의 삶과 지각에서 상당히 큰 역할을 한다고 할 수 있습니다. 그러한 것들이 정보를 해석하는 방향을 결정하며, 그에 따라 우리는 해석 결과를 실험하여 참이나 거짓을 증명합니다.

중요한 사항이 하나 더 있습니다. 앞에서 실재(實在)의 문제를 논의한 바 있는데요. 나는 이 문제 역시 다른 관점에서 봅니다. 실재는 우리 모두에게 문제적인 대상입니다. 우리는 지금 꿈을 꾸는 것이 아니라 실제 세계에 살고 있음을 확인하기 위해 끊임없이 신호를 보냅니다. 어찌 보면 박쥐와 같습니다. 비록 박쥐가 가진 고도의 기술은 없지만, 비슷한 무언가를 가지고 있습니다. 예를 들면, 나는 끊임없이 위치를 바꿉니다. 이건 내가 가진 다양한 신호 전송 기술 중 하나이며, 내가 능동적으로 순간적으로 반송된 신호를 능동적으로 통합함으로써 내가 꿈을 꾸는 게 아니며, 실재가 진짜로 이런 묘한 인상을 주고 있음을 배우게 됩니다.

그렇다면 살아 있는 것은 모두 능동적 상태를 유지한다고 할 수 있겠습니다. 살아 있는 생명체는 마치 딱정벌레처럼 온갖 방향으로 끊임없이 탐색 신호를 보냅니다. 우리는 주어진 수단을 전부 동원해 근처에 있는 사물을 탐색합니다. 시각장애인이 아니라면 두 눈이 가장 핵심적인 수단이 됩니다. 시각장애인인데 청력은 대체로 유지되고 있다면 귀가 눈을 대신합니다. 그리고 손가락을 동원해 대상을 더듬지요.

그런데 (내가 이 비유를 종종 들기에 하는 말인데) 황당하게도 이 얘기를 하면 사람들은 농담으로 받아들이더군요. 하지만 진지하게 하는 이야기입니다. 우리의 상황은 늘, 흑인이 캄캄한 지하실에서 그곳에 있는지 없는지 모르는 검은색 모자를 찾는 것과 같습니다. 정말 진지하게 하는 말인데, 이것이 바로 우리가 처한 상황입니다. 우리는 언제나 아무것도 모르는 존재이며, 항상 우리의 손과 발, 귀와 눈, 그리고 주어진 모든 감각기관을 동원해 주변을 탐색합니다. 또한 그 기관들을 가지고 능동적으로 우리를 둘러싼 현실이 진짜임을 확인합니다.

그렇다면 나의 지식 이론은 꽤 급진적인 성향을 띤다고 볼 수 있습니다. 앞선 연구자들이 지금껏 주창한 모든 이론을 뒤엎는 것이니까요. 이렇게 요약할 수 있습니다. "우리는 능동적인 존재이며, 우리가 맞닥뜨리는 것들을 시행착오 방법을 적용해 끊임없이 시험한다."

시행착오가 우리가 아는 유일한 방법이기 때문입니다. 원시의 동식물들이 적용했을 것이라고 추정되는 유일한 방법이기도 하고요. 콘라드 로렌츠가 논문에서 명료히 설명한 바처럼, 동식물들은 쉬지 않고 이리저리 움직입니다. 원시동물은 시험적 행동을 하면서 어떻게든 주어진 환경을 최적으로 활용하려고 합니다. 아마 그러한 시험 행동은 대상을 본능적으로 파악하려는 시도일 것입니다. 그러나 어쩌면 그 어떤 정신작용과도 관계가 없으며 그냥 그 동물이 적용 가능한 가장 효율적인 방법이기 때문에 행하는 것일지도 모르지요. 그저 탐색하고 발견하는 겁니다. 이를 통해 원시 단계의 동물들은 더 나은 환경, 더 나은 세계를 찾고 있습니다. 그리고 더 나은 세계를 찾기 위해 매우 능동적으로 움직이며 탐색합니다. 이 탐색에서 그들은 앞서 내가 말한 것처럼, 이미 어떤 식으로든 적응돼 있어야 하고요. 이미 일반적 지식을 어느 정도 가지고 있어야 한다는 말입니다. 그런 뒤에야 돌연변이나 고차원적 적응이 이루어질 수 있습니다. 이것이 바로 경험주의적 방법론의 시행착오입니다.

경험적 방법론은 '아니오'라고 말하는 것입니다. 실패한 시도나 실수들은 제거된다는 거죠. 제거는 어떤 식으로는 새로운 시도로 연결됩니다. 돌연변이를 비롯하여 (유전형질을 변형시키는) 다양한 형태의 DNA 변이가 여기서 중요한 역할을 합니다.

이렇게 유전적으로 만들어진 결과들은 전승이라는 방식으로도 동일하게 얻어질 수 있습니다. 로렌츠는 회색 기러기가 유전적으로 타고나는 특질(이를테면 적을 알아보는 것)이 갈까마귀에게는 전승된

특질이라고 설명합니다. 로렌츠의 서서에 두 동물의 대그기 이주 아름답게 묘사되어 있습니다.

종합해보면 이렇습니다. "생물학적 관점에서 봤을 때 동물의 지식과 인간의 지식은 보통 무의식적 기대들(혹은 잠재적 기대들)로 이루어진다."

귀납법 반박

그러므로 모든 생명체는 각기 다른 수단을 동원해 기능적으로는 유사하지만 유전적으로 상동적이지는 않은 생존 방법을 강구합니다. 이러한 관점에서, 귀납법이란 것은 존재할 수 없다고 할 수 있습니다. 이 주장에 동의하는 사람이 거의 없을 것으로 압니다. 그러나 내게는 아주 단순한 문제입니다. 귀납이라는 개념은 "우리가 이것을 어떻게 알지?" "어떻게 해서 이런 지식에 도달했지?"라는 질문의 답을 구할 때 적용되는 개념입니다.

이에 대해 가장 흔히 나오는 대답은 "눈을 뜨고 살펴보니 알게 되더라"입니다. 이런 식으로 지식을 원래부터 있는 것으로 정당화하는 태도는 거의 모든 인식론자에게서 발견되는 것 같습니다. 그 예로, 루돌프 카르납Rudolf Carnap(1891~1970, 독일 출생, 미국의 논리실증주의 철학자, 비엔나학파의 중심인물 _옮긴이)은 이런 질문을 던졌습니다. "당신은 그것을 어떻게 아는가? 어떤 지각된 정보들이 당신으로 하여금 그러한 의견을 갖게 했는가?"

카르납에게 두 번째 질문은 첫 번째 질문의 다른 표현입니다.

우리가 감각기관을 통해 지각하며 그렇게 지각한 정보들이 지식의 바탕이라는 것이 그의 질문에서는 당연한 것으로 간주되고 있습니다.

그러나 나는 우리 지식의 99퍼센트, 아니 99.9퍼센트가 생물학적으로 타고난 것이라고 말하겠습니다. 나머지는 변양modification, 즉 기존의 지식을 획기적으로 뒤집은 것이고요. 물론 기존 지식이라는 것도 그 이전에 있던 것을 혁명적으로 뒤집은 것이지요. 하지만 결국에는 모든 지식이 타고난 지식, 그리고 그것의 변양으로 귀결됩니다.

타고난 지식이지, 확실한 지식이 아님을 유의하십시오. 확실한 지식이란 없습니다. 내가 꿈을 꾸고 있는지 아닌지는 끊임없이 시험하지 않으면 알 수가 없습니다. 우리는 가능한 모든 방법을 동원해 끊임없이 실재를 확인해야 합니다. 존재하는 것은 추정적 지식뿐입니다.

내가 좋아하고 존경해 마지않는 칸트가 다른 모든, 혹은 거의 모든 철학자와 똑같이 이 점을 오인한 것을 유감스럽게 생각합니다. 우리는 동물입니다. 인간은 동물이며, 동물은 확실한 지식을 가질 수 없습니다. 고대 그리스인들은 이를 이미 알고 있었습니다. "신들은 확실한 지식epistēmē을 가졌지만 인간에게는 의견doxa 만 있을 뿐"이라고 말한 걸 보세요. 아리스토텔레스는 이 정확하고 건전한 통찰을 최초로 뒤집은 사람입니다. 그는 우리 인간도 확실한, 증명될 수 있는 지식을 가지고 있다고 주장했습니다. 그리고 검증된 지식에 이르는 수단으로 귀납법을 들고 나온 겁니다. 그런데 자기주장에 자신이 없으니 엉뚱하게 소크라테스에게 책임을 떠넘겨버렸죠!

어쨌든 이 문제는 이 자리에서 더 이상 논하기 어렵습니다.

귀납법이 그에 선행하는 보편적인 어떤 것을 필요로 한다고 말한 건 칸트가 옳았습니다. 그런데 이 보편적인 어떤 것은 모든 경험적인 것에 선행한다는 점에서 선험적 지식이긴 하지만(이 부분은 칸트가 옳았습니다) 확실한 것은 아닙니다. 확실한 지식이란 없습니다. '지식Wissen'이라는 단어는 적어도 영어와 독일어에서는 허상에 불과합니다. '지식'이라는 낱말의 정확한 뜻은 그 지식이 확실한 지식일 때만 성립됩니다. "내가 빈에 있다는 걸 알지만, 내가 빈에 있다고 추측한다"라고 말할 수는 없습니다. 그렇게 말하면 지식에서 추측으로 한 단계 격하되는 겁니다. "나는 내가 빈에 있다는 걸 안다"라고 말하려면 내가 빈에 있음을 확신해야 합니다. 하지만 내가 빈에 있는지 아닌지 결코 100퍼센트 확신할 수 없습니다. 아주 실감나는 꿈을 꾸고 있는지도 모르죠. '지금'과 '여기'

삶은 문제해결의 연속이다

가 내 인생에서 어떤 역할을 하고 있는 하나의 가능한 현실 정도 겠죠. 내가 꿈을 꾸고 있는지도 모른다는 말입니다. 아주 선명한 꿈이 되겠지만 지금 나는 몹시 피곤한 상태이니 그런 일이 일어난다 해도 놀랍지 않을 겁니다.

영어와 독일어에서 '지식'은 확실한 지식을 의미합니다. 그러나 그런 것은 존재하지 않습니다. 기껏해야 추정적 지식이 있을 뿐입니다. 우리가 가질 수 있는 지식은 그 정도뿐입니다. 지금까지 축적한 지식 가운데 최고의 지식은 과학적 지식입니다. 그럼에도 과학적 지식 역시 추정적 지식에 지나지 않습니다.

목표, 문제, 가치

나는 친구 리들이 나를 소개하면서 한 말에 다소 비판적인 입장입니다. 그는 인간의 이성에 만족하지 못하는 이들과 적어도 어느 정도는 입장을 같이하는 모양입니다. 게다가 문화상대주의를 옹호하기까지 했고요. 이제부터 내가 할 이야기는 상당히 다른 관점입니다.

생각하는 존재인 우리 인간에게 주어진 과제는 진리를 탐구하는 것입니다. 진리는 절대적이고 객관적이지만, 우리에게 보장된 것은 아닙니다. 우리는 끊임없이 진리를 추구하며, 대개는 힘겨운 과정을 거쳐야 그것을 얻습니다. 더불어 우리는 진리에 대한 접근 정도를 향상하기 위해 계속 노력합니다. 만일 진리가 절대적이거나 객관적이지 않다면 우리는 어떤 경우에도 틀리지 않을 겁니다. 아니면 우리가 저지르는 오류도 진리와 별반 차이가 없을 것입니다.

진리를 구하려는 인간의 탐구는 다음과 같이 전개됩니다. 먼저 이론(선험적 지식)을 발명합니다. 게슈탈트 인지를 포함해, 지각한 바를 일반화하는 것을 말합니다. 말 그대로 우리가 본 것을 해석하는 것인데, 하나의 해석이라는 점에서 가설이라 할 수 있습니다. 보통 우리는 추측이나 (추측과 다를 바 없는) 가설만을 취급합니다. 우리는 항상 우리가 세운 추측에 둘러싸여 살아갑니다. 어떻게든 그것을 실재와 비교하면서 조금씩 개선하고 실재에 좀 더 근접하도록 다듬어갑니다.

과학자들이나 일반 지식인들이, 예를 들어 생명의 기원에 대해 우리가 아는 것이 얼마나 적은지를 깨닫는다면 나는 더없이 행복할 것입니다. 우리는 거의 아무것도 모릅니다. 이런 것들이 바로 앞에서 언급한 미결의 문제입니다. 생명체가 무(無)에서 저절로 발생했다 해도 그것이 바로 그 환경에 우연처럼 꼭 맞게 적응된 상태로 발생하는 이유가 무엇일까요? 이는 정말이지 극한의 난제입니다.

"우리는 아무것도 모른다." 이것이 나의 첫 번째 논지입니다.

삶은 문제해결의 연속이다

"그러므로 우리는 겸손해져야 한다." 이것이 두 번째 논지입니다.

"모르면서 안다고 하지 말아야 한다." 이것이 세 번째 논지입니다.

이것이 내가 널리 퍼뜨리고자 하는 접근법입니다. 그러나 잘 되리라고는 기대하지 않습니다.

진화론적
지식론에 대하여[11]

친애하는 학장님, 그리고 신사숙녀 여러분.

1944년 어느 날, 나는 아내와 함께 뼈가 시리도록 추운 버스에 몸을 싣고 쿡 산의 스키여행에서 돌아오고 있었습니다. 그런데 갑자기 버스가 멈추더군요. 눈 덮인 뉴질랜드의 시골 우체국 앞에서요. 놀랍게도 누군가가 내 이름을 부르더니 전보를 건넸습니다. 우리 부부의 인생을 송두리째 바꿀 전보였습니다. 발신자는

---

11 1989년 6월 9일 런던경제대학(현재 런던정치경제대학_옮긴이)에서 동문회 앞에서 한 강연. 당시 학장인 파텔(I. Patel) 박사가 주최자석에 있었다. Thoemmes Press, Bristol 『A World of Propensities』에 먼저 실렸고, 출판사 측의 너그러운 허락으로 여기에 싣는다.

F. A. 하이에크였고, 내게 런던경제대학LSE의 부교수직을 제안하는 내용이었습니다. 그 후 임기는 1945년으로 연장됐고, 1949년에 나는 '논리와 과학적 방법론'이라는 과목의 정식 교수직을 맡게 되었습니다.

파텔 박사님이 직접 초청한 오늘 동문회 강연은 내가 LSE로부터 제안받은 최초의 공식 행사 강연입니다. 박사님이 이 강연을 비공식적으로나마 나의 뒤늦은 취임사로 받아들여주시기를 바랍니다. 오늘 강연은 내가 지난 40년간 염원해온 기회이기도 합니다.

파텔 박사님께 드리는 두 번째 요청은 강연 제목을 바꾸는 걸 허락해달라는 겁니다. 학교 측이 제목을 정해달라고 했을 당시에는 생각할 겨를이 없었는데, 지금 와서 보니 '진화론적 인식론'은 너무 잘난 체하는 것처럼 들리는군요. 그보다 덜 허세부리는 제목이 엄연히 있는데 말입니다. 그러니 이 취임사의 제목을 '진화론적 지식론에 대하여'로 바꾸는 것을 너그러이 허락해주시길 바랍니다.

오늘 강연에서 나의 목표이자 과제는 지식 이론을 생물학적 진화라는 광범위하고도 흥미로운 맥락에 배치함으로써 지금까지 지식 이론 분야에서 성취된 업적들, 나아가 앞으로 성취되어야 할 과업들에 대한 흥미를 유발하고 더불어 그러한 실험으로 우리가 뭔가 새로운 것을 배울 수 있음을 증명해 보이는 것입니다.

'지식이란 무엇인가?' 따위의 질문으로 시작하지는 않겠습니다. '지식이 대체 무슨 뜻인가?'라는 질문은 더더욱 피하고 싶고요. 대신 내 논의의 출발점은 아주 단순한 명제, 심지어 하찮게 들릴 수도 있는 명제입니다. '동물도 뭔가를 알 수 있다. 즉 지식을 가질 수 있다'는 명제입니다. 예를 들어 주인이 평일 저녁 6시면 귀가한다는 사실을 알고 있는 개가 있습니다. 우리는 그 개의 행동에서 개가 주인의 귀가를 기다리고 있음을 알 수 있습니다. 여기서 동물도 뭔가를 알 수 있다는 명제가 시시하게 들림에도 불구하고 실제로는 현재 주류가 되는 지식 이론을 완전히 뒤집는 것임을 설명해보겠습니다.

학계에는 물론 나의 시시한 명제를 부정하려는 사람들이 많습니다. 그들은 지식을 개에게 적용하는 것이 그저 은유와 노골적인 의인화라고 말할 것입니다. 진화론을 연구하는 생물학자들도 그런 얘길 했고요. 내 대답은 이렇습니다. 노골적인 의인화인 건 맞지만, 단지 은유에 불과한 것은 아닙니다. 더구나 의인화는 매우 유용한 도구입니다. 어떤 진화 이론의 설명에도 빠질 수 없습니다. 개의 코나 다리를 이야기하면 그게 바로 의인화입니다. 우리가 개에게 인간의 코와 조금 다를지라도 어쨌든 코가 있다는 것을 당연한 사실로 받아들인다고 해도요.

여러분이 진화론에 관심이 있다면, 상동 이론이 진화론에서 상당히 중요하다는 것을 알 것입니다. 그리고 개의 코와 내 코가 상동기관이라는 것도요. 이것은 그 둘이 공통의 먼 조상에게서 발생했음을 의미합니다. 이러한 상동 이론의 가정 없이 진화론은 존재할 수 없습니다. 상동 이론은 매우 추론적이며, 가설로서 꽤 탄탄한 것임은 분명합니다. 모든 진화론자가 받아들이는 이론이기도 하고요. 내가 개에게 지식을 대입한 것은 의인화 기법인 것은 맞지만 단순한 은유는 아닙니다. 그보다는 개의 어떤 기관, 예를 들어 개의 뇌는 인간이 가진 지식의 생물학적 기능에 어렴풋이 상응하는 기능을 갖추었을 뿐 아니라, 인간의 뇌와 상동하다는 것을 암시합니다.

상동관계로 여겨지는 대상들이 본래의 의미로는 신체기관임을 명심하기 바랍니다. 그러나 기관들의 기능 또한 상동할 수 있습니다. 아니면 그 기관에서 이루어지는 절차가 상동할 수도 있고요. 심지어 행동도 진화론적 관점에서 상동하다고 가정할 수 있습니다. 예를 들면 구애 행동, 특히 의식(儀式)화한 구애 행동이 그렇습니다. 종의 계보에서 매우 가까이 위치한 서로 다른 새들의 구애 행동이 유전학적 혹은 발생학적 관점에서 실제로 상동하다는 주장은 꽤 설득력 있습니다. 우리 인간과 특정 어류가 상동관계라고 하면 믿기 어렵지만, 여전히 가설로서 상당히 무게가 실려 있습니다. 어류의 입이나 뇌가 인간의 입, 뇌와 상동관계라는 건 꽤 그럴싸하죠. 그것들이 끝난 조상의 신체기관에서 유래했다는 주장은 상당히 설득력 있습니다.

상동 이론이 진화론에서 갖는 중대성은 이만하면 충분히 전달됐기를 바랍니다. 동물도 지식을 가지고 있다는 가설이 단순히 은유가 아닌 진지한 진화론적 가설로서 의미가 있다는 것이 이해됐기를 바랍니다.

이 가설은 결코 동물들이 자기 지식을 인지하고 있음을 뜻하지는 않습니다. 그렇다면 우리 인간도 의식하지 못하는 지식을 가지고 있다는 사실을 떠올려볼 수 있습니다.

이러한 무의식적 지식은 보통 무의식적 기대의 성질을 띠는데, 때로 그것이 잘못된 기대였음이 드러날 때에야 비로소 자신이 그런 종류의 기대를 품고 있었음을 의식하게 됩니다.

그런 예를 나는 오랜 학자로서 인생에서 여러 번 경험했습니다. 계단을 한참 내려가다가 마지막 계단에서 넘어질 뻔한 순간, 나는 계단이 실제보다 한 칸 더, 혹은 한 칸 덜 있다고 생각했음을 깨달은 적이 있었습니다.

이런 경험 덕분에 나는 내 가설을 다음과 같이 정리하게 되었습니다. 우리가 어떤 일에 놀라는 것은 대개 그 일 말고 다른 일이 일어날 거라고 무의식적으로 기대했기 때문입니다.

이제 '동물도 무언가를 알 수 있다'는 평범한 명제에서 도출 가능한, 그리고 (비록 지금으로선 무의식적으로이기는 하나) 이미 도출된 19가지 흥미로운 결론을 제시해보겠습니다.

1. 지식은 대개 기대의 성질을 띱니다.

2. 기대는 보통 가설의 성질, 추정적 혹은 가정적 지식의 성질을 갖습니다. 불확실하다는 뜻입니다. 우리가 뭔가를 기대하거나 안다고 해도 이 같은 불확실성은 인지하지 못하고 있을 수 있습니다. 앞서 소개한 개의 예에서, 그 개는 주인의 귀가 시간에 대한 자기의 기대에 대해 죽을 때까지 한 번도 실망을 경험하지 않을 수 있습니다. 그러나 정시 귀가가 결코 확실한 것이 아니라는 것, 그리고 개의 기대가 위험성이 매우 큰 가설이라는 것을 우리는 잘 알고 있습니다(철도노조가 파업해 귀가가 늦어질 가능성도 다분하니까요). 그렇다면 이렇게 말할 수 있겠군요.

3. 사람이든 동물이든 대부분의 지식은 가정적 혹은 추정적입니다. 특히 가장 일반적인 것으로 보이는 지식, 기대의 성질을 갖는 지식은요. 예를 들어 오후 5시 48분에 런던발 열차가 도착한다는 공식 시간표를 보고 갖는 기대가 여기 해당합니다(그래서 그런지 어떤 도서관에서는 화가 난 학생, 혹은 재치 있는 이용자들이 온갖 시간표를 '픽션' 서가에 꽂아놓기도 합니다).

4. 불확실성, 가설적 성질에노 불구하고 우리가 습득한 지식의 대부분은 객관적으로 진리일 것입니다. 대부분이 객관적 사실들과 일치한다는 뜻입니다. 그렇지 않으면 우리는 하나의 종으로서 지금까지 살아남지 못했을 것입니다.

5. 따라서 우리는 어떠한 기대 혹은 가설의 참됨과 그것의 확실성을 명확히 구별해야 합니다. 그러기 위해서는 참 개념과 확실성 개념을 명확히 구별해야 합니다. 혹은 참과 확실한 참(이를테면 수학적으로 증명 가능한 참)을 구별해야 할 수 있겠습니다.

6. 우리가 습득한 지식에는 많은 참이 포함되어 있으나 확실성은 거의 없습니다. 따라서 우리가 세운 가설에 비판적으로 접근해야 합니다. 최대한 엄중하게 검증해, 그것이 거짓으로 증명될 여지가 있는지 확인해야 합니다.

7. 참은 객관적입니다. 참은 사실과 상응합니다.

8. 확실성은 객관적인 경우가 드뭅니다. 우리가 확실하다고 생각하는 것이 사실은 불충분한 지식에 근거를 둔 강한 믿음 또는 확신에 불과한 경우가 대부분입니다. 그러한 기분은 신뢰할 만한 근거로 뒷받침되는 경우가 거의 없기에 매우 위험합니다. 강한 신념은 우리를 독단적으로 만듭니다. 또한 근거가 없음을 무의식적으로 알면서도 스스로에게 확실성을

강요하려 애쓰는, 비이성적인 광신자로 만들기도 합니다.

9번으로 가기 전에, 잠시 다른 얘기를 하려고 합니다. 학계에 만연한 사회적 상대주의에 대해 몇 가지 할 말이 있습니다. 특히 과학연구의 방법론을 연구하기 때문에 자신이 과학 및 과학적 지식을 연구한다고 믿는 사회학자들이 무의식적으로 상대주의를 받아들이는 경우가 더러 있습니다. 이들 대다수가 객관적 진리를 믿지 않으며, 진리를 사회학적 개념으로 봅니다. 심지어 과학자였던 마이클 폴라니Michael Polanyi(1891~1976, 헝가리 출신 영국의 화학자 _옮긴이)도 전문가들, 아니면 최소한 전문가들 대다수가 진리라고 믿는 것이 곧 진리라고 생각했습니다. 그러나 종류를 막론하고 모든 과학에서 전문가들도 때로 실수를 합니다. 획기적 진보나 중대한 발견이 있을 때마다 전문가들이 틀렸음이 증명되는 셈이며, 전문가들이 기대한 것과 실제 사실, 객관적 사실이 엄연히 다르다는 것도 증명되는 것입니다(물론 그런 진보는 굉장히 드물게 일어납니다).

내가 아는 한 실수를 한 번도 저지르지 않은 과학자는 없습니다. 지금 떠오르는 위대한 과학자들만 해도 그렇습니다. 갈릴레오 갈릴레이, 케플러, 뉴턴, 아인슈타인, 다윈, 멘델, 파스퇴르, 코흐, 크릭, 심지어 힐베르트나 괴델도 예외가 아닙니다. 모든 동물뿐 아니라 모든 인간은 오류를 저지르는 불완전한 존재입니다.

그러므로 전문가는 있을 수 있어도 절대적 권위자는 있을 수 없습니다. 하지만 이는 아직 충분히 널리 받아들여지지 않은 사실입니다. 물론 오류를 범하면 안 된다는 사실은 모두 충분히 주지하고 있으며 그러지 않기 위해 최대한 노력합니다(괴델은 다른 과학자들보다 더 노력했습니다). 그럼에도 우리는 여전히 오류를 범하는, 오류를 저지를 가능성이 있는 유한한 존재입니다. 그리스 철학자들도 말했지요. "신만이 아시고 우리 인간은 추측하고 의견을 가질 뿐이다."

어찌 보면 파벌을 형성하고 시류를 좇으려는 비겁함은 우리가 오류를 범하는 불완전한 존재라는 데서 나오는 현상인지도 모릅니다. 그 때문에 대부분의 사람이 목소리가 큰 무리에 합류하려고 애쓰는 겁니다. 이는 모든 인간의 약점이며, 있어서는 안 되는 약점이라는 뜻입니다. 그러나 그런 약점은 엄연히 존재하며, 과학자들도 그러한 약점을 보입니다. 없앨 수 없는 이상 우리는 그것과 싸워야 합니다. 먼저 자신 안에서 그 약점과 싸워 이기고, 그다음에는 다른 사람들이 품고 있는 약점과 싸워야 하는 경우도 있습니다. 이렇게 주장하는 이유는 과학이 반드시 객관적 진리, 오직 사실에만 근거를 둔 진리를 얻기 위해 분투해야 한다고 믿기 때문입니다. 인간의 권위와 중재의 범위를 초월한 진리, 그리고 과학계의 유행을 초월한 절대적 진리에 근거를 둔 진리입

삶은 문제해결의 연속이다

니다. 일부 사회학자들은 이 객관성이야말로 과학이 (더불어 과학자들이) 목표로 삼아야 할 하나의 가능성이라는 걸 이해하지 못하고 있습니다. 그와 상관없이 과학은 이미 적어도 2500년간 진리를 추구해왔는데도요.

여기서 다시 출발점이었던 진화론적 지식 이론, '동물도 알 수 있다'는 평범한 명제로 돌아가 이 보잘것없는 명제에서 도출한, 혹은 명제가 암시하는 결론을 계속 살펴보도록 합시다.

9. 오직 동물만 뭔가를 알 수 있을까요? 식물들은 알 수 없는 걸까요? 내가 말하는 지식이 생물학적, 진화론적 지식임을 고려한다면 분명 기대와 그에 따른 (무의식적) 지식은 동물과 인간뿐 아니라 식물도, 나아가 모든 생명체가 가지고 있는 것입니다.

10. 나무는 땅속 더 깊이 뿌리를 내리면 자기에게 절대적으로 필요한 수분을 얻을 수 있음을 알고 있습니다. 또한 (적어도 키 큰 나무들은) 어떻게 하면 수직으로 쑥쑥 자랄 수 있는지 알고 있고요. 꽃을 피우는 식물은 때가 오면 곧 날이 따뜻해질 것을 알며, 언제 어떻게 꽃잎을 열고 닫을지 압니다. 복사열 강도 및 기온의 변화를 감지하여 개화하는 것입니다. 따라서 식물은 감각기능 혹은 지각에 해당하는 것이 있으

며 그에 따라 반응하는 셋입니다. 그 덕에, 예를 들면 꿀벌 등의 곤충을 유혹하는 법도 아는 것이고요.

11. 과일이나 잎을 떨어뜨리는 사과나무가 이 논지에 꼭 맞는 예를 보여줍니다. 나무는 계절 변화에 적응되어 있습니다. 구조적으로 내재된 생화학적 절차 덕분에 자연법칙 같은 장기적 환경 변화에 발맞출 수 있는 것입니다. 나무는 그러한 변화를 기대합니다. 변화에 민감하게 맞춰져 있어서 미리 알 수도 있습니다(모든 나무, 특히 키 큰 나무들은 중력 같은 불변 요소에도 민감하게 적응되어 있습니다). 그러나 나무는 단기적 변화 및 요소에도, 그리고 심지어 주변 환경의 사건에도 적절하고 노련하게 반응합니다. 열매꼭지나 잎사귀의 화학성분 변화가 낙과와 낙엽을 준비시킵니다. 하지만 사실 그보다는 순간적인 바람의 작용으로 떨어지는 경우가 많습니다. 단기적 혹은 일시적 사건 및 환경 변화에 적절히 반응하는 식물의 능력은 단기적 지각, 곧 감각 경험에 반응하는 동물의 능력과 유사합니다.

12. 중력이나 계절 변화 주기 등 장기적 환경 조건에 대한 적응 또는 (무의식적) 지식과 단기적 환경 변화나 사건에 대한 적응 또는 지식의 차이는 매우 흥미롭습니다. 단기적 사건은 각 생명체의 개별적 생애에서 일어나는 반면, 법칙의 성격

을 띠는 장기적 환경 조건은 수많은 세대의 진화를 거치면서 생명체들이 그에 적응해온 것입니다. 단기 적응, 그리고 환경의 단기적 사건들에 대한 지식과 반응을 좀 더 자세히 들여다보면, (바람의 특정한 방향이라든가, 동물의 왕국에서는 천적의 출현 같은) 단기적 사건에 적절히 반응하는 각 생명체의 능력이 곧 장기적 적응이며, 또한 수많은 세대를 거쳐 진행된 적응의 결과라는 것을 분명히 알 수 있습니다.

13. 한가로이 풀을 뜯는 기러기 무리에 여우 한 마리가 슬금슬금 다가갑니다. 기러기 한 마리가 여우를 발견하고 울음소리로 경고합니다. 바로 이런 상황(단기적 사건)이 동물의 눈이 목숨을 살려주는 경우에 해당합니다. 동물의 적절한 대처 능력이 눈(감각기관)의 소유 여부에 달려 있는데, 더 나아가 이 눈은 일광이 주기적으로 제공되는 (계절의 변화나 나무가 성장 방향을 알아내는 데 이용하는 중력 작용의 방향을 항시 감지할 수 있는 환경과 유사한) 환경, 천적의 위협이 존재하는 환경(즉 시각적으로 확인이 가능한, 생존에 큰 위협이 되는 대상이 존재하는 환경), 그 천적이 충분히 먼 거리에 있다고 확인될 경우 도주가 가능한 환경에 적응되어 있어야 합니다.

14. 이런 식의 모든 적응은 환경에 대한 장기적 지식의 성격을 띱니다. 조금만 생각해보면 이러한 적응, 법칙 같은 규칙성

에 대한 지식 없이는 눈을 비롯한 모든 감각기관이 쓸모가 줄어든다는 것을 알 수 있습니다. 따라서 우리는 동물의 눈이, 장기적 환경 조건에 대한 풍부한 무의식적 지식 없이는 이만큼 진화하지 못했을 것이라고 결론 내릴 수 있겠지요. 여기서 말하는 지식은 분명 눈, 그리고 그 눈의 쓰임새와 함께 진화했을 것입니다. 그럼에도 각 단계마다 지식은 어떻게든 해당 감각기관과 그 쓰임새보다 한 발 앞서 진화했을 겁니다. 감각기관의 쓰임에 필요한 기존 환경 조건에 대한 지식은 기관에 이미 내재되어 있는 걸 보면 그런 결론이 나옵니다.

15. 철학자들 그리고 심지어 과학자들마저도 우리가 가진 모든 지식이 우리의 감각기관들이 전달하는 '감각 정보'에서 비롯된다고 생각합니다. 그들은 (저명한 지식 이론가 루돌프 카르납이 그랬듯이) 어떤 경우에든 막론하고 '그것을 어떻게 아는가?'라는 질문을 '어떤 관찰 결과를 근거로 그런 주장을 하게 되었는가?'와 같은 의미로 취급합니다. 그러나 생물학적 관점에서 보면, 이런 식의 접근은 매우 잘못됐습니다.

우리의 감각기관이 뭔가를 알려주려면, 우선 우리가 선험적 지식을 가지고 있어야 합니다. 어떤 것을 보기 위해서는 무엇을 보려 하는지를 우선 알아야 합니다. 일정 거리 내

삶은 문제해결의 연속이다

에 위치하는지 여부와 그중 어떤 것은 움직일 수 있지만 어떤 것은 움직이지 못하며, 어떤 것들은 우리에게 매우 중요해서 눈에 띌 법하고 필요하면 실제로 눈에 띌 것이라는 것, 하지만 다른 것들, 즉 덜 중요한 것들은 우리 의식에 결코 포착되지 않으리라는 것 등을 알고 있어야 합니다. 중요하지 않은 것은 무의식적으로도 포착되지 않을 수 있으며, 우리의 생물학적 신체기관에 어떠한 흔적도 남기지 않을 수 있다는 것을요. 그 신체기관이 굉장히 능동적이고 선택적으로 기능해서, 그 순간 생물학적으로 중요한 것들만 능동적으로 선택해 받아들이기 때문입니다.

그러나 그렇게 하려면 신체기관이 적응이나 기대를 이용할 줄 알아야 합니다. 상황에 대한 선험적 지식, 잠재적으로 중요성을 갖는 요소들까지 포함하여 항시 이용 가능해야 한다는 뜻입니다. 그러니 이 선험적 지식은 관찰의 결과가 아닌, 오히려 시행착오에 의한 진화의 결과일 수밖에 없습니다. 따라서 눈 자체는 관찰의 결과가 아니라 시행착오에 의해 진화한 결과이며, 적응의 결과이고, 비관찰적 장기적 지식의 결과물입니다. 단기적 관찰이 아닌 환경에 대한 적응 그리고 '생이라는 과제에서 해결되어야 할 문제들'에 해당하는 상황에 대한 적응 과정에서 도출된 지식의 결과인 것입니다. 우리의 신체기관, 특히 감각기관이 순간순간의 생존에 결정적으로 중요한 도구가 되도록 만든 상황들에 적응해가면서 도출한 지식의 결과라는 말입니다.

16. 지금까지의 설명이 장기 적응과 단기 적응, 장기적 지식과 단기적 지식을 구별하고 장기적 지식의 기본 성질을 이해하는 데 도움이 됐기를 바랍니다. 장기적 지식이 단기적 혹은 관찰적 지식에 항상 선행해야 한다는 점과 장기적 지식이 오직 단기적 지식을 통해서만 습득되는 건 불가능하다는 것도 이해가 됐기를 바라고요. 더불어, 장기적 지식과 단기적 지식 모두 가설적 성질을 갖는다는 것 또한 이해됐기를 바랍니다. 두 가지 모두 비록 양상이 다르긴 하나, 추정적 지식에 불과하다는 것도요(어떤 인간 혹은 나무가 가지고 있는 중력에 대한 지식은 만일 그 인간 혹은 나무가 더 이상 속도를 내지 못하는 로켓 또는 탄도미사일에 타고 있는 상황이 되면, 심각하게 잘못된 지식이 될 것입니다). 장기적 조건들(그리고 그에 대한 지식)은 수정의 대상이 될 수 있으며, 어떤 단기적 지식도 오해로 판명될 수 있습니다.

이렇게 해서 우리는 비록 모든 형태의 인간 지식에는 해당하지 않을지 모르나, 인간을 포함한 모든 생명체에 적용되는 결정적이면서 어쩌면 가장 일반적인 명제에 이릅니다.

17. 환경적, 내부적 규칙성에 대한 모든 형태의 적응, 장기적·

단기적 상황에 대한 모든 형태의 적응은 일종의 지식입니다. 진화론적 생물학을 통해 우리가 그 중대성을 배울 수 있는 지식입니다. 추측컨대 인간의 지식 중에는 적응이나 시도된 적응의 형태가 아닌 것, 혹은 적어도 아닌 것처럼 보이는 것이 있을 수 있습니다. 단세포 생물인 아메바부터 아인슈타인까지 모든 생명체가 가진 거의 모든 형태의 지식은 그 생명체가 실질적인 생의 과제에, 혹은 훗날 닥칠지도 모를 과제에 적응하도록 도와주는 역할을 합니다.

18. 모든 생명체는 어느 정도 환경에 적응한 상태에서만 존재하며, 그래야만 실제로 생존할 수 있습니다. 따라서 우리는 지식(물론 여기서는 원시적 지식)이 우주 생명체의 역사만큼 오래됐다고 말할 수 있습니다. 지식은 38억 년도 더 전에, 세포 분열 이전의 생명체와 때를 같이하여 발생했습니다(얼마 후에는 단세포 생물도 출현했지요). 이는 지구의 기온이 약간 내려가 대기 중의 수분이 액체화한 후 일어난 일입니다. 그전까지 수분은 증기나 구름의 형태로만 존재했는데, 뜨거운 액체 상태의 물이 크고 작은 암석 분지에 고이기 시작하더니 최초의 강과 호수, 바다가 생겨난 것입니다.

19. 따라서 지식의 기원과 진화는 생의 기원 및 진화와 시기가 일치한다고 볼 수 있으며, 지구의 기원 및 진화와도 매우

밀접하게 연관됩니다. 이렇게 진화론은 지식을, 더불어 우리 인간을 우주와 결부합니다. 그러므로 지식의 문제는 곧 우주론의 문제이기도 합니다.

여기서 '동물도 지식을 가질 수 있다'는 명제에서 도출한 결론 목록을 마무리 짓겠습니다.

잠시 나의 책 『탐구의 논리』를 언급하고자 합니다. 1934년에 먼저 독일어로 출간됐고 25년 후인 1959년에 영어로 출판되었습니다. 영문판 초판본의 서두에서 나는 우주론의 문제에 매료됐음을 밝히며 이렇게 썼습니다. "그것은 세상을 이해하는 문제다. 세계의 일부로서 우리 자신과 우리의 지식을 이해하는 문제이다."

나는 지금도 진화론적 지식론을 그러한 바탕에서 보고 있습니다.

태양계가 진화하면서 지구의 기온이 충분히 냉각된 후, 지구상의 어떤 장소에서는 생의 기원과 진화에 알맞은 조건이 형성됐을 것입니다. 단세포 박테리아가 순식간에 지구를 뒤덮었겠죠. 그러나 처음에는 생존에 유리한 환경 조건이 많은 지역에 확산되지는 못했을 것입니다. 따라서 생존을 위한 투쟁이 있었을 것이라고 추측할 수 있습니다. 그럼에도 비교적 단시간에 각각 다른 환경 조건에 적응한 많은 종류의 박테리아 형태가 진화했습니다.

여기까지는 사실인 것으로 보입니다. 물론 확실한 것과는 거리

삶은 문제해결의 연속이다

가 멀지만요. 몇 가지 지질학적 발견을 가설적 수준에서 해석한 것에 불과합니다. 그런데 사실에 근접할 경우 그것은 현재 가장 널리 받아들여지고 있는 생명의 기원 이론인 소위 원시 '수프 이론'을 두 가지 이유에서 반박하게 됩니다.

첫 번째 이유는 이것입니다. 수프 이론 지지자들의 주장에 따르면, 기온이 굉장히 낮아야만 단백질이나 핵산 같은 고분자가 발생해 나중에 최초의 유기체가 형성될 수 있다는 것입니다. 기온이 아주 낮지 않으면(원시수프가 0°C 이하로 냉각되어야만 한답니다) 고분자들이 결합하는 대신 분해한다는 것입니다.

그러나 우리가 아는 한 지구에서 그 정도로 기온이 낮은 구역은 존재한 적이 없습니다. 지표면, 더구나 해수는 지금보다 훨씬 온도가 높았습니다. 오늘날에도 물이 고이는 곳이 0°C 이하로 내려가기란 매우 어렵습니다. 혹 북극 근처나 냉동고라면 모를까요.

두 번째 이유는 수프의 고분자들이 서로 결합해 저절로 하나의 살아 있는 유기체를 이룬다는 이론은 있을 법하지 않은 일입니다. 너무 가당치 않아서 조금이라도 현실성을 부여하려면 생명체의 발생에 걸리는 시간을 극도로 길게, 우리가 계산하는 우주의 나이보다 훨씬 길게 상정해야 합니다. 수프 이론 지지자 중 저명한 학자들도 이 점에는 동의합니다.

이는 문제의 가설에 대한 여지없는 반박이 됩니다. 만일 수프 이론 지지자들이 '저온'이라는 요소를 배제한다 해도, 지실학사들의 발견에 따르면 (부글부글 끓을 정도로) 뜨거운 액체의 형성과 생명체 발생 간의 시간적 간격이 놀랍도록 짧기 때문입니다. 그렇게 극도로 있을 법하지 않은 사건이 일어나기에는 너무 짧은 거죠. 수프 이론에서 극도의 고온을 상정할 수 있다고 해도요.

위의 두 가지 이유로 오늘날 지배적인 생의 기원설인 수프 이론에 대한 두 개의 반박이 성립합니다(이 외에도 여러 가지 반박이 가능하고요). 1988년에 비슷한 문제점들에 발목을 잡히지 않으면서도 기존의 가설을 대체할 이론이 발표된 것은 행운이라고 할 수 있습니다. 이 가설은 물, 철, 이산화탄소, 수황화물hydrosulfide 같은 단순 구조의 무기분자들의 존재만을 상정합니다. 최초의 대사 주기 metabolic cycle와 더불어 생명체의 최초 화학적 자기결합 이전에 유기적 고분자가 존재했다는 주장은 나오지 않습니다. 이 이론은 (당 같은) 유기분자들이 어쩌면 바다 깊은 곳에서, 용해된 상태가 아니라 황철석(황철광의 결정) 표면에 붙은 채로 어떻게 진화했을지 자세히 설명합니다. 황철석의 혐기성 구조가 세포분열 이전 최초 생명체의 구조를 이루었던 화학물질(특히 탄소화합물)에 필요한 화학 에너지를 생성했다는 것입니다.

이 새로운 생의 기원 이론은 주창자가 매우 구체적이고도 논리적으로 발전시켰으며, 다양한 생화학적 경로를 자세히 설명해주

삶은 문제해결의 연속이다

어 꽤 설득력을 갖습니다. 게다가 실험에 의해 언제든 검증이 가능하고요. 이 이론의 가장 큰 장점은 그전까지 설명이 안 되던 많은 생화학 관련 부분들을 설명해준다는 것입니다.

이 이론의 주창자인 귄터 베히터스호이저Günter Wächtershäuser는 또 다른 생화학 가설을 제시한 바 있습니다. 진화론적 지식론 그리고 우리가 지금 논하고 있는 문제들과 더 큰 관련성을 갖는 가설입니다. 빛에 민감한 기관의 발생에 대한 이론으로, 우리 눈의 진화론적 시조(始祖)를 소개한 셈입니다. 눈은 가장 중요한 감각기관이기에 이 가설은 지금 우리의 논의에서 중대한 의미를 갖습니다.

주요 논지는 이것입니다. 모종의 초기 단세포 생물, 추정컨대 어떤 박테리아가 태양빛을 화학에너지로 전환하는 아주 획기적인 방법, 즉 햇빛을 먹이로 삼아 살아가는 법을 발명해냈다는 것입니다. 이는 대담하면서도 아주 위험한 발명이었습니다. 우리가 알고 있듯이, 매우 강한 태양광선(특히 과도한 자외선)은 생물을 죽일 수도 있으니까요. 그래서 이 발명과 더불어, 그 미생물(그 전까지는 깊고 어두운 심해에서 살았을지도 모르는)에 위협이 될 수 있는 몇 가지 문제가 대두되었습니다. 베히터스호이저는 그 문제를 조목조목 지적했습니다.

첫 번째 문제는 햇빛이 어디에 있는지 알아내는 것, 그리고 그 정보를 이용해 빛 쪽으로 이동하는 것이었습니다. 이 문제는 인

산의 눈과 싶는 기능을 띠는 귄기기면, 이미 그 점에도 해당 생명체의 이동 기제를 주관했던 장치에 화학적으로 연결된 감각기관이 새롭게 발생하면서 해결됐습니다.

두 번째 문제는 자외선을 너무 많이 쬠으로써 생기는 위험을 피하는 것이었습니다. 피해를 입기 전에 제때 빛을 피해 그늘로, 추측컨대 더 깊은 심해로 이동해야 했다는 얘깁니다.

그러므로 눈의 진화라는 관점에서 보면, 가장 처음 존재했던 눈의 선조도 해당 생명체의 이동을 통제하는 기관이 되어야 했던 겁니다. 그 생명체의 양분 섭취 기제와 안전을 위한 이동 장치의 일부, 즉 위험을 피하기 위한 메커니즘의 일부가 되어야 했던 거죠. 눈은 해당 생명체가 방사열 피해를 입지 않도록, 즉 위험을 예상해 피하도록 안내하는 역할을 하게 됐습니다. 눈의 최초 기능마저 여러 가지 환경 상태 및 가능성에 대한 선험적 지식을 전제로 했던 것입니다.

베히터스호이저는 햇빛을 피하는 (그리고 추정컨대 필요할 때 햇빛으로 이동하는) 필수적 보호 조치의 발명이 눈의 시조격인 기관의 발명 그리고 그 기관과 움직임 통제기관과의 연결 방법 발명과 동반되지 않았다면, 햇빛을 먹이로 삼는 생존법이 자기파괴적 결과를 불러왔을 거라고 지적했습니다. 그렇다면 그의 이론에서 다음의 문제가 대두됩니다. 이 두 가지 위대한 발명이 어떻게 해서 서로

삶은 문제해결의 연속이다

동반되었을까?

생물학에서 진화라는 분야, 특히 가장 초기의 진화에 관심을 갖고 파고들다 보면 생이 기본적으로 화학작용의 과정이라는 사실을 끊임없이 의식하게 됩니다. 예수 그리스도가 태어나기 반세기 전 시대를 살았던 고대 그리스의 철학자 헤라클레이토스는 생이 마치 불처럼 생겼다가 사그라지는 하나의 과정이라고 말했습니다. 실제로 우리의 생은 복잡한 화학적 산화 과정과 같습니다. 지구 생명체 진화의 가장 초기, 산소가 거의 없었을 당시엔 유황이 산소의 역할을 대신했습니다. 여러분도 아시겠지만, 박테리아가 햇빛을 양분으로 하는 법을 발명한 것(이는 다시, 나중에 식물계 자생을 유발)은 지구에서의 생명체 발생에 가장 결정적이고 획기적인 변화를 초래했습니다. 바로, 대기에 산소가 생겨난 것입니다. 그렇게 해서 우리의 생존을 가능케 하는 공기가 생겨났습니다. 어디까지나 우리가 아는 생, 우리가 하는 호흡, 우리의 폐, 우리의 불을 이야기하는 겁니다. 헤라클레이토스가 옳았습니다. 우리는 불꽃과 다를 바 없습니다. 좀 더 일반적으로 표현하자면 우리는 세포와 똑같이 그냥 하나의 대사 과정에 불과합니다. 화학적 과정들의 총체, 고도로 활성화된 (에너지 짝지움이 이루어진) 화학적 경로들의 총체인 것입니다.

벨기에의 위대한 생화학자 마르셀 플로킨Marcel Florkin(1900~1979)

은 생명체 혹은 유기체의 진화는 곧 화학적 경로들 총체의 진화라는 사실을 최초로 꿰뚫어본 학자였습니다. 특정 시기 한 세포를 이루는 화학적 경로의 총체는 그때까지 남아 있는 구조에 새로운 경로(대개는 약간의 변이가 이루어집니다)가 이식되게 할 수 있습니다. 새로운 경로의 발생은 기존의 경로가 만들어낸 화학혼합물 일부가 남아 있지 않았다면 불가능했을 겁니다. 플로킨이 지적한 바처럼, 수십억 년 전 화학적 경로의 일부를 아직 가지고 있었기 때문에 훗날 세포의 화학적 경로 총체의 일부로 남아 있을 수 있었던 것입니다. 이는 플로킨이 지적한 바와 같이, 세포분열을 하는 배아의 해부적 구조에 각인되어 있는 각 해부적 경로들이 수백만 년 전 선조의 해부적 경로 일부를 그대로 간직하고 있는 것과 유사합니다. 그러므로 오늘날 남아 있는 대사 경로들은 그 진화 역사의 일부를 말해줄 수 있습니다. 프리츠 뮐러Fritz Müller(1821~1897)와 에른스트 헤켈Ernst Haeckel(1834~1919)의 '생물발생 법칙'과 유사한 이론입니다.

베히터스호이저는 플로킨이 제시한 개념을 바탕으로 두 가지 위대한 발명에서 발견된 우연성의 수수께끼를 설명할 수 있었습니다. 즉 최초의 눈 기관이 햇빛을 양분으로 삼는 법과 빛에 대한 민감성의 발명입니다. 두 가지 발명은 화학적으로 매우 밀접한 연관이 있으며, 햇빛을 양분으로 삼는 장치를 만든 경로들과 시

삶은 문제해결의 연속이다

각적 장치를 만든 경로는 구조적으로 연결되어 있다는 것입니다.

그 발명이 환경을 탐색하려는 생명체의 경향에서 비롯됐다고 추정해볼 수 있습니다. 여기서는 해수면을 향해 올라가려는 경향을 생각해볼 수 있겠네요. 추정컨대 해수면을 향해 헤엄쳐 올라간 박테리아 중 한두 개체가 우연히 화학적으로 서로 연결된 두 가지 새로운 장치를 발명하는 것이 가능한 단계로 진화했을 것입니다. 다른 많은 생명체도 대담하게 해수면 가까이로 가는 모험을 감행했겠지만 결국 햇빛에 파괴되었을 겁니다. 그런데 한 개체, 혹은 몇몇 개체가 환경에 딱 맞는 화학적 구조를 가지고 있었고 그 덕에 살아남은 겁니다. 그 개체가 해수의 최상위층을 자손 개체들이 번식하기에 좋고 먹이가 풍부한 환경으로 변화시켰고, 그 자손 세대는 산소를 한껏 발산해 대기를 변화시킨 것입니다.

우리는 여기서 다윈론의 시행착오 방법이 화학적 경로의 (부분적으로는 우연한) 변이와 합생(合生)이라는 방법으로 발현된 것을 알 수 있습니다. 현존하는 개체에서 화학적 경로들은 고도로 세분화된 촉매효소, 즉 특정 화학적 단계를 촉진하도록 설계되어 있는 화학적 수단에 의해 각 단계마다 철저히 통제되며 그 효소들은 다시 유전자에 의해 일부 통제됩니다. 그러나 현존 개체의 화학적 경로 총체에 새 효소가 적합하지 않을 경우, 유전자 변이나 새로운 효소의 합성은 화학적 경로에서 새로운 단계를 발생시키지 않습니다. 화학적 경로의 변이 혹은 합성 여부를 결정하는 것은 언제나 현존하는 화학적 경로 총체의 구조입니다. 새로운 구조를 만들어낼지 말지 그 열쇠는 또한 현존하는 경로 체계입니다. 새로운 구조를 만들기로 결정되면 그에 알맞은 효소가 아직 준비돼 있지 않을 경우 곧 준비됩니다. 어떤 경우에는 잠재적 단계들 중 어떤 것을 발현시킬지 결정함으로써 그 종의 진화를 결정합니다(어떤 단계는 더디게 진화로 이어지고, 또 어떤 단계를 선택하면 다음 단계들이 연속해서 순식간에 이루어지기도 합니다. 두 경우 모두 자연선택의 일종이기에 다윈의 진화론에 부합합니다. 명백한 속도 차이는 화학적 성분의 차이로 설명될 수 있습니다).

그럼, 지금까지 설명한 이론을 바탕으로 지식 이론에서 어떤 교훈을 얻을 수 있는지 이야기해보겠습니다.

가장 중요한 결론은, 약간의 과장을 더해 다음과 같이 표현해 볼 수 있습니다. 가장 원시적인 생명체를 놓고 봐도, 혹은 가장 원시적인 형태의 자극 감응성을 놓고 보더라도, 모든 것은 해당 생명체(구조, 상태, 활동성)에게 오롯이 달렸습니다. 나아가 '일시적 환경 상태에 대한 자극 감응성을 통해 환경으로부터 지식을 습득하는 문제'로 논의를 한정한다 해도, 모든 건 그 생물 개체의 상태, 장기적 구조, 준비된 문제해결 능력 수준, 활동력의 정도에 달렸다는 것입니다.

삶은 문제해결의 연속이다

대략적으로 설명한 이 개념을 좀 더 확장하기 위해서는 칸트 철학에서 선험적 그리고 후험적이라는 용어가 어떻게 쓰이는지 알면 도움이 될 겁니다. 칸트 철학에서 선험적 지식이란 감각기관의 관찰 이전에prior 습득되는 지식을 뜻하며, 후험적 지식이란 감각기관을 통한 관찰 이후에posterior 습득되는 지식을 뜻합니다. 나는 '선험적'과 '후험적'이라는 용어를 이와 같이 시간적 의미 또는 역사적 의미로만 사용하려고 합니다(칸트는 선험적이라는 용어를 관찰에 선행한다는 의미뿐 아니라 '선험적으로 타당한'이라는 뜻으로도 사용했는데, 이는 그 지식이 반드시 혹은 확실히 참임을 뜻한다는 의미입니다. 나는 지식의 불확실성과 가설의 성격을 강조하고 있으므로, 당연히 칸트의 용어 사용을 따르지 않을 겁니다). 따라서 나는 '선험적'이라는 용어를 한 생명체가 감각 경험 이전에 갖게 되는, 오류의 가능성이 있으며 추측의 성질을 띠는 지식을 칭하는 데 사용하겠습니다. 한마디로 선천적 지식을 말하는 겁니다. 그리고 '후험적'이라는 용어는 환경의 일시적 변화들에 대한 자극 감응성을 통해 습득한 지식을 뜻하는 용어로 사용하겠습니다.

이렇게 내가 수정한 대로 칸트 철학 용어를 사용하면, 칸트의 입장은 (당시로서는 매우 획기적이었는데) 다음과 같다고 정리할 수 있습니다.

(A) 대부분의 세부적 지식, 일시적 환경 상태에 대한 지식은 후험적인 것입니다.

(B) 그러나 그러한 후험적 지식은 우리가 관찰을 통해 후험적 지식을 습득하기 전에 반드시 갖고 있어야 하는 선험적 지식 없이는 존재할 수 없습니다. 선험적 지식 없이는 우리의 감각기관들이 말해주는 것들은 아무 의미가 없습니다. 우리는 반드시 기준이 될 대략적 틀을 먼저 세워놓아야 합니다. 그러지 않으면 감각 정보들을 이해하는 데 필요한 맥락이 전혀 없는 것이 되니까요.

(C) 이러한 선험적 지식에는 특히 공간과 시간의 구조(공간적·시간적 관계)에 대한 지식, 그리고 인과성(인과적 관계들)에 대한 지식이 포함됩니다.

나는 (A)부터 (C)까지 칸트가 전적으로 옳다고 생각합니다(덧붙여, 나는 이 이론에서 쇼펜하우어 외에 진정한 칸트의 후계자는 없다고 생각합니다). 내가 생각하기에 칸트는 이미 진화론적 지식론에서 가장 중요한 결론들을 모두 도출했습니다.

그런데 나는 칸트보다 몇 수 더 나아가 보려고 합니다. 나는 모든 생명체가 가진 지식의 한 99퍼센트가량이 타고난 지식, 우리의 생화학적 구조에 편입되어 있는 지식이라고 생각합니다. 그리고 칸트가 후험적이며 감각을 통해 우리에게 '주어진 데이터'라고 본 지식의 99퍼센트는 사실 후험적이 아니라 선험적인 지식이라

삶은 문제해결의 연속이다

고 생각합니다. 왜냐하면 우리의 감각은 (칸트 자신도 확인했듯) 우리 스스로 떠올린 질문, 우리가 선험적으로 품거나 묻는 질문, 때로는 매우 복잡한 질문들에 오직 '예-아니오'로만 답할 수 있기 때문입니다. 게다가 그 '예-아니오'의 답도 우리 자신에 의해 해석되어야 하고요. 즉 우리가 선험적으로 획득해 가지고 있던 관념들에 비추어 우리 스스로 해석해야 하는 겁니다.

그러므로 우리가 가진 모든 지식은 가설적입니다. 일부 미지의 상태로 남아 있는 환경에 대한 적응이라고 할 수 있습니다. 때로는 성공하고 때로는 실패하는, 예행과 불가피한 오류 그리고 오류 제거의 결과인 것입니다. 생명체의 유전자적 구조에 이식되어 있는 오류 중 어떤 것은 그 오류의 실행자, 즉 해당 개체를 제거함으로써 제거됩니다. 그러나 어떤 오류들은 제거를 피하는데, 이것이 우리 모두 오류를 저지르는 존재일 수밖에 없는 이유입니다. 환경에 대한 우리의 적응은 결코 최적 상태가 아니며, 언제나 불완전합니다. 개구리는 먹이인 파리가 움직일 때만 그것을 볼 수 있도록 선험적으로 설계돼 있습니다. 파리가 가만히 있으면 아무리 가까이 있어도 개구리는 보지 못합니다. 이렇듯 개구리의 적응은 불완전합니다.

모든 생명체와 그 생명체의 신체기관은 환경에 대한 기대들을 자기에게 통합시킵니다. 그런데 그 기대라는 것은 앞서 확인했듯이 우리가 세우는 이론과 상통합니다. 내 깡아지의 코가 내 코와 상동관계인 것과 같습니다. 따라서 나는 적응과 기대가 넓게 보면 우리가 내놓는 과학적 이론들과도 상동한다(그리고 그 반대도 성립하여, 과학적 이론이 적응 및 기대와 상동한다)고 말하겠습니다. 그런데 이론은 대개 평가를 동반합니다. 어떤 단세포 생물은 빛이나 열 또는 산성acidity에 대한 자극 감응성을 가지고 있기에 그것들이 너무 많거나 너무 적은 환경으로부터 벗어날 수 있을 것입니다. 그 생명체의 구조가 '이 물은 위험하다. 너무 뜨겁거나 너무 차가울지 모른다. 혹은 산성이 지나치게 높거나 지나치게 낮을지도 모른다'라는 식의 가설을 자기 구조 안에 통합할지 모른다는 겁니다. 분명한 건, 그러한 평가 능력은 해당 생명체가 행동을 *취할* 경우에만 진화한다는 겁니다. 여기서는 위험을 감지하고 그 환경에서 벗어나는 행동을 말하겠지요. 문제와 가치평가, 행동은 동반 진화한다는 얘기입니다.

나는 앞서 눈의 기원에 대해 이야기했습니다. 이제 우리는 눈의 발명이 환경에 대한 새로운 발견, 새로운 가설, 새로운 지식뿐 아니라 새로운 가치에 대한 가능성마저 자기 구조에 통합한다고 말할 수 있습니다. 새로운 화학물질 합성을 성공시켰을 뿐 아니라, 다른 수백만 개체가 사멸한 뒤에도 해수면 가까이 떠올라 살아남은 최초의 박테리아 개체는 그 생존 자체로 하나의 적응 문

삶은 문제해결의 연속이다

제를 풀었음을 증명해 보인 셈입니다. 그리고 문제를 해결하는 과정에서 그 개체는 새로운 가치들에 대한 새로운 가설 하나를 내놓은 셈이고요. 최초의 눈 발명이 그 생물의 구조에 통합되었고 그럼으로써 유전이 가능한 새로운 지식, 즉 새로운 선험적 지식에도 통합된 셈입니다.

이 엄청난 변화에서, 눈이 해당 개체에 전달하는 일시적 신호는 그 자체만으로는 상대적으로 중요도가 낮았습니다. 그런 신호들은 신호를 받는 개체의 상태와 결합했을 때 비로소 중요해졌습니다. 음식 섭취가 필요한 상태를 예로 들 수 있겠지요. 그때 눈은 개체가 파괴되지 않고도 햇빛을 양분으로 섭취할 수 있도록 도와줬을 겁니다. 그런데 우리가 '데이터'라고 불러도 무방한 그 신호들은 감지될 필요조차 없습니다. 실제 행동으로 이어지는 건 해석된 신호들이거든요(여기서 해석은 행동의 일부입니다). 신호뿐 아니라 유리한 점 및 위험 요소에 대한 새로운 가설의 평가도 마찬가지입니다. 객관적 '데이터'가 아니라 유기체의 선험적 구조의 도움으로 습득하고 해석한 유인 신호와 경고 신호가 중요하다는 겁니다.

우리는 박테리아의 경우에서도 이론 혹은 가설이 신호, 즉 '감각'에 선행한다는 것을 확인했습니다. 가설이 특히 과학에서, 일부 과학자들이 지금까지 '데이터'라 부르는 것에 선행한다는 것을 여기서 굳이 강조할 필요는 없겠지요. '데이터'라는 명명이 잘못된 건 그것이 우리에게 주어지는 것이 아니라, 능동적으로 (그리고 때로는 엄청난 위험을 감수하고) 탐색해서 획득하는 것이기 때문입니다.

과학에서 관찰(혹은 '데이터')은 하나의 과학 이론을 포기하고 그에 따라 새로운 시험적 이론을 내놓도록 유도합니다. 즉 새로운 시행으로 이끄는 겁니다. 그러나 새로운 이론은 우리가 내놓은 생산물, 우리의 생각, 우리의 발명입니다. 그런데 사실 새로운 이론은 다수의 사람이 제시하는 경우가 매우 드뭅니다. 기존 학설의 반박에 동조하는 사람이 많은 경우에도요. 새로운 이론을 내놓는 소수의 사람은 바로 새로운 문제를 파악한 이들입니다. 새로운 문제를 인식하는 게 새로운 이론을 만드는 과정에서 가장 어려운 단계입니다.

눈의 발명은 고로 새로운 이론의 선험적 지식, 환경 적응에 대한 새로운 선험적 지식의 발명입니다. 눈의 발명은 애초에 장기적 환경 구조, 구체적으로 말하면 잠재적으로 섭취 가능한 태양광의 존재에 대한 적응이었습니다. 이 환경에 대한 지식을 스스로에게 통합한 것입니다. 이는 고차원적 보편성을 띠는 이론 지식으로, 칸트 철학의 시·공간 이론과 거의 비슷합니다. 일시적 '관찰'의 가능성을, 더 정확히 말해 일시적 환경 상태에 대한 적응의 가능성을 제기하니까요. 그러한 지식은 해당 개체에게서 유인

삶은 문제해결의 연속이다

혹은 혐오 반응을 유도하며, 환경에 맞춰 준비된 행동을 취할 수 있게 합니다. 그러므로 매우 보편적인 이론을 만들어내는 것(이 경우엔 감각기관의 발명)은 관찰(그 감각기관의 사용)에 선행한다고 볼 수 있습니다. 바로 그 감각기관의 발명이 관찰을 가능하게 하며, 해당 개체가 실행 가능한 일련의 행동을 제시하니까요. 그러므로 지극히 보편적인 이론의 발명 자체가 시행착오를 통해 발견한 하나의 적응인 셈입니다. 이론이 (과학 이론이든 다른 이론이든) 곧 시행이자 발명인 것입니다. 수많은 관찰의 결과가 아니며, 엄청난 양의 데이터에서 도출된 것이 아니란 얘깁니다.

분명 최초 눈의 발명은 대단한 업적이었습니다. 최초 형태에서 많은 부분이 보존되었고, 또 많은 부분이 진화했습니다. 그러나 우리는 다른 동물들과 마찬가지로 햇빛을 양분으로 삼을 수 있다는 사실과 양분으로 삼는 방법을 잊어버렸습니다. 그리고 오늘날까지도 그 지식을 회복하지 못하고 있습니다.

여러분, 나는 과학을 사랑하며 과학이 인류가 깨우친 상식이라고 믿는 사람 중 하나입니다. 심지어 우리가 깨우친 지식은 박테리아 수준의 상식에 불과하다고도 생각합니다! 이는 분명 상식과 충돌하는 견해임을 인정합니다. 그러나 이것을 깨우친 상식과 충돌하는 견해로 볼 필요는 없다는 것이 오늘 강연에서 충분히 전달됐기를 바랍니다. 나는 오늘 이 자리에서 정통적 경험주의를 반박했다고 생각합니다. 정통적 경험주의란 우리가 단지 눈을 뜨고 감각기관을 통해 주어진, 혹은 신으로부터 주어진 '데이터'가 두뇌로 저절로 쏟아져 들어와 뇌가 그것을 소화하게 내버려 둠으로써 지식을 습득한다는 '양동이 이론'을 말하는 것입니다.

크리스토퍼 이셔우드Christopher Isherwood(1904~1986, 미국의 소설가 _옮긴이)는 『나는 사진기다I am a Camera』라는 책 제목으로 그와 같은 관점을 표현했습니다. 그러나 그는 이 제목을 정했을 때 사진기도 선험적으로 내재된 구조가 있음을 간과하고 말았습니다. 원시적 형태의 사진기가 있으며 놀라울 만큼 진화한 사진기가 있다는 것, 그리고 조악한 사진기라면 아무것도 포착하지 못할 정도의 나쁜 조명에서 좋은 사진기는 완벽한 사진을 찍어 우리가 원하는 것을 온전히 보여줄 수 있다는 점을요. 좋은 사진기는 환경에 더 잘 적응했을 뿐 아니라 우리의 요구와 문제들에도 더 잘 적응한 사진기입니다. 우리가 사진기를 진화시키면서 함께 진화시킨 특정 가치들을 구조적으로 스스로에게 통합해둔 것입니다. 그러나 그렇게 좋은 사진기도 하지 못하는 것들이 있습니다. 예를 들면, 스스로 개선될 수는 없습니다. 새로운 문제나 새로운 시험적 해법을 발명해낼 수도 없고요.

모든 생명체는 문제 발견자이면서 동시에 문제해결자입니다. 그리고 모든 문제해결에는 평가가, 또 그와 더불어 가치가 개입

삶은 문제해결의 연속이다

됩니다. 생명과 동반해서만 문제와 가치는 세상에 소개될 수 있습니다. 이와 관련하여 나는 컴퓨터가 결코 중대한 새로운 문제나 새로운 가치를 만들어내지 못할 거라고 봅니다.

우리가 만들어낸 이러한 새로운 가치들 가운데 두 가지가 지식의 진화에서 가장 중요하다고 봅니다. 하나는 자기비판적 태도입니다. 우리 모두 자기비판 앞에 부끄럽지 않도록 스스로를 가꿔나가야 합니다. 다른 하나는 진리(참)입니다. 우리는 늘 진리 앞에 부끄럽지 않은 이론만을 추구해야 합니다.

먼저 언급한 자기비판적 태도는 처음에 생명체의 특정한 객관적 산물들과 함께 세상에 등장합니다. 거미줄이나 새의 둥지, 비버의 댐 같은 수리나 개선이 가능한 산물들을 말하는 겁니다. 그런데 자기비판 태도의 발생은 그보다 더 중대한 것의 출발점이 됩니다. 바로, 비판적 접근법입니다. 객관적 진리를 추구하는 데 결정적인 접근법입니다(나는 런던경제대학 창설자들이 댐을 수리하는 비버를 학교 상징으로 택하도록 영감을 준 것이 바로 이 비판적 태도였기를 바랍니다).

자기비판적 태도와 객관적 진리, 이 두 가치는 인간 정신의 최초 산물이자 가장 중요한 산물인 인간 언어와 동반해서만 세상에 개입됩니다. 언어는 우리가 세운 이론을 비판적 시각으로 보게 해주고, 그 이론들을 외부에 존재하는 객체로, 즉 우리가 다른 존재들과 공유하는 외부 세계에 속하는 대상으로 볼 수 있게 해줍니다. 이론은 비버의 댐처럼, 비판의 대상이 됩니다. 그러면 우리는 가장 중요한 가치인 사실과의 일치성, 곧 진리에 비추어 그것을 수정할 수 있습니다.

나는 아메바와 아인슈타인 사이에는 단 한 단계의 차이만 존재한다고 반복해서 말했습니다. 둘 다 시행착오 방법을 사용하는데, 아메바는 오류를 틀림없이 싫어할 겁니다. 오류가 제거되면함께 사멸하니까요. 그러나 아인슈타인은 오직 실수를 통해서만학습할 수 있음을 알고 있으며, 그래서 새로운 오류를 포착하고그 오류를 이론에서 제거하기 위해 새로운 시행을 감행하는 것을주저하지 않습니다. 아메바는 취할 수 없으나 아인슈타인은 취할 수 있는 그 단계는 바로 비판적인 자세, 그것도 자기비판적 자세입니다. 비판적 접근법은 인간의 언어가 우리에게 남겨준 산물가운데 최고의 미덕입니다. 나는 그것이 이 땅의 평화도 가능하게 해줄 것이라고 믿습니다.

화가이자 과학자였던 알브레히트 뒤러의 말을 인용하면서 강연을 마치겠습니다.

"나는 내가 지금까지 배운 보잘 것 없는 지식이 계속 발전하여훗날 나보다 나은 누군가가 진리를 발견하도록, 그럼으로써 나의오류를 증명하고 반박하도록 할 것이다. 그 진리가 밝혀지는 데내가 하나의 수단이 되었음에 기뻐할 것이다."

삶은 문제해결의 연속이다

케플러의 태양계 형이상학론 및 경험적 비판론[12]

어제(1986년 11월 7일, 케플러 사망 356년 주기 8일 전)는 케플러와 관련된 또 하나의 의미 있는 날이었습니다. 1631년 11월 7일은 피에르 가상디Pierre Gassendi(1592~1655, 프랑스의 철학자·물리학자·수학자 _옮긴이)가 수성이 태양 앞을 지나가는 것을 관측해 그 사실을 확인한 날이거 든요. 케플러가 2년 전 예측한 현상이었지요. 안타깝게도 케플러 는 자신의 새로운 행성 이론에 대한 최초의 경험적 확증을 목격하

---

12 1986년 11월 8일 린츠에서 한 강연을 수정·보완한 원고
   Revised form of a lecture given on 8 November 1986 in Linz. First published in Wege der Vernunft, FestschriftZUlllsiebzigsten Geburtstag von Hans A/bert, ed. by Alfred Bohnen and Alan Musgrave, J. e. B. Mohr/Paul Siebeck, Tiibingen, 1991

지 못했습니다. 59세 생일을 며칠 앞두고 세상을 떠났거든요.

우선 내가 케플러 이론의 전문가가 아님을 밝혀야겠습니다. 그의 열광적 지지자이자 신봉자에 지나지 않습니다. 그에 대한 지지 열정을 끓게 한 건 특히 『신천문학Astronomia Nova』에서 뚜렷이 드러나는, 진리를 향한 그의 넘치는 애정과 끊임없는 탐구입니다. 그의 연구 전체에 생기를 더한 것은 물론 『우주의 조화 Harmonices Mundi』에서는 성숙한 수준에 이른 창조적 형이상학도 한몫했고요.

오늘 나는 두 가지 이야기를 짧게 하려고 합니다. 첫째는 케플러의 형이상학과 내가 그의 추종자가 된 이유(물론 가설적, 실험적 측면에서)에 대한 설명입니다. 둘째는 형이상학이 주를 이루는 그의 과학적 방법론에 내가 왜 동조하는지에 대한 이야기입니다.

그럼, 케플러의 형이상학으로 문을 열어볼까요. 모든 진정한 과학자와 진리 추구자와 마찬가지로, 케플러도 현상 뒤에 숨겨진 실재를 추구하고 있습니다. 가설적 실재는 현상을 설명하기 위한 것이니까요. 또한 모든 진리 탐구자와 마찬가지로 케플러도 많은 실수를 합니다. 그러나 그는 자신의 실수에서 배울 줄 아는 흔치 않은 사람이었습니다.

현상 뒤에 감춰진 실재를 탐구하려는 케플러의 동기를 자극한 것은 피타고라스학파와 음악에 대한 관심이었습니다. 그는 우

삶은 문제해결의 연속이다

주가 아름다운 선율로 이루어져 있으며, 그 소리는 화음과 공명 뿐 아니라 불협화음 그리고 그것들이 만들어내는 궁극의 울림으로 인해 하나의 음악으로 연주된다고 생각했습니다. 그것은 천상의 심포니, 신이 빚은 작품이고 궁극의 아름다움이라고요. 이러한 믿음으로 케플러는 굴하지 않고 진리를 탐구합니다. 그는 진리는 반드시 아름다워야 하며, 이 세상의 것이 아닌 아름다움의 실재를 드러내야 한다고 믿었습니다. 케플러는 그러한 실재(실재에 근접한 것이 아닌, 정확히 존재하는 그대로의 실재)를 발견하고자 했습니다.

그가 가상의 궤도에서의 미세한 편차, 티코 브라헤Tycho Brahe (1546~1601, 덴마크의 천문학자, 케플러의 스승이었다. _옮긴이)의 관측으로부터 계산된 호의 8분(1도의 7분의 1이 채 안 되는)의 편차를 그렇게 심각하게 받아들인 건 진리에 대한 열정 때문이었습니다. 케플러가 발견한 이 8분 편차가 모든 것을 바꿔놓았습니다. 뉴턴의 역학 그리고 그 뒤를 이은 현대 물리학 전체가 좌우됐다고 봐도 좋습니다. 그 편차는 케플러의 진실을 향한 애정과 그의 형이상학이 도저히 받아들일 수 없는 불협화음이었고, 그래서 반드시 해결해야 하는 숙제였습니다. 그러려면 형이상학의 이론 체계가 필요했지요. 불협화음을 해결하려는 노력은 그의 가장 원숙한 저작인『우주의 조화』에서 절정을 이루었습니다. 뉴턴의 고전물리학뿐만 아니라 파동역학도 궁극적으로 이 8분 편차와 케플러의 피타고라스 형이

상학 사이의 긴장에서 비롯되었다고 볼 수 있습니다. 원자론이
기원전 5세기경 레우키포스Leucippus(고대 그리스의 철학자, 원자론의 창시
자 _옮긴이)와 데모크리토스Democritus(고대 그리스의 자연철학자로, 레우키포
스의 제자이며 원자론을 완성시켰다. _옮긴이)가 제시한 고대 그리스 철학의
형태로 시작하여 기원후 19세기와 20세기에 이르러서야 과학의
지위를 획득한 것처럼, 케플러의『우주의 조화』에 담긴 이론도 드
브로이Louis de Broglie(1892~1987, 물질 파동설을 주장한 프랑스의 물리학자 _옮긴
이)와 슈뢰딩거의 이론과 결합한 후 비로소 과학의 지위를 획득했
습니다. 사실 슈뢰딩거의 파동역학은 방사상 기하광학에서 파동
광학으로의 변환을 거치고, 물질 이론, 소립자 이론으로의 전환
을 시도합니다. 파동광학은 또 음악 이론, 음향의 진동과 파동, 공
명과 불협화음 이론에 기원을 두고 있고요. 그런데 이 음악 이론
에서 케플러와 그의 조화 법칙(거슬러 올라가면 결국 피타고라스의 음계 이
론)이 결정적 역할을 하고 있습니다.[13]

그렇다면 케플러는 슈뢰딩거가 제시한 파동역학의 초기 단계에
서 중요한 역할을 한 것입니다. 여기서 그치지 않습니다. 슈뢰딩거
보다 앞선 수많은 학자 가운데 우주를 하나로 결합시키는 것이 화

---

13 케플러의 음악 이론에 대해 알고 싶다면 H. F. Cohen의 『Quantifying Music』(D. Reidel,
   Dordrecht, Lancaster, 1984)을 읽어보기를 권합니다.

삶은 문제해결의 연속이다

음(공명)임을 꿰뚫어본 사람은 오직 케플러뿐이었습니다. 슈뢰딩거의 파동역학에서 도출되는 가장 중요한 결과는 공명이 원자와 분자, 특히 DNA의 거대분자들을 응집시킨다는 것입니다.

아인슈타인과 드 브로이 그리고 드 브로이의 제자들이 추측했듯이, 텅 비어 물질이 없는 드 브로이파de Broglie wave(입자 물질이 파동성을 갖는 양상을 말하며, 물질파라고도 한다. _옮긴이)라는 것이 진짜 존재합니다. 이는 오스트리아의 실험물리학자 헬무트 라우흐Helmut Rauch 박사에 의해 확인된 것으로 보입니다. 적어도 이 문제에서 가장 중요한 중성자의 파동성에 한해서는요. 그렇다면 힘에 관한 뉴턴의 이론과 패러데이 그리고 맥스웰의 장(전자기장 이론)이래 우리가 알고 있었던 사실이 확인된 셈입니다. 물리적 힘을 갖지만 비물질적인(즉 비물질적이면서 물리적인), 그러나 물질과 가장 밀접한 상호작용을 하는 구조가 존재한다는 증거 말입니다.

나는 입자와 파동의 상보성을 주장하는 닐스 보어의 이론에 반대하는 입장입니다. 그것은 '그 자체로 존재하는' 미지의 대상이 입자 혹은 파동의 상태로 존재하는데 두 상태가 양립할 수는 없다는 이론입니다(이 이론은 다른 것도 아니고 보어 자신이 즐겨 응용하던 이중슬릿 모의실험(양자역학에서 물질의 파동성과 입자성을 구분하는 실험. 물질이 두 개의 미세한 구멍을 통과하는지 관찰하여 파동인지 입자인지 구분한다. _옮긴이) 으로 반박됩니다. 이 실험에서 배분되면서 파동의 특성을 갖는 입자가 나타났습니다). 나는 드 브로

이의 파일럿파pilot wave 이론을 지지합니다. 훨씬 너 단순한 이 기설에 따르면, 물질은 입자이면서 동시에 파동으로 존재할 수 있습니다. 비물질적 파동은 진폭에 의해 확률적 경향tendencies(나는 특성propensities이라고 칭합니다)이 결정되는데, 이 파동이 물질적 입자의 특성을 좌우할 수 있습니다.[14]

이는 케플러의 이론에서와 마찬가지로, 우주를 지배하는 것이 공명(나아가 화음과 불협화음)임을 의미합니다. 나는 몇 년 전, 구체적으로는 존 에클스 경과 공동으로 『자아와 두뇌The Self and Its Brain』[15]를 저술하던 무렵, 인간의 정신이 뇌의 파동 작용이라고 설명되는 극도로 복잡하고 끊임없이 변하는 기질 체계로 가정하면 육체와 정신의 관계 문제를 푸는 게 가능하다는 형이상학 가설을 파고든 적이 있습니다. 그 가설은 플라톤의 『파이돈』에 나오는 유명한 심미아스(피타고라스학파 학자 중 한 사람으로, 소크라테스의 친구이기도 했다._옮긴이)의 주장, 즉 육체가 만들어내는 조화가 곧 정신이라는 피타고라스학파 이론을 확장하려는 시도로 봐도 좋을 것입니다.

이 강연을 듣고 있는 사람들 중에 내가 케플러의 형이상학적

---

14 나의 책 『Logic of Scientific Discovery』(Routledge, London, 1959. 초판은 1934년 독일판), 『Quantum Theory and the Schism in Physics』(Hutchinson, London, 1982) 그리고 『World of Propensities』(Thoemmes, Bristol, 1990)를 참고하십시오.

15 Karl Popper & John Eccles, 『The Self and Its Brain』(Routledge, London, 1983, 초판은 1977년 Spinger Verlag, Berlin 발행)

가설을 열광적으로 받아들이는 것에 놀라고, 어쩌면 화를 낼 사람도 있을 것이라고 봅니다. 전형적인 비엔나학파 실증주의자, 형이상학의 적이라는 꼬리표가 오랫동안 내게 따라다녔으니 말입니다. 바로 몇 년 전, 한 미국 출신 정신분석학자 겸 뇌 연구자는 이런 말까지 했습니다. "포퍼는 감각기능을 강조하는 마흐의 이론과 그 뒤를 잇는 비엔나학파 실증철학의 가장 영향력 있는 승계자다. (칼 H. 프리브람Karl H. Pribram, 존 에클스의 『정신과 두뇌Mind and Brain』, 1984 인용)." 그렇다면 내가 기회주의자처럼 실증주의에서 형이상학에 우호적인 입장으로 전향한 것을 늙은이의 어리석음이라고 생각하는 사람도 있겠지요.

늙은이의 어리석음이라는 진단은 어쩌면 맞을지도 모르나, 내가 입장을 바꿨다는 주장은 틀렸습니다. 왜냐하면 내가 1933년 과학철학을 주제로 처음 발표한 논문에서, 그리고 이후로도 기회가 있을 때마다 자연과학이 역사적으로 일종의 형이상학적 개념들의 침전물로서 발생했다는 실증주의(그리고 실증주의 학회지 『인식Erkenntnis』)에 반대하는 입장임을 재차 강조해왔으니까요. 지금도 그렇지만 당시에도 레우키포스와 데모크리토스의 원자론을 염두에 두고 있었습니다. 내가 『과학 발견의 논리Logik der Forschung』를 발표한 1933년에 나온 그 논문은 겨우 두어 쪽 분량이었습니다. 그렇기에 가장 중요하다고 생각되는 몇 가지 개념만 논할 수 있었지요. 그 개념이란, 첫째는 슐리크와 비트겐슈타인의 철학에 대한 반증이고, 둘째는 과학 이론들이 역사적으로 보통 형이상학에서 비롯되며 반증 가능한 침전물이라는 점에서 형이상학과 다르다는 논제였습니다.

나의 방법론은 대체로 자연과학이 현상 뒤에 숨은 실재를 찾아내는 학문이라는 깨달음, 우리가 아무것도 모를 때는 케플러가 그랬듯이 추측을 해야 한다는 깨달음, 나아가 케플러가 그랬듯 검증 가능한 우리의 가설을 경험이라는 엄중한 시험대에 올려놓고자 한다면 그 가설은 더 이상 형이상학적 가설이 아니라 우리가 실수에서 배우게 해주는 과학적 가설이 된다는 깨달음에 기반을 두고 있습니다. 케플러도 그걸 알기에 자신의 실수를 제거하고, 실수로부터 배운 것입니다. 그는 자신의 이론을 티코 브라헤의 관측 결과와 비교해서 가장 중대한 오류(오래된 도그마였던 천체의 원형 궤도 가설)를 발견했습니다.

케플러는 이런저런 가설을 반증하는 것이 곧 자신이 하고 있는 일이라고 여러 차례 말했습니다. 자신이 어떤 가설을 세웠다가 티코 브라헤의 관측 결과로 인해 반증됐고, 때문에 새 가설을 세워 검증받아야 했던 사실을 여러 차례 입에 올렸습니다.

그렇게 해서 그는 원형 궤도설의 논박, 혹은 반증에 이르게 된 것입니다. 그렇게, 그가 논박이라고 꼭 집어 지칭한 여러 차례

삶은 문제해결의 연속이다

의 논박을 거친 끝에 타원형 궤도 가설을 내놓기에 이르렀습니다. 정식 이론으로 발표한 건 『신천문학』에서도, 10년 후 『우주의 조화』에서도 아닌, '코페르니쿠스 천문학 입문서'라 할 수 있는 1620년 출간작 『코페르니쿠스 천문학 개요The Epitome of Copernican Astronomy and Harmonies of the World』에서였습니다.

케플러가 케플러 법칙 중 첫 번째와 두 번째 법칙을 별로 중요시하지 않았다는 지적이 종종 제기되었습니다. 왜 그랬을까요? 케플러는 천계의 역학, 진리, 현상 뒤에 숨은 실재를 찾기를 원했습니다. 그는 그저 더 나은 기술(記述)이 아닌 인과적 설명, 천계의 물리 법칙을 구하고자 했습니다. 뉴턴이 약 60년 후에 실제로 이룬 그것을 손에 넣고자 했습니다. 그리고 그는 자신이 아직 그것에 도달하지 못했음을 알고 있었습니다.

무엇이 그의 발목을 잡았을까요? 그는 직관적으로 적분은 이해했지만 미분까지는 터득하지 못했습니다. 물체가 서로 끌어당기거나 밀어낸다는 것, 태양에서 나오는 엄청난 힘이 행성운동을 설명해주는 원동력이라는 것은 이해했습니다. 그러나 물체 움직임의 원인과 실제로 그 물체의 운동 상태 변화를 초래하는 요인의 미묘한 차이는 파악하지 못했습니다. 그것이 현상 뒤 원인, 케플러의 법칙 뒤에 숨은 원인들을 밝혀내는 문제에서 케플러식 접근과 뉴턴식 접근의 차이였습니다. 이는 케플러에게 조화의 원인을 언젠가 찾을 수 있을 거라는 희망을 주었지요.

나는 아르놀트 조머펠트Arnold Sommerfeld(1968~1951, 독일의 물리학자_옮긴이)가 양자역학과 케플러의 조화 이론의 연관성을 이미 파악했다는 사실을 에르하르트 외저Erhard Oeser가 얘기해줘서 알았습니다. 처음 듣는 얘기였죠. 그러나 외저에게는 물론 고맙지만, 이 정보는 너무 늦게 알아서 이 문제를 나의 논지에 접목하긴 어려웠습니다.

요약하면 이렇습니다. 케플러는 사람들이 종종 치부하듯, 반쯤 터무니없는 소리로 들리는 원시적인 중세 형이상학을 '현대의 과학적 귀납법'과 결합한 사람이 아니었습니다. 뉴턴은 케플러가 그의 세 가지 법칙을 티코 브라헤의 관측 결과로부터 귀납적으로 도출했다고 잘못 믿었습니다. 케플러는 다른 과학자들처럼 직관에 따라, 그리고 시행(가설)과 착오(경험적 논박)를 거쳐 결론에 이르렀습니다. 그리고 새로운 진리를 추구하고 발견하려는 다른 과학자들과 마찬가지로, 케플러도 자신의 실수에서 배울 줄 아는 한 명의 형이상학자였습니다. 실수에서 배운다는 건 그에게는 매우 명백한 사실이었습니다. 오늘날의 많은 과학자가 그것을 간과하는 것과 사뭇 대조되지요.

직관 없이는 그 어떤 진일보도 없습니다. 대부분의 직관이 틀린 것으로 드러난다고 해도요. 우리에겐 직관과 아이디어, 가능

삶은 문제해결의 연속이다

하면 서로 상반되는 아이디어들이 필요합니다. 또한 그 아이디어들이 어떻게 하면 비판받고 개선되고 엄중하게 검증받을 수 있을지에 대한 아이디어도 필요하고요. 그 아이디어들이 논박당하는 그날까지(아니, 그 이후로도 쭉), 우리는 진위가 의심되는 아이디어들을 가지고 계속 연구해나가는 수밖에 없습니다. 최고로 뛰어난 아이디어도 의심을 품을 여지가 있게 마련이니까요.

2부

KARL
POPPER

역사와 정치에 관한 고찰

자유에 대하여[16]

I

우리는 오스트리아와 스위스, 프랑스령 알프스의 인류 정착 역사에 대해 거의 아는 바가 없습니다. 그 지역의 정착 역사는 고대까지 거슬러갑니다. 그러나 본래 농사를 짓고 가축을 기르는 사람들이 단단하고 메마른 데다 곳곳에 위험이 도사리고 있어 겨우

---

16 1958년 8월 25일 알프바흐 포럼에서 발표한 세미나 원고. 1967년 「Die Phiosophic und die Wissenschaften」(Simon Moser zum 65. Geburtstag, Anton Hain, Meisenheim am Glan, 1967)에 최초로 실림

생계유지만 가능한 알프스 고지대 협곡에 어떻게 정착하게 됐는지를 우리는 반드시 한번 생각해봐야 합니다. 가장 그럴듯한 설명은 그들이 자신들보다 힘 있는 이웃에게 복속되느니 황무지에서의 불확실한 삶을 택했다는 것입니다. 불확실성과 위험에도 불구하고 자유를 택한 것입니다. 나는 특히 자유를 중시하는 스위스와 티롤(오스트리아 서부와 이탈리아 북부에 걸친 산악 지대 _옮긴이)의 전통이 스위스의 선사시대 인류 정착 시기로 거슬러 올라가지 않을까 하는 생각을 종종 합니다.

어쨌거나 현대 유럽에서 가장 유서 깊은 두 민주주의 국가인 영국과 스위스가 오늘날 자유에 대해 비슷한 애착과 수호정신을 보이는 것은 흥미롭고 인상적입니다. 왜냐하면 이 두 민주국가는 다른 모든 면에서, 특히 정치 체제의 기원에서 근본적으로 다르기 때문입니다. 영국의 민주주의는 그 발생 기원을 상류 귀족층의 긍지와 자주정신에, 그리고 이후 민주주의 발전기에는 신교도 정신과 시민의 자각, 종교의 관용에 두고 있습니다. 여기서 후자로 언급한 요소들은 청교도혁명과 관련된 대규모 종교적·정치적 대립의 결과로 대두된 것들입니다. 반면에 스위스의 민주주의는 상류 귀족층이 아닌 산악지대 농부들의 긍지와 자주정신 그리고 개인주의의 결과로 등장했습니다.

이렇듯 서로 완전히 다른 출발과 전통은 그만큼 다른 전통적

제도와 가치체계로 이어졌습니다. 스위스 사람이나 티롤 사람이 인생에서 기대하고 바라는 것들은 영국인이 인생에서 기대하고 바라는 것과 사뭇 다를 것이라고 생각됩니다. 이러한 가치체계의 차이는 아마도 교육체계의 차이에 어느 정도 기인할 것입니다. 그런데 교육체계의 차이 자체가 앞서 이야기한 역사적·사회적 대조점들에 깊이 뿌리를 두고 있다는 점이 매우 흥미롭습니다. 영국에서는 20세기에 들어서고 한참 후에도 교육은 귀족이나 토지 소유자, 즉 지주계급의 특권이었습니다. 더 정확히는 도시 거주자나 중산층 시민들이 아니라 경작지에 거주하고 토지를 소유한 가문들의 특권이었죠. 그들은 문화 독점자였습니다. 공직에 적을 두지 않은 학자 및 과학자들(대개 매우 유력한, 독자적 비전문가들)과 고위 관직자들(정치가, 성직자, 판관, 군지휘관) 또한 그 계층에서 배출되었습니다. 반대로 대륙(유럽)의 문화 주도자는 도시 거주자들로, 대개 도시의 부르주아 계층에서 파생되었습니다. 스위스와 오스트리아에서 교육과 문화는 대대로 물려받는 것이 아니었습니다. 스스로 획득하는 것이었죠. 교육과 문화는 상속받은 사회적 지위의 상징이 아니라 사회적 출세의, 또 지식을 통한 자기 해방의 수단이자 상징이었습니다. 이는 영국에서 벌어진 빈곤 저항 투쟁이 일면 종교적 투쟁(종교적 양심을 향한 귀족과 시민의 호소가 결정적 역할을 한 투쟁)의 연장선으로 간주되는 데 반해, 스위스와 오스트리아의 빈곤 저항 투쟁은 왜 지식을 통한 자기 해방에, 또 페스탈로치가 품은 원대한 교육 비전에 영감을 받은 투쟁이 되었는지 그 이유를 어느 정도 설명해줍니다.

이러한 뿌리 깊은 차이에도 불구하고 영국과 스위스는 어떤 대가를 치르더라도 수호해야 할 가치들이 있다는 것을, 그리고 그중 가장 중요한 것은 개인의 자주성과 자유임을 잘 알고 있습니다. 두 나라 모두 자유는 어떤 대가를 치르든 반드시 쟁취해야 하는 것, 승률이 아무리 낮아 보여도 끝까지 투쟁해 지켜야 하는 것임을 역사를 통해 배웠거든요. 1940년 영국이 홀로 자유를 위한 투쟁을 벌이고 있을 때, 윈스턴 처칠은 국민에게 승리를 약속하지 않았습니다. 대신 "나는 여러분에게 피와 눈물 말고는 어떤 것도 약속할 수 없습니다"라고 말했습니다. 그 말이 영국 국민들에게 계속 싸워나갈 용기를 주었죠.

스위스에서도 마찬가지로, 제2차 세계대전 동안 자유를 유지할 수 있게 해준 것은 (합스부르크 왕가 출신 황제들이나 훗날 히틀러의 독일제국 같은 압도적으로 우세한 적을 마주하고도) 굽히지 않고 투쟁을 계속하려는, 오랜 세월 전해 내려온 강한 결의의 힘이었습니다.

삶은 문제해결의 연속이다

II

이곳 알프바흐의 웅장한 전경, 자연과 인공의 아름다운 조화, 이곳 사람들의 고향 땅에 대한 애정과 노고의 결과물에 도취되어 서두를 다소 감상적이고 낭만적으로 시작한 것 같군요. 그래서인지 낭만주의(특히 철학에서의 낭만주의) 사조와 정면으로 배치되는 두 번째 서설로 이 감상적이고 낭만적인 분위기를 상쇄해야 할 의무감을 느낍니다. 한 가지 고백으로 두 번째 문을 열고자 합니다.

지금부터 내가 하는 말을 여러분이 무조건적으로 받아들이지 않는 것이 굉장히 중요합니다. 오히려 철저하게 회의적인 태도로 받아들였으면 합니다. 동료들과 달리 나는 철학에서 새길을 개척하거나 새로운 방향을 정립한 선구자가 아닙니다. 완전히 유행에 뒤떨어진 사상을 믿는 구닥다리 철학자일 뿐이지요. 아주 오래전, 합리주의와 계몽운동 시대의 사상이 그것입니다. 합리주의와 계몽주의의 마지막 추종자 중 한 사람으로서, 나는 지식을 통한 인간의 자기 해방을 믿습니다. 위대한 계몽주의 철학자 칸트도 그렇게 믿었지요. 페스탈로치는 지식을 무기로 빈곤과 싸웠고요.

여기서 내가 내세우는 사상들이 약 150년 전에도 유행에 한참 뒤진 것으로 받아들여졌음을 분명히 밝혀야겠습니다. 1800년에 접어들기 직전, 낭만주의가 계몽주의를 단순히 이것저것 버무린

사상, 즉 '사이비 계몽Aufklärerei(사이비 개화사상 또는 천박한 계몽주의라는 뜻 _옮긴이)'이나 '거짓 계몽Aufkläricht, 한마디로 쓰레기Kehricht로 취급했기에 하는 말입니다. 불행히도 나는 워낙 시대에 뒤떨어진 사람이라 여전히 아무도 거들떠보지 않는 이런 구식 철학사상에 매달리고 있습니다. 이렇게 구시대적인 사람이라 그런지 나는 낭만주의(특히 독일 관념론의 세 명의 대표주자인 피히테와 셸링, 헤겔의 낭만주의) 철학을 지적, 도덕적 대재앙 이상으로는 보지 못하겠습니다. 독일을 비롯한 유럽의 지식인들을 오염시킨 사상 최대의 지적, 도덕적 재앙으로밖에는 안 보입니다. 내가 보기에 이 지적, 도덕적 재앙이 가져온 엄청난 퇴보의 여파는 아직도 원자폭탄의 버섯구름처럼 퍼져나가고 있습니다. 몇 해 전 콘라드 하이덴Konrad Heiden이 히틀러 전기에서 사용한 표현대로 '지적·도덕적 부정(不淨)의 시대'가 초래한 것입니다.

이는 시대정신과 그 시대정신에 고무된 운동이며, 누구도 쉽게 저지할 수 없습니다. 유행이나 사조의 힘을 익히 알고 있지만 그것에 동조할 마음은 없는 나 같은 늦깎이 계몽주의자는 더더욱 저지할 수 없을 테고요. 위대한 낭만주의의 대가들이나 오늘날 주류 철학자들의 생각과는 반대로, 나는 자신이 속한 시대정신을 표현하는 것은 철학자가 할 일이 아니라고 봅니다. 나는 (니체가 그랬듯) 철학자라면 자신이 시대정신에 휩쓸려 지적 독립성이 흔들

삶은 문제해결의 연속이다

리지 않았는지 끊임없이 자성하고 확인해야 한다고 믿습니다. 휴고 폰 호프만슈탈Hugo von Hofmannsthal(1874~1929, 오스트리아의 시인 겸 극작가 _옮긴이)이 『벗에 관하여Buch der Freunde』에서 한 말에 나는 전적으로 동의합니다. "철학은 그 시대의 '판관'이어야 한다. 철학이 시대정신의 '표현'이 되면 문제가 있는 것이다."

III

나의 자기 질타, 그리고 내가 합리주의자이자 계몽주의자라는 고백은 내가 합리주의와 계몽주의를 어떤 식으로 이해하고 있는지 설명하지 않으면 아무 의미가 없을 것입니다.

내가 합리주의라고 할 때는 (데카르트의 합리론 같은) 철학 이론을 말하는 것이 아닙니다. '인간은 전적으로 이성적인 존재'라는 전적으로 비이성적인 주장을 하려는 것은 더더욱 아니고요. 내가 이성이나 합리주의를 논할 때는 오직 우리가 자신의 실수와 오류에 대한 비판, 특히 타인의 비판을 통해, 그리고 나아가 자기비판을 통해 배울 수 있다는 믿음을 이야기하는 것입니다. 합리주의자는 한마디로 자신이 옳음을 증명하는 것보다 배우는 것을 더 중히 여기는 사람, 남에게 기꺼이 배우고자 하는 사람을 말합니다. 단, 다른 사람의 의견을 무조건 받아들이는 게 아니라 자기 생각에 대한 다른 사람의 비판을 흔쾌히 받아들이고, 다른 사람의 생각 또한 신중히 비판하는 사람입니다. 여기서 방점은 비판, 더 정확히 말하면 비판적 논의에 있습니다.

진정한 합리주의자는 자신을 포함한 어느 누구도 진실을 온전히 알 수는 없다고 생각합니다. 그리고 비판만 가지고 새로운 관념을 발전시킬 수 있다고 생각하지도 않고요. 다만 인간이 품는 관념에 한해서, 오직 비판적 논의를 통해서 쭉정이에서 낟알을 가려낼 수 있다고는 생각합니다. 사상의 수용 혹은 거부가 순전히 이성적인 문제가 될 수는 없다는 것을 잘 압니다. 그러나 한 가지 관념을 다각도로 검토하고 타당한 판단을 내리는 데 필요한 성숙함은 오직 비판적 논의를 통해서만 얻을 수 있다는 것 또한 알고 있습니다.

비판적 논의에 대한 이러한 평가에는 인간적인 측면도 있습니다. 합리주의자들은 비판적 논의가 사람들끼리 맺는 관계의 유일한 형태가 아니며, 오히려 합리적인 비판적 논의는 우리 삶에서 매우 드물게 일어나는 일임을 잘 알고 있거든요. 그럼에도 합리주의자는 비판적 논의의 근간이 되는 '의견 주고받기give and take' 태도가 인간적인 가치 중 가장 위대한 것이라고 봅니다. 합리주의자라면 자신이 이성을 발휘하는 것이 타인들 덕분임을 알기 때문입니다. 합리적인 비판적 논의 태도는 오직 다른 이들의 비판

삶은 문제해결의 연속이다

을 거쳐야만 생길 수 있으며, 다른 이들의 비판을 통해서만 자기 비판에 이를 수 있음을 알기 때문입니다.

합리주의적 접근이란 다음과 같습니다.

"내가 틀리고 당신이 옳을 수 있다. 어느 쪽이든, 진리에 접근하는 것이 누가 옳고 그른지 따지는 것보다 더 중요하다는 것을 잊지 않는다는 전제하에, 이 논의가 끝났을 때 우리 모두 이 문제를 전보다 더 명료하게 볼 수 있기를 바라자. 이 목표를 염두에 둘 때에만 우리는 토론에서 자신의 주장을 최대한 펼쳐 보일 수 있다."

바로 이것이 내가 생각하는 합리주의입니다. 그러나 계몽주의라고 하면 또 다릅니다. 무엇보다 칸트와 페스탈로치에게서 영감을 받아 지식을 통한 자기 해방에 중심을 두고 있습니다. 더불어, 다른 사람들의 정신을 해방시키고 그들이 비판적 접근을 제대로 이해하도록 도와줘야 할 모든 지식인의 의무를 이야기하는 것이기도 합니다. 하지만 피히테와 셸링, 헤겔 이래로 대부분의 지식인이 이 의무를 까맣게 잊은 듯합니다. 불행하게도 지식인들 중에는 강한 인상을 남기기만을 바라거나, 쇼펜하우어가 지적했듯이 가르침을 주는 대신 남의 마음을 사로잡기를 원하는 이들이 많습니다. 그들은 언뜻 지도자나 선지자처럼 보입니다. 사람들이 선지자 같은 존재를, 그러니까 삶과 세계, 인간과 역사 그리고 존재에 관한 신비를 공공연히 선포하는 인물을 기대하기 때문이기도 합니다.

늘 그렇듯 이 문제에서도 끊임없는 수요가 공급을 낳습니다. 사람들이 지도자와 선지자를 찾기 때문에 지도자와 선지자들이 나타나는 것은 놀라운 일도 아닙니다. 그러나 H. G. 웰스가 말했듯, "다 큰 어른에겐 지도자가 필요 없습니다." 그리고 어른이라면 자신에게 지도자가 필요 없다는 것쯤은 알고 있어야 하고요. 선지자에 대해서라면, 지식인이라면 그 무리와 거리를 둘 의무가 있다고 생각합니다.

IV

계몽주의자의 태도와 자칭 선지자들의 태도를 표면적으로 구분해주는 게 무엇일까요? 바로, 언어입니다. 계몽주의 사상가는 최대한 단순하게 이야기합니다. 상대방이 자신의 말을 알아듣기를 바라기 때문이죠. 이 점에서 버트런드 러셀은 그 어떤 철학자도 뛰어넘지 못할 위대한 스승입니다. 그의 말에 동조하지 않는다 해도 듣다 보면 그를 존경할 수밖에 없거든요. 항상 명료하고 단순하고 직설적으로 이야기하기 때문입니다.

계몽주의 사상가들에게 단순한 언어가 왜 그렇게 중요할까요? 진정한 계몽주의 사상가, 진정한 합리주의자는 말로 상대방의 생각을 바꾸기를 원하지 않기 때문입니다. 상대를 설득하는 것조차 바라지 않습니다. 계몽주의 사상가는 말하는 내내 자신이 틀렸을 수도 있음을 의식하고 있습니다. 무엇보다 상대방의 지적 독립성을 충분히 존중하기에, 아무리 중대한 문제에 대해서라도 상대방을 설득하려 하지 않는 것입니다. 설득하느니 상대방의 반론을, 그것도 가능하면 합리적이고 잘 다듬어진 형태의 비판을 반길 것입니다. 설득보다는 상대방을 지적으로 자극하기(상대방이 자유 의견 free opinion을 형성하도록)를 유도합니다. 계몽주의자는 자유 의견 형성을 무엇보다 값지게 생각합니다. 그것을 통해 우리는 진리에 더 근접할 수 있을 뿐 아니라, 자유 의견 그 자체로 존중할 가치가 있기 때문입니다. 심지어 상대의 의견이 근본적으로 잘못됐다고 하더라도, 그 나름으로 존중하는 것입니다.

계몽주의 사상가가 상대방을 유도하거나 설득하지 않는 이유 중 하나는 다음과 같습니다. 논리 그리고 어쩌면 수학의 협소한 분야 외에는 어떤 것도 완벽하게 증명될 수 없음을 알기 때문입니다. 누구든 주장을 제시할 수 있고, 얼마든지 다른 사람의 주장을 비판적으로 분석할 수도 있습니다. 그러나 초등 수학을 제외한 모든 분야에서 우리의 주장은 결코 절대적일 수도, 논리적 빈틈이 없을 수도 없습니다. 그렇기에 우리는 언제나 여러 가지 논거를 따져보고, 어떤 논거가 더 타당한지, 무엇이 주장의 근거가 되고 또 반박의 근거가 되는지 꼼꼼히 따져봐야 합니다. 그렇다면 결국 의견 형성에는 자유 결정이라는 요소가 들어 있는 셈입니다. 그 자유 결정에 의한 의견을 그만큼 인간적으로 값진 것으로 만드는 것입니다.

계몽주의가 자유로운 개인 의견에 대한 높은 가치를 받아들이고 발전시킨 것은 존 로크 시대부터였습니다. 이는 이견의 여지 없이 영국과 유럽 대륙에서 일어난 종교 갈등의 직접적 결과였고, 그러한 갈등은 종교적 관용이라는 사상을 낳았습니다. 그런데 종교적 관용은 많은 사람(대표적으로 아놀드 토인비)이 주장하듯 그렇게 부정적인 개념이 아닙니다. 종교적 관용은 전쟁으로 피폐해진 정신 그리고 공포가 사람들에게 특정한 종교적 믿음을 강요하지 못한다는 깨달음의 표시, 그 이상입니다. 오히려 그와 반대선상에 있는 개념이죠. 강요된 종교적 일치는 철저하게 무가치하다는 이해, 오직 자유의지로 선택한 종교적 신념만이 가치 있다는 긍정적 이해로부터 나왔으니까요. 이러한 깨달음은 여기서 그치지 않습니다. 모든 순수한 믿음에 대한 존중, 나아가 모든 개인과 의견에 대한 존중으로도 이어집니다. 최후의 위대한 계몽주의 철학자 임마누엘 칸트의 말을 빌리면, 인격체로서의 인간의 가치에 대한 자각으로 이어지는 것입니다.

칸트가 말한 인격체로서 인간의 가치는 모든 인간 그리고 그

삶은 문제해결의 연속이다

인간의 신념이 존중받아야 한다는 뜻을 담고 있습니다. 칸트는 이 지침을 위대한 랍비 힐렐의 명언에서 나온 '힐렐의 원칙'과 결합했습니다. 영어에서는 황금률이라는 그럴듯한 표현이 있는데, 독일어로 하면 어감이 다소 진부합니다. 뭐냐 하면 "다른 사람이 내게 하지 말았으면 하는 일은 다른 사람에게 하지 말라!"는 원칙입니다. 칸트는 이 원칙을 자유 개념과 연관 지었습니다. 실러의 희곡「돈 카를로스Don Carlos」에서 외치는 생각의 자유, 스피노자와 수많은 독재자가 그렇게 애썼건만 우리에게서 결코 박탈할 수 없었던, 인간과 불가분이라고 규정한 '사고의 자유' 말입니다.

이 점에 있어서는 더 이상 스피노자의 주장에 동조할 수 없을 듯합니다. 생각의 자유를 100퍼센트 억압할 수 없는 건 사실이지만, 상당한 정도까지는 억압할 수 있으니까요. 자유로운 의견 교환 없이는 진정한 생각의 자유도 있을 수 없습니다. 자신의 아이디어가 논리적으로 탄탄한지 알기 위해서는 다른 사람의 비판을 거쳐야 합니다. 비판적 논의는 모두에게 자유로운 사고의 근간이 됩니다. 그런데 이는 곧 정치적 자유 없이 생각의 자유도 불가능함을 뜻합니다. 나아가, 정치적 자유가 전제되어야만 우리 모두가 이성을 자유롭게 사용할 수 있음을 의미합니다.

짧막하게나마 내가 생각하는 합리주의와 계몽주의를 설명해봤습니다. 더불어 내가 이야기하는 합리주의와 계몽주의가 왜 생각의 자유와 종교의 사유, 타인의 의견 존중, 그리고 결정적으로 정치적 자유를 요구하는지도 설명했고요. 그러나 합리주의만 자유를 중시한다거나, 자유를 당위적으로 요구한다는 얘기는 결코 아닙니다. 오히려 양심의 자유를 요구하는 건 물론이고 한 단계 더 나아가 타인의 의견에 대한 존중, 그리고 정치적 자유 요구의 정당성까지 주장하는 다른 사상, 특히 종교적 입장들이 있다고 확신하는 쪽입니다.

내가 앞에서 어쩌면 다소 역설적으로 나의 구시대적 합리주의에 대해 경고했다면, 여기서는 보다 진지하게 다시 한번 경고하고 싶습니다. 나는 합리주의자이므로, 어느 누구의 생각도 바꾸고 싶지 않습니다. 더불어 자유의 이름을 더럽혀가며 누군가를 합리주의자로 전향시키고 싶지도 않고요. 대신 여러분에게 내 주장을 논박해보라고 도전장을 내밀고 싶습니다. 가능하다면 모든 것을 새로운 관점에서 보도록, 그래서 각자가 최대한 자유로이 의견을 세워 자기 나름의 결론에 도달하라고 촉구하고 싶습니다. 합리주의자라면 모두 칸트의 다음 지론에 동조할 것입니다. "누구도 철학을 가르칠 수 없다. 기껏해야 철학적 사색법만 가르칠 수 있을 뿐이다." 여기서 철학적 사색법이란 곧 비판적 태도를 말합니다.

삶은 문제해결의 연속이다

V

물론 우리는 이러한 철학적 사색, 이 비판적 태도가 어디에서 기원했는지 모릅니다. 그러나 모든 면에서 봤을 때 이런 태도는 매우 드물며, 그렇기에 (다른 가치들과 구별하여) 그 희소가치가 인정될 만합니다. 우리가 아는 한 그것은 고대 그리스에서 발생했고, 자연철학 중에서도 이오니아학파의 창시자인 밀레투스의 탈레스가 주창했습니다.

고대에도 여러 학파가 존재했습니다. 학파의 과제는 언제나 창시자의 가르침을 보존하고 전파하는 것입니다. 학파의 일원이 교의의 일부를 바꾸려고 하면 그 사람은 이단으로 낙인찍혀 제명되고 학파는 갈라집니다. 따라서 학파의 수는 대개 학파가 분열함에 따라 점점 늘어납니다. 그런데 당연한 얘기지만, 한 학파의 전통적 교리가 새로운 외부 조건에 맞춰 바뀌어야만 하는 경우도 종종 생깁니다. 예를 들어 새롭게 습득된 지식이 점차 상식으로 정착하면 거기에 맞춰 교리를 조정하는 식이지요. 그럴 경우 거의 예외 없이 기존의 교리를 은근슬쩍 재해석해 내놓으면서 수정된 부분을 감춰, 달라진 부분이 없다고 주장하곤 합니다. 물론 (수정되었다고 대놓고 말하진 않지만) 부분적으로 수정된 교리는 그 학파 창시자가 주창한 것이 됩니다. "대스승께서 말씀하시길"이라는 말을 피타고라스학파의 입에서 질리도록 듣지 않았습니까.

그러므로 그러한 학파의 사상적 역사를 재건하는 일은 불가능하거나, 혹여 가능하더라도 매우 어렵습니다. 모든 이념을 창시자의 주창으로 돌리는 것이 그들 학파가 고수하는 방법론의 핵심이니까요. 내가 알기로, 이러한 판에 박힌 양식에서 탈피한 유일한 학파는 탈레스의 이오니아학파뿐입니다. 이오니아학파는 시간이 지나면서 그리스 철학의 전통이 되었고, 르네상스 시대에 그리스 철학이 부활한 이래로는 유럽 철학의 전통으로 자리 잡았습니다.

단 하나의 교리를 고수하는 독단적 전통에서 벗어나 그것을 비판적 논의의 전통, 여러 개의 상충하는 교리들이 단 하나의 진리에 이르고자 서로 반목하는, 복수성을 기반으로 하는 전통으로 대체하는 게 어떤 것인지 한번 생각해봅시다.

진정으로 이런 획기적인 걸음을 내디딘 것이 탈레스였다는 것은, 오직 이오니아학파만이 공개적으로 스승의 학설을 발전시키려 노력했다는 사실에서 확인할 수 있습니다. 탈레스가 제자들에게 "이것이 나의 가르침이다. 이것이 나의 견지다. 이것을 발전시켜 보아라"고 말하는 것을 상상해보면 이해가 될 것입니다.

이런 식으로 탈레스는 새로운 전통, 즉 두 가지 측면에서 새로운 전통을 창조했습니다. 첫째는 탈레스 자신이 세운 교리가 각

삶은 문제해결의 연속이다

세대 제자들이 수정하여 내놓은 수많은 교리와 함께 그 학파의 전통으로 전승됐다는 것입니다. 둘째는 스승의 가르침을 비판하고 보다 나은 가르침을 내놓으려고 노력하는 전통이 보존되고 계승됐다는 것입니다. 그렇게 이오니아학파에서는 하나의 교리를 수정하거나 초월하는 것이 성공으로 간주되었고, 수정된 교리는 그것을 제안한 사람의 이름과 함께 기록되었습니다. 이로 인해 처음으로 진정한 이념의 역사가 확립되는 게 가능해졌습니다.

이 두 가지 전통은 근대 과학의 전통이기도 합니다. 서방세계를 이루는 가장 중요한 구성 요소 중 하나라고도 할 수 있지요. 내가 알기로 이 전통은 단 한 번 창조되었습니다. 그 후 200년 내지 300년이 지난 시점에서 잠시 사라졌지만, 그로부터 1500년이 지나 르네상스 시대(꼭 집어 말하자면, 갈릴레오 갈릴레이)에 재발견되었고요. 그러므로 앞으로 다시 파괴되거나 잊히는 것도 얼마든지 가능합니다.

또한, 이 전통은 정치적 자유가 보장되어야만 마음껏 발전될 수 있습니다. 비록 내가 앞서 설명한 의미로의 합리주의가 이곳 유럽에서조차 매우 드물고 또 유럽의 특징적 신조로 간주되지도 않지만, 그리고 합리주의 이념들이 오늘날 거의 모든 지식인에게 지독히 경멸받기는 하지만, 어쨌거나 탈레스의 합리주의만큼은 그것 없이는 유럽 문명이 존재하지 못했을 정도로 중대한 이념이

사 선봉입니다. 과학에 대한 열정만큼 유럽 문명을 제대로 특징 짓는 것도 없습니다. 유럽 문명은 자연과학을 낳은 유일한 문명이며, 자연과학이 중대한 역할을 한 유일한 문명이기도 합니다. 그런데 자연과학은 합리주의의 직접적 산물입니다. 고대 그리스 철학의 합리주의가 낳은 최대의 산물인 것입니다.

VI

지금까지, 나는 나 자신을 합리주의자이자 계몽주의의 추종자로 소개하고 또 내가 어떤 의미로 합리주의와 계몽주의를 이해하고 있는지 설명했습니다. 합리주의와 계몽주의가 정치적 자유를 필요조건으로 한다는 사실도 간략히 설명했고요. 그러나 자유에 대한 사랑을 합리주의 및 계몽주의와 동일시하거나 혹은 그 두 가지가 매우 밀접한 관계라고 단언하는 것은 어리석은 짓입니다.

자유를 향한 갈망은 확실히 원시적인 것이어서 동물에게서도 (심지어 집에서 기르는 가축에게서도) 다양한 정도로 확인되며, 어린아이들에게서도 발견됩니다. 그러나 정치의 영역으로 가면 자유는 문제가 됩니다. 인류가 공존하려면 모든 개인의 무제한적 자유는 불가능하기 때문입니다. 내가 원하는 건 뭐든 할 자유가 있다는 말은 곧 다른 사람의 자유를 뺏을 자유가 있다는 말이 되니까요.

칸트가 제시한 해결책은 인간의 공존에 필요한 정도까지만 개인의 자유를 제한하며, 그 제한을 모든 시민에게 최대한 똑같이 적용하라는 것이었습니다. 순전히 칸트 철학적인 이 원칙은 정치적 자유의 문제가 최소한 관념적으로는 해결 가능함을 보여줍니다. 그러나 정치적 자유의 기준을 알려주지는 않습니다. 대부분의 개별 사례에서 자유에 대한 특정한 제한이 정말로 필요한 것인지, 그리고 그것이 과연 모든 시민에게 공평하게 적용되었는지 선뜻 판별하기 어려운 걸 보면 그렇습니다. 그러므로 좀 더 쉽게 적용할 수 있는 다른 기준이 필요합니다. 내가 제시하는 기준은 이것입니다. "국민의 다수가 원할 때 피를 흘리지 않고 정권 교체가 이루어지는 정치제도가 갖춰져 있다면, 그 국가는 정치적으로 자유로운 국가다." 더 간단히 말하면, 피를 흘리지 않고 통치자를 물러나게 할 수 있다면 우리는 자유로운 것이라는 겁니다.

이제 정치적 자유의 있고 없음을 구별해줄 기준, 혹은 민주주의와 독재정치를 구별해줄 기준이 생겼습니다.

물론 '민주주의'나 '독재'라는 단어에 실재가 좌우되는 것은 아닙니다. 예를 들어, 어떤 사람이 자유롭지 못한 특정 국가를 '민주국가'라 칭하고 영국이나 스위스를 '독재국가'라고 한다면, 나는 그 정의가 맞고 틀리고를 가르는 논쟁에 끼어들지 않을 것입니다. 그냥 이렇게 말할 것입니다. "당신이 사용하는 방식의 용어에

따르나면, 나는 내가 민주주의의 떳떳이고 든든히 친구라고 해야 할 겁니다." 이렇게 하면 용어 정의에 따르는 논쟁을 비껴갈 수 있습니다. 중요한 것은 용어가 아니라 진짜 의의니까요.

내가 제시한 정치적 자유의 기준은 단순하지만 어딘가 부족한 면이 있는 도구입니다. 특히 소수자들(예를 들면 종교적, 언어적, 인종적 소수자들)의 보호라는 중대한 문제에 대해서는 아무것도 말해주지 않는다는 점에서 그렇습니다.

VII

지금까지의 내용은 오늘날의 자유 및 자유로운 서방세계와 관련한 주목할 만한 질문들을 논하는 데 도움이 될 일종의 틀을 제시하기 위함이었습니다. 그 가운데 중점적인 질문을 다음과 같이 정리해보겠습니다.

"자유가 우리에게 무엇을 가져다주었나? 선인가, 악인가? 둘 중 어느 쪽이 더 많은가? 선과 악의 규모는 우리에게 무엇을 말해주는가?"

나는 이 질문에 큰 흥미를 느낍니다. 그래서 일련의 명제로 최대한 명확하고 간결하게 답해보겠습니다.

첫 번째 명제는 우리가 사는 세계, 민주주의 국가들로 이루어

삶은 문제해결의 연속이다

진 이 서방세계가 상상 가능한 혹은 논리적으로 실현 가능한 정치 체계 가운데 최고는 아닐지 모르나, 우리가 역사적으로 체험한 정치 체계 중에는 최고라는 것입니다. 이 점에서 나는 엄청난 낙관주의자입니다.

낙관적 성격을 띠는 이 첫 번째 명제에 대해 설명하고 정당성을 입증하기 위해, 먼저 나는 우리 시대를 찬미할 때 경제 성장의 기적을 염두에 두고 있지 않음을 밝힙니다. 비록 우리 사회에서 그 어느 때보다 굶주리는 인구가 적다는 사실이 꽤 유의미하긴 해도 말입니다. 내가 염두에 둔 점은 사뭇 다릅니다. 대조하면 쉽게 설명될 것 같습니다. 1942년에 브래드포드의 전(前) 주교가 서방세계를 사탄이 지배하는 세계로 선언하고, 그리스도교의 신앙심 깊은 모든 성직자에게 이 악마의 소행을 말소하고 스탈린의 공산주의가 승리하도록 도울 것을 촉구했습니다. 이후 스탈린의 악마성은 다름 아닌 공산주의자들 자신이 인정했고, 짧지만 역사상 가장 참신했던 그 시기에 스탈린의 악마성에 대한 비판은 공산당 정책까지는 아니어도 당 강령에 핵심어로 자주 등장했습니다. 그럼에도 은퇴한 브래드포드 주교의 주장을 따르고 믿는 자들이 (그것도 영국에서, 심지어 독실한 그리스도교 신자들 가운데도) 여전히 남아 있습니다.

이 낙관적인 첫 번째 명제를 좀 더 명료하게 설명하기 위해, 서방세계를 악마의 놀이터로 서구만 ┿교의 신념을 그대로 따라, 사실상 서구세계가 우리가 역사적으로 체험한 세계 가운데 최고 라는 결론을 내려보겠습니다.

브래드포드 주교에게 이것은 순전히 인간적 가치관의 문제였습니다. 칸트가 인간의 존엄성, 인간의 이타성이라고 한 그것 말입니다. 주교는 그 가치들이 서구에서 위협받는 반면, 러시아에서는 보장된다고 본 것입니다. 그렇지만 내가 보기에 주교는 이상주의에 가려 사실을 있는 그대로 보지 못한 것 같습니다. 이렇게 억압이 작은 사회, 굴욕당하고 모욕당하는 사람이 적은 사회는 이전에 결코 없었으니까요. 다른 이들을 굶주림과 고통에서 해방시키려고 이렇게 많은 사람이 기꺼이 나섰던 적도 없었고요.

그렇기에 나는 서구의 우리가 동방세계와 비교해 부끄러워해야 할 하등의 이유가 없다고 봅니다. 그렇다고 우리 제도를 비판하지 말아야 한다는 얘기는 아닙니다. 오히려 그 반대죠. 비록 우리가 사는 세계가 지금까지 인류가 겪어본 세계 가운데 가장 낫긴 해도, 많은 것이 잘못돼 있습니다. 게다가 한번 성취한 것은 언제든 다시 잃을 수 있고요. 그렇다는 것은 지금도 그렇고 앞으로도 항상 커다란 위험으로 남을 겁니다. 여기서 두 번째 명제로 이어집니다.

역사적 체험으로 나는 우리의 정치 체제를 최고의 형태로 간주

삶은 문제해결의 연속이다

하긴 했으나, 이 사실을 무턱대고 민주주의나 자유의 덕으로 돌리는 것은 경계해야 합니다. 자유는 생필품을 우리 집 대문까지 날라다 주는 공급자가 아닙니다. 민주주의는 우리가 이뤄야 할 일을 대신 해주지 않습니다. 경제 성장의 기적은 말할 것도 없고요. 자유롭기만 하면 모든 것이 잘될 거라면서 맹목적으로 자유를 찬양하는 것은 어리석은 일일뿐더러 매우 위험합니다. 우리가 얼마나 잘 사느냐 하는 것은 대체로 운이나 복의 문제이며, 비교적 작은 부분만이 개인의 능력이나 성실성 그리고 다른 미덕들에 좌우됩니다. 민주주의나 자유에 대해 단언할 수 있는 한 가지는 그것들이 개인의 능력이 그 사람의 안녕을 위해 조금 더 영향력을 발휘하게 해준다는 것입니다. 이는 세 번째 명제로 연결됩니다.

우리가 정치적 자유를 갈구해야 하는 이유는 더 쉬운 삶을 소망하기 때문이 아니라, 자유 자체가 물질적 가치로 환원될 수 없는 궁극의 가치여야 하기 때문입니다. 우리는 데모크리토스가 말한 의미에서 자유를 택해야 합니다. 그는 이렇게 말했습니다. "나는 독재자 밑에서 부자로 사느니 민주주의하에서 미미한 존재이기를 택하겠다." 또 이렇게도 말했습니다. "민주국가에서의 빈곤이 귀족정치나 독재하에서의 부보다 낫다. 자유가 예속보다 낫기 때문이다."

네 번째 명제에서는 한 걸음 더 나아가고자 합니다. 자유와 민주주의 그리고 그 두 가지에 대한 믿음은 매우 위험하게 작동할 수 있다는 겁니다. 자유에 대한 믿음이 항상 승리로 이어진다고 믿는 것은 옳지 않습니다. 그 믿음이 패배를 가져올 경우에도 늘 대비해야 합니다. 자유를 선택한다면, 그와 함께 죽을 각오 또한 해야 합니다. 폴란드는 자유를 얻기 위해 어떤 나라보다 더 치열하게 투쟁했습니다. 체코는 1938년 자유를 위해 싸울 각오가 되어 있었고요. 그들의 운명을 결정지은 건 용기의 부재가 아니었습니다. 또, 1956년 헝가리 혁명(보이지 않는 사슬 외에 아무것도 잃을 게 없었던 젊은이들이 일으킨 혁명)이 승리하는 듯하다가 실패로 끝난 것을 보십시오.

자유를 향한 투쟁은 다른 식으로도 실패할 수 있습니다. 프랑스나 러시아의 혁명이 그러했듯 폭력주의로 변질될 수 있습니다. 극단적 속박 상태로 이어질 수도 있고요. 민주주의와 자유는 천년을 약속하지 않습니다. 아니, 우리가 정치적 자유를 선택하는 건 무언가를 약속해주기 때문이 아닙니다. 그것이 유일하게 존엄한 형태의 인류 공존, 우리가 자신을 온전히 책임질 수 있는 유일한 형태로 존재함을 가능하게 하므로 택하는 겁니다. 우리가 그 가능성을 깨닫느냐 깨닫지 못하느냐는 많은 요소에 달려 있습니다. 그러나 무엇보다 우리 자신에게 달려 있음을 알아야 합니다.

삶은 문제해결의 연속이다

민주주의에 대하여[17]

　　나의 최대 관심사는 자연 그리고 자연과학과 우주론입니다.
1919년 7월 마르크시즘을 포기한 이후로는 오직 한 사람의 시민
으로서만 (그리고 민주주의자로서) 정치 및 정치적 이념에 관심을 가져
왔습니다. 그러나 1920년대와 1930년대 초에 좌파와 우파를 아
우르며 일어난 전체주의 운동과 히틀러의 독일 통치는 나로 하여
금 민주주의라는 문제를 진지하게 숙고하도록 했습니다.

　　비록 『열린사회와 그 적들』에는 히틀러나 나치라는 단어가 단

17　1987년 8월 「Der Spiegel」 No. 32, 54f쪽에 최초로 실린 논고

한 번도 등장하지 않지만, 그 책은 나치에 내항하려는 의도로 집필한 것이었습니다. 민주주의를, 그 적들이 가하는 기존의 공격과 새로운 형태의 공격에 맞서는 이론을 옹호하는 내용으로, 1945년 초판이 나온 이래 수차례 개정판이 발행되었습니다. 그런데 내가 그 책에서 가장 역점을 둔 부분이 오독되는 경우가 많은 듯합니다.

다들 알다시피 '민주정치 체제'는 어원상 '국민에 의한 통치 체제' 혹은 '국민주권주의 체제'를 의미하며, (최고 지위의, 혹은 가장 뛰어난 소수가 통치하는) '귀족 정체' 그리고 (한 사람에 의한 통치를 뜻하는) '군주제'와 대비됩니다. 그러나 여기서 단어의 의미를 따지는 것은 별 도움이 안 됩니다. 사실상 국민이 통치하는 곳은 없기 때문입니다. 정부가 통치할 뿐이지요(그리고 불행히도, 책임을 아예 면피하거나 극히 힘겨운 과정을 통해서만 책임을 지을 수 있는 관료 및 공무원들이 통치하든가요). 게다가 영국과 덴마크, 노르웨이, 스웨덴은 군주제이지만 매우 훌륭한 민주주의의 예를 보여주고 있습니다(어쩌면 무책임한 재정관료 체제가 독재적 권력을 휘두르고 있는 스웨덴은 제외하고요). 독일민주공화국(동독)과는 확연히 다른데, 불행하게도 독일민주공화국은 매우 다른 체제입니다.

여기서 진짜 쟁점은 무엇일까요?

삶은 문제해결의 연속이다

사실 국가 통치의 형태는 두 가지밖에 없습니다. 하나는 피를 흘리지 않고 현 정부를 교체할 수 있는 형태이고, 다른 하나는 그럴 수 없는 형태이지요. 중요한 건 바로 이것입니다. 어떤 정치 체제를 뭐라고 부르느냐가 아니라요. 대개 전자는 '민주국가'라 하고, 후자는 '독재국가' 또는 '전제정치 국가'라고 합니다. 그러나 용어를 두고 왈가왈부하는 것은 시간낭비입니다(동독을 왜 독일'민주'공화국이라고 하는지를 두고 싸울 필요는 없겠지요). 중요한 건 정부가 유혈 사태 없이 교체될 수 있는지입니다.

정권을 교체하는 방법은 여러 가지가 있습니다. 제일 좋은 방법은 투표입니다. 새로 선거를 실시하거나 이미 뽑힌 의회에 대한 불신임 투표로 현 정부를 끌어내릴 수 있습니다. 이는 분명 중요한 부분입니다. 따라서 (플라톤에서 마르크스에 이르기까지 그리고 이후에도 수많은 사상가가 그랬듯이) 다음의 질문에 역점을 두는 것은 잘못된 것입니다. "누가 통치해야 하는가? 국민(프롤레타리아)인가, 아니면 가장 뛰어난 한 사람인가? (선한) 노동자인가, (악한) 자본가인가? 다수가 통치해야 하는가, 소수가 통치해야 하는가? 좌파와 우파, 혹은 중도파 중 누가 통치해야 하는가?" 전부 핵심을 빗나간 질문입니다. 피를 흘리지 않고 정권을 교체할 수 있다면 누가 통치하느냐는 중요하지 않기 때문입니다. 언제라도 전복될 수 있음을 아는 정부는 국민이 만족하는 방향으로 움직이려는 강한 동기를 부여받습니다. 그리 쉽게 쫓겨나지 않음을 정부가 알면, 그 동기는 사라집니다.

민주주의에 대한 이 간단한 이론이 실전에서 어떻게 작용하는지를 보여주기 위해, 비례대표제 문제에 적용해보고자 합니다. 내가 여기서 독일연방공화국(서독)이 충분히 시행을 거쳐 정착시킨, 헌법에 기반을 둔 선거제도를 비판한다면 단순히 그동안 거의 논의되지 않았던 주제를 논의하려는 시도로 비칠 것입니다. 헌법은 가볍게 바뀌어서는 안 되지만, 그 중요성을 우리 스스로 상기하는 의도에서라도 비판적으로 논의하는 것은 바람직합니다.

서유럽의 민주정치제도는 지역대표제를 기본 원칙으로 하는 영국이나 미국의 선거제도와 결정적인 면에서 다릅니다. 영국에서는 각 선거구에서 가장 많은 표를 얻은 사람을 그 선거구의 대표로 의회에 보냅니다. 그 사람이 어느 정당 소속인지, 그리고 당소속인지 무소속인지는 표면상으로 고려되지 않고요. 그의 의무는 지역 선거구민을, 그들의 정당 소속 여부와 관계없이 최선을 다해 대표하는 것입니다. 물론 여러 정당이 존재하며 그 정당들은 정치기구 형성에 중대한 역할을 합니다. 그러나 소속 정당에 반대하는 표를 던지거나 심지어 탈당하는 것이 자신이 대표하는 선거구(혹은 국가)의 이해에 부합한다고 판단할 경우, 그는 그렇게 할 의무가 있습니다.

삶은 문제해결의 연속이다

20세기 가장 위대한 정치가 윈스턴 처칠은 당이 시키는 대로 움직이지 않았고, 신념에 따라 소속 정당을 두 번이나 바꾸었습니다. 그런데 유럽 대륙의 상황은 사뭇 다릅니다. 대륙에서 비례제는 각 정당이 전국적으로 획득한 득표율만큼 의회(이를테면 연방하원)에서 의석을 차지하는 방식입니다.

　그렇게 되면 모든 정당은 헌법상 기본법의 제약을 받습니다. 또, 각 당에서 하원의원이 공식적으로 선출되면, 그 하원의원은 특정 상황에서 소속 정당에 반대표를 행사하지 못합니다. 사실상 그는 오직 자신이 속한 당만을 대표하기 위해 선출된 것이기에, 소속 정당에 도덕적 의무를 지게 되는 겁니다(만약 양심상 더는 그 의무를 따르지 못하게 됐을 경우에는 헌법이 요구하지 않더라도 사퇴할 도덕적 의무가 있습니다).

　다수의 정당이 필요하다는 건 물론 나 역시도 알고 있습니다. 아직까지는 다수 정당 없이 유지될 수 있는 민주주의 체제를 어느 누구도 제시하지 못했으니까요. 정당제가 100퍼센트 만족스러운 건 아닙니다. 그러나 정당 없이는 체제가 돌아가지 않기에 무시할 수도 없습니다. 유럽 대륙 국가들의 민주정은 국민의 정부가 아닌 정당 정부입니다. 바꿔 말하면 당 지도부의 정부라는 얘기입니다. 당의 규모가 클수록 그 당은 통합이 안 되고 민주적 운영방식에서 멀어지며, 뿐만 아니라 그 당에 표를 던진 유권자들이 당 지도자와 당의 정책에 행사할 수 있는 영향력 또한 줄어듭니다. 비례대표제로 선출된 의회가 국민과 국민의 뜻을 더 잘 반영할 것이란 믿음은 완전히 틀렸습니다. 국민과 국민의 의사를 반영하는 게 아니라, 그저 여러 정당(그리고 각 당의 선전)이 투표일에 선거인단에게 행사한 영향력을 반영할 뿐입니다. 이런 현실은 투표일 본래의 취지를 잃게 만듭니다. 국민이 정부 활동을 심판하는 날이 되어야 하는데 말입니다.

그렇다면 유효한 국민주권 이론이란 없으며, 비례대표제의 필요를 증명하는 유효한 이론 또한 없는 셈입니다. 그러므로 우리는 비례대표제가 실제로 어떻게 작동하는지 질문해봐야 합니다. 첫째는 정부 조직의 구성에서, 둘째는 정부의 해산이라는 매우 중차대한 문제에서 어떻게 이행되는지 살펴봐야 합니다.

1. 정당의 수가 많을수록 정부를 구성하기는 더 어렵습니다. 우리는 이를 경험을 통해서 알고 있지만, 이치에도 맞습니다. 정당이 딱 두 개만 있다면 정부를 구성하기가 쉽겠지요. 그런데 비례대표제에서는 아무리 작은 정당도 정부의 구성에, 그리고 나아가 정부의 정책 결정에 엄청난 (때로는 결정적인) 영향력을 행사할 수 있습니다.

그렇다는 데 동의하지 않을 사람은 없을 겁니다. 비례대표

삶은 문제해결의 연속이다

제가 정당의 난립을 부추긴다는 것에도 다들 동의할 테고요. 그러나 민주주의의 '본질'이 주권재민(국가의 의사를 최종적으로 결정하는 권력이 국민에게 있음)임을 감안한다면, 비례대표제가 일단은 '본질에 부합'한 것으로 보이므로 민주주의자로서 이러한 문제들을 받아들일 수밖에 없습니다.

2. 비례대표제 그리고 그에 따른 다수 정당의 존재는 새 의회에 대한 국민의 심판으로 정권을 교체하는 중대한 문제에서 더 심각한 결과를 불러올 수 있습니다. 첫째로, 국민은 다수의 당이 존재함을 알기에 그중 어느 한 정당이 의회에서 절대다수를 차지할 거라고 기대하지 않습니다. 이 때문에 예상대로 어느 당도 절대다수를 차지하지 못했을 때, 국민의 심판은 어느 한 정당에 대한 반대 표시로도 효력을 발휘하지 못하게 됩니다. 어떤 정당도 퇴출되지 않으며, 어떤 정당도 국민의 판결을 받지 않는 꼴입니다.

둘째로, 투표일이 국민이 정부를 심판하는 날이라는 의미를 잃게 됩니다. 여당이 다수당이 되지 못해 어쩔 수 없이 야당과 계속 타협하느라 정부가 할 일을 제대로 하지 못했을 수도 있습니다. 아니면 연립정부여서 집권당 중 어느 한쪽도 완전한 책임을 지지 않았을 수도 있습니다.

그러면 차차 국민은 어느 정당, 어느 당 지도자에게도 정부

정책의 책임을 지우지 못하는 데 익숙해집니다. 한 정당이 지지표를 5퍼센트 내지 10퍼센트씩 잃어도 아무도 그것을 유죄 평결이라고 보지 않게 됩니다. 최소한 유권자들, 국민들은 그렇습니다. 일시적으로 인기가 떨어졌다고 생각할 뿐이죠.

셋째, 유권자의 대다수가 집권당 교체를 원하더라도 그러지 못하게 되는 수가 있습니다. 처음에 의회의 절대 다수석을 차지했던 (그래서 국민이 책임을 지울 수 있었던) 하나의 당이 과반석을 잃는다고 해도 비례제도하에서는 여전히 최대 석을 차지한 단독의 당이 될 수 있고, 따라서 상대적으로 작은 당 중 하나와 연정을 구성할 수 있습니다. 그럴 경우 해임된 본 당의 대표는 '국민의 뜻'을 대변하는 것과는 거리가 먼 작은 정당에 의존하여 다수의 결정에 반하며 계속해서 집권할 수 있습니다. 더 심한 경우, 그런 소규모 정당이 새로 선거를 거치지 않고, 즉 선거인단을 통해 새로이 권한을 부여받지 않고 정부를 전복시킨 다음 이전의 야당과 또 다른 연정을 이루는 경우도 있습니다. 이는 한 정당의 행사권이 그 당의 지지자 수에 비례해야 한다는 비례대표제의 기본 개념에 터무니없이 상치되는 경우지요.

이러한 경우는 매우 빈번하며, 다수 정당의 존재가 곧 연립

삶은 문제해결의 연속이다

정부 통치를 의미하는 곳에서는 아예 당연한 일로 받아들여지게 되었습니다.

비례대표제가 아닌 국가에서도 이와 비슷한 일이 발생하는 것이 사실입니다. 예를 들면 영국이나 미국이 그렇습니다. 단, 영국과 미국에는 두 거대 정당이 대립하는 구도가 이미 뿌리내려 있습니다.

양당 지배 체제가 가능한 선출제도가 내게는 최선의 민주주의 형태로 보입니다. 그러한 체제는 늘 정당의 자기비판을 이끌어내기 때문입니다. 두 주요 정당 중 어느 한쪽이 선거에서 참패하면, 대개 패배한 당에서는 급진적인 변화가 일어납니다. 선거 패배는 경쟁의 결과이며, 결코 무시해서는 안 되는 유권자들의 명백한 유죄 선고이기 때문입니다. 그러한 시스템에서는 어느 당이든 자신의 실수에서 배우거나 아니면 사멸할 수밖에 없습니다.

내가 비례대표제에 반대하는 견해를 표했다고 해서 모든 민주주의 국가에게 비례대표제를 버리라고 권고하는 건 아닙니다. 그저 논의에 새로운 추동을 주고자 할 뿐입니다. 민주주의 이념으로부터 비례대표제의 도덕적 우월성을 도출할 수 있다는 믿음이나, 그런 이유로 유럽 국가들의 정치제도가 앵글로색슨 국가들의 정치제도보다 더 훌륭하고 공정하며 더 민주적이라는 믿음은 진지하게 고려할 가치도 없는, 순진하기 짝이 없는 생각이라는 얘기를 하는 겁니다.

종합해보면 이렇습니다. 유럽의 비례대표제가 영국이나 미국의 제도보다 더 민주적이라는 주장은 논리적 근거가 빈약한 억지에 불과합니다. 국민에 의한 정부라는 구시대적 민주주의 이론에 (또한 그에 따라, 국가의 주권은 국민에게 있다는 이론에도) 기대고 있기 때문이죠. 이 이론은 도덕적 측면에서 결함이 있을 뿐 아니라, 지속 가능하지도 않습니다. 그것은 이미 다수에 의한 면직권 이론으로 대체되었습니다.

도덕적 측면에 초점을 둔 이 주장은 유권자가 정부에 대한 심판권을 행사하기 위해서는 정부 정책에 전적으로 책임지는, 서로 경쟁하는 정당이 둘 이상 필요하지 않다는 실질적인 면에 초점을 둔 주장보다도 더 중요합니다. 비례대표제는 투표 결과 한 정당이 다수당이 되는 것, 그에 따라 민주주의 실현에 일조할 수 있는 정당들이 패배 판정을 받는 것은 사소한 일로 치부될 위험을 안고 있습니다. 명백한 과반석 판결이 나기 위해서는 양당 모두 실력과 힘을 갖추고 있어야 하기 때문이죠. 그렇지 않으면 국민은 '이래도 그만, 저래도 그만'이라는 패배주의에 빠져 형편없는 정부가 정권을 계속 잡도록 내버려 두게 됩니다.

"양당 체제에 대한 나의 옹호가 열린사회 개념과 상충하지 않나? 다양한 관점과 이론에 대한 다원주의적 관용이 열린사회와

삶은 문제해결의 연속이다

그 사회의 진리 추구 특징 아니었나? 이러한 다원주의는 복수 정당 체제로 표출되어야 하는 것 아닌가?"

이에 대한 답으로 나는 정당의 역할이란 정부를 세우거나, 아니면 야당의 위치에서 정부의 활동을 비판적으로 감시하는 것이라고 말하겠습니다. 여기서 비판적으로 감시해야 할 것 중 하나는 정부가 다양한 의견과 사상, 종교에 관용적 태도를 보이느냐입니다(단, 그 의견과 사상, 종교 역시 관용적일 경우만 그렇습니다. 불관용을 설파하는 사상은 관용을 요구할 자격이 없으니까요). 앞으로도 많은 이데올로기가 성공하든 실패하든 한 정당을 장악하려 들거나 새 정당을 창설하려고 시도할 겁니다. 때문에 한편에서는 다양한 의견과 이념 및 종교적 신념이 상호작용하고, 다른 한편에서는 주요 정당들끼리 경쟁하게 될 겁니다.

그러나 이데올로기나 세계관의 다양성이 복수정당제로 반영되어야 한다는 생각은 내가 보기에 잘못된 것 같습니다. 정치적으로뿐만 아니라 세상을 보는 시각으로도요. 정당정치와 밀접하게 엮이는 순간, 세계관의 순수성은 오염되기 때문입니다.

삶은 문제해결의
연속이다[18]

I

나는 자동차의 역사만큼이나 오래된 사람입니다. 자동차가 발명된 1886년에 나는 아직 태어나지도 않았고, 독일 황제 빌헬름 II세가 첫 자동차를 소유했을 때 나는 겨우 한 살이었죠(빌헬름 II세에 대한 기억은 아직까지도 선명합니다).

다뉴브강 근교 그라이펜슈타인에서 그리 멀지 않은 곳에 아버

---

18 1991년 바트 홈부르크에서 한 강연

지 지인이 소유한 알텐베르그 성이 있었는데, 그 성에 가는 길에 성주가 소유한 메르세데스를 처음 타볼 기회가 있었습니다. 그전에는 항상 말 네 필이 끄는 마차가 우리를 데리러 왔었는데, 그날은 메르세데스가 우리를 마중 나온다지 뭡니까. 독일 최고의 자동차이자 오스트리아에 수입된 최초의 메르세데스를 타보다니. 그때가 아마 1907년 아니면 1908년이었을 겁니다.

내가 처음으로 자동차(중고차)를 장만한 건 1936년, 런던에서였습니다. 당장에 그 차를 몰고 케임브리지까지 갔었죠. 그런데 차에서 내려보니 (물론 오른쪽으로 내렸습니다) 내린 쪽 뒷바퀴와 차축이 차체에서 쑥 튀어나와 있는 게 아닙니까. 한 30센티미터는 튀어나왔던 것 같은데, 당시 워낙 충격을 받아서 내 기억이 조금 과장됐을 수 있습니다. '스탠더드'라는 회사에서 나온 스포츠카였는데, 그 모델은 이미 사라진 지 오래입니다. 사실 사라져야 마땅한 모델이었죠.

이러한 경험들은 나처럼 나이 먹은 사람만이 가질 수 있는, 다시 누릴 수 없는 특권입니다. 또 하나, 나이 든 사람만이 누리는 특권은 이 세상 그리고 세상을 살아가는 인간들이 멋진 존재라는, 이 시대 젊은이들과는 조금은 다른 믿음입니다. 물론 세상에는 흉악한 것들이 존재한다는 것을 잘 압니다. 그럼에도 지금의 세상은 과거 어느 때의 세상보다 낫습니다. 이런 말을 하면 사람들은 대개 나를 늙은이 취급하더군요. 그것이 사실일 수 있지만, 어찌 됐든 나는 앞으로 펼쳐질 논의에서 어떤 반론에도 내 주장을 옹호하면서, 우리가 사는 세상이 악으로 가득 찼다는 (이것이 오늘날 지배적인 사조인 듯한데) 여기저기서 터져 나오는 한탄이 사실과 어긋남을 증명해보려 합니다. 요점은 우리가 경제적으로 나은 조건에서 살고 있을 뿐 아니라, 도덕의식도 훨씬 발전했다는 것입니다. 그래도 내가 기꺼이 인정하는 사실이 하나 있습니다. 우리가 그 어느 때보다 어리석으며, '현대적'이라고 간주되는 건 전부 무비판적으로 받아들이고 있다는 것입니다. 듣기 좋은 소리는 아니므로 믿으려는 사람도 별로 없을 겁니다.

이렇게 된 건 어쩌면 교사들이 저지르는 끔찍한 실수들 때문인지도 모릅니다. 그런데 교육은 하나의 기술technology로 분류될 수 있으므로, 그런 실수는 기술적 실수라고 할 수 있습니다. 최악의 사실은 우리가 그 실수에서 아무것도 배우지 않는다는 것입니다. 이것이 오늘 강연의 주제입니다.

오류 수정은 기술 및 학습 전반에서 가장 중요한 방법론입니다. 생물의 진화에서 오류 수정은 거의 유일한 진보의 수단인 듯합니다. 여기서 시행착오 방법론을 언급할 수도 있지만, 시행착오 방법론에서는 실수나 오류의 중요성, 그러니까 잘못된 시행의 중요성이 폄하되니까요.

삶은 문제해결의 연속이다

생물의 진화는 오류로 가득 차 있으며, 이러한 오류의 수정은 아주 천천히 이루어집니다. 그렇기에 우리가 저지르는 오류들이 대자연의 섭리를 모방한 것에 지나지 않음을 상기하며 스스로를 용서해도 될지 모릅니다. 게다가 우리가 대자연보다 더 빠르게 그 오류를 수정하는 것도 상기하면서요. 우리 중에는 의식적으로 자신의 잘못에서 배우려고 하는 이들이 더러 있으니까요. 대표적으로 과학자나 과학 기술자, 기술 전문가들이 그렇습니다. 그들은 반드시 자신의 실수에서 배워야만 합니다. 직업이 그렇게 하기를 요구하기 때문입니다.

단세포 생물부터 모든 생명체는 믿기지 않을 만큼 놀라운 것들을 발명해냅니다. 새로운 발명이나 돌연변이는 대개 제거되는데, 성공적 시행보다 형편없는 실수인 경우가 압도적으로 많기 때문입니다. 우리는 자신이 생각해낸 수많은 아이디어를 진지하게 고려하기 전에 그것이 오류임을 알아채기도 하며, 어떤 경우 세상에 내보이기 전 비판을 통해 아이디어가 제거되기도 합니다. 의식적 자기 비판과 동료나 타인에게 우호적·적대적 비판을 받는 게 가능하다는 점에서 인간이 자연보다 다소 우월해 보일 수도 있습니다. 그러나 시행착오와 비판적 실험을 통한 선택에 있어서는 자연이 지금까지 우리보다 훨씬 우위를 차지해왔습니다. 자연의 수많은 발명(예를 들어 태양에너지를 쉽게 저장할 수 있는 형태의 화학에너지로 전환하는 시스템)을 우리가 모방하려 했지만 성공하지 못했지요. 그래도 머지않은 미래에 성공할 수 있다는 희망은 있습니다.

모든 생명은 문제를 해결합니다. 모든 생명체는 실력이 있건 형편없건, 또 성공하건 성공하지 못하건 간에 기술적 문제를 해결하려는 발명가이자 전문가입니다. 모든 동물의 생이 다 이렇습니다. 예를 들면, 거미도 그렇지요. 인간의 기술이 하수 처리나 물과 식량의 비축 같은 문제를 해결한다면 벌들은 이미 오래전부터 그런 문제들을 해결해야 했습니다.

기술에 대한 적대의식은 녹색당이 종종 보이는 태도인데, 그것은 생명 자체에 대한 어리석은 적대의식이나 마찬가지입니다. 불행히도 녹색당은 아직 깨닫지 못하고 있는 듯하지만요. 물론 기술에 대한 비판 자체는 어리석은 게 아닙니다. 외려 시급합니다. 모든 인간이 각자 나름대로 과학기술을 비판할 수 있으며, 사실 그렇게 해준다면 고마운 일이지요. 기술 전문가들에게 '비판'이 필수 덕목인 이상, 그들은 기술에 대한 비판을 항시 우선시할 수밖에 없습니다.

그러나 어찌 됐든 최초로 문제를 발견하는 사람은 외부인인 경우가 많습니다. 발명가는 자신의 발명품을 실용화하고 싶어 안달이 나서, 의도치 않은 결과가 나올 가능성을 간과하는 수가 있기 때문입니다. 특정 화학제품이 모기와 기타 해충의 퇴치에 매우 효과적이라고 판명됐는데 그만 몇 종의 새가 먹이 부족으로 멸종 위기에 처하는 의도치 않은 결과를 초래한 적이 있었습니다. 미국의 자연주의 동식물학자 레이첼 카슨은 이 사건의 전후 사정을 『침묵의 봄』이라는 유명한 저서에서 낱낱이 폭로했습니다. 예상대로 그 책은 미국에서 엄청난 분노의 폭풍을 일으켰고, 이어서 독일에서도 폭풍을 일으켜 과학과 기술에 (그리고 미국에도) 반대하는 정치적 운동을 야기하는가 하면, 새로운 정당인 녹색당까지 창설되었죠.

우리가 수없이 저지르지만, 잘 의식하지 못하는 오류들에 주의를 기울이는 것은 매우 중요합니다. 그러한 오류가 종종 확대 해석되는 것은 그럴 만한 일이며, 해명할 기회를 줘야 할 수도 있습니다. 그러나 필요한 오류 수정을 유일하게 가능케 하는 과학과 기술을 싸잡아 공격하는 건 어리석은 짓일 뿐만 아니라, 저급한 선동에 지나지 않는 무책임한 짓입니다.

그런 선동가들이 우리 세상이 대혼란에 빠지기 일보직전이라고 떠들어대고, 또 히틀러의 만행이 아직 생생한데도 우리를 구원해줄 독재자가 필요하다고 주장하는 것은 광기라고밖에는 달리 설명할 말이 없습니다.

일부 문제는 (예를 들어 대기오염 같은) 특별법 제정을 요구합니다. 그런데 소위 '자유시장 경제'를 이념적으로 신봉하는 이들은 (물론 자유시장 경제가 우리에게 많은 이로움을 안겨주긴 했으나) 시장의 자유를 제한하는 특별법 제정이 농노제 사회로 퇴행하는 위험한 행보라고 주장하며 핏대를 세웁니다.

그런 주장 역시 이념에 눈먼 헛소리입니다. 이미 46년 전『열린사회와 그 적들』초판본에서 나는 오직 국가가 법적 질서를 세우고 보장하는 상태에서만 자유시장이 존재할 수 있음을 논리적 근거를 들어 설명한 바 있습니다. 여기서 말한 질서 중 하나는 무장단체 조직의 금지입니다. 여기에는 무기를 거래할 자유의 제한도 따릅니다. 즉 자유시장과 개인의 자유에 대한 제한입니다. 국가에 의해 강제되는 제한이 정부의 부재 시 폭력단 우두머리들이 강제하는 자유의 제한보다 더 나은 것은 분명합니다.

따라서 우리는 보편적인 시민의 자유를 보장하기 위해, 야생동물이나 사냥개들을 통제하듯, 무기시장을 통제하는 것입니다. 어떤 형태의 자유든, 자유에 대한 제한은 문제의 소지가 있지만 경험에 따라 각기 다른 사안이 됩니다. 제조업에서는 당연히 공장의 독성가스 배출을 제한하는 법률이 반드시 마련되어야 하겠죠. 여기서 독성가스와 비교적 해가 덜한 대기오염 물질(예를 들면 자동차 배기가스)을 분명히 구분하는 문제가 대두됩니다. 이 경우 그 구분은 교통 밀도 등 여러 가지 요소에 달렸고요.

어찌 됐건, 우리는 자유시장만을 최선의 가치로 추구하는 이념

삶은 문제해결의 연속이다

적 원칙을 다른 것으로 대체해야 합니다. 반드시 필요히디는 납득할 만한 이유가 있을 경우에만 자유를 제한한다는 원칙입니다. 그런데 대개는 '반드시 필요한 경우란 무엇인가'를 두고 합의에 이르기가 상당히 힘듭니다.

자유가 걸린 문제는 항상 이런 식입니다. 환경이나 대규모 산업이 얽힌 경우에만 이렇게 복잡해지는 게 아닙니다. 현실에서 우리가 하는 모든 행동이 의도치 않은 결과를 수반합니다. 개중에는 엄청난 노력과 비용으로 사전에 예측할 수 있는 것들도 있지만, 어떤 결과들은 어떻게 해도 예측이 불가능합니다.

예를 들어 오토 한Otto Hahn과 프리츠 슈트라스만Fritz Strassmann이 차후 우라늄 핵분열로 이어질 실험을 진행했을 당시, 그들은 그것이 얼마나 엄청난 결과를 불러올지 예측하지 못했습니다. 파장을 예상하지 못했을뿐더러 애초에 연구 결과를 핵분열과 관계된 방향으로 해석할 생각조차 하지 못했습니다. 심지어 나중에 핵분열을 이해하는 데도 애를 먹었지요.

핵분열과 연관 지은 해석은 당시 멀리 떨어져 있던 동료 리제 마이트너와 그의 조카이자 나의 친구 오토 프리슈가 연휴를 맞아 스키를 타러 스웨덴에 머물던 중 토론을 통해 발전시킨 전혀 새로운 개념이었습니다. 이 완전히 새로운 개념은 두 번째 실험을 직접 실행하여 결과를 확인한 프리슈가 바로 얼마 전 물리학자

닐스 보어와 함께 현기를 시식히시 있었더라면, 그리고 보어가 프리슈에게 원자핵에 중성자 같은 극히 작은 입자로 충격을 주어 원자핵을 변형시키거나 파괴할 수 있으며, 원자핵이 붕괴될 경우 엄청난 양의 에너지와 파괴력이 생성된다는 이론을 설명해주지 않았더라면 두 사람의 머릿속에 떠오르지도 않았을 겁니다.

이러한 직관적이고 순전히 은유적인 지식이 이해하는 데 도움을 주어, 오토 한과 슈트라스만의 실험을 정확하게 해석하는 데 결정적 역할을 했습니다. 파장을 짐작조차 하지 못했던 두 실험 고안자들이 처음에 아예 떠올리지도 못한 해석이었죠.

여기서 첫 번째 논제(기술에 대한 공격에 대한 나의 반론)를 요약하며 마무리하겠습니다. 우리는 모두 오류를 저지릅니다. 그러나 녹색당이 기술 발전의 탓으로 돌리는 거의 모든 문제는 사실 폭발적인 인구 증가로 인한 문제들입니다. 그런데 녹색당은 이 중대한 문제에 대해서는 거의 언급하지 않습니다. 그 문제를 심각하게 파고들기 시작하면 기술에 대한 공격이 선동력을 잃을 거라고 생각하기 때문입니다.

Ⅱ

두 번째 논제는 기술 공격에 대한 반론이 아니라, 인간의 문명

삶은 문제해결의 연속이다

에서 과학기술이 차지하는 위치에 대한 친가입니다.

관련하여 먼저, 인간의 발명을 두 가지로 분류하고자 합니다. 첫 번째는 기존의 산업을 더욱 발전시키는 발명입니다. 가장 좋은 예가 영국 산업혁명을 촉발한 제임스 와트의 증기기관입니다. 그러한 발명은 생산수단의 향상을 가져온 발명으로 분류해도 좋을 것입니다.

두 번째는 중대한 의미를 갖는 문화적 발명입니다. 그중 최고로 꼽을 만한 것이 인간의 언어이며, 다양한 형태의 문자와 글, (대략 기원전 500년경) 아테네에서 있었던 최초의 도서 시장, 인쇄된 책, 인쇄기, 타자기, 컴퓨터 등등이 뒤를 잇습니다.

최초 인쇄기의 기원이 증기기관을 발명한 제임스 와트로 거슬러 올라간다는 것은 잘 알려지지 않은 놀라운 사실입니다. 아이디어는 굉장히 단순했습니다. 여러분 중 어렸을 때 압지를 본 기억이 있는 사람이 있을 것입니다. 오늘날 압지는 단시간에 마르는 잉크 덕분에 불필요해졌습니다. 와트의 아이디어는 계속해서 적셔지는 잉크를, 그것을 흡수하는 압지와 결합하는 것이었습니다. 좌우가 반대로 새겨지는 거울효과를 피하기 위해, 그는 특수 제작된 아주 얇은 압지를 사용해 종이에 잉크가 스며들면서 반대면에 글자가 나타나게 하여 읽을 수 있게 했습니다.

두 겹의 종이와 잉크 구성까지 포함하는 이 장치의 특허 취득

연도는 1780년! 가상 오래된 인쇄기인 이 말쌍품은 역사 지편으로 사라져버렸습니다. 알려진 적이 있기나 한지 의문이지만요. 이 장치는 아직도 작동합니다. 비록 한 번에 몇 장밖에 인쇄할 수 없지만, 글 쓰는 사람에게는 아주 유용한 장치였을 것입니다. 구식 타자기가 내는 소음에 괴로워서 타자기 사용에 익숙해지지 못하고, 또 원고를 자주 잃어버리는 나 같은 글쟁이에게 인쇄기가 얼마나 필수적인지 잘 알고 있습니다. 최초의 인쇄기는 굉장한 잠재적 중요성이 있었으나 주목받지 못한 발명품의 예입니다. 인쇄된 책만큼이나 문화적 중대성을 갖는 발명품이라고 할 수 있죠.

오랫동안 제대로 인정받지 못한 또 하나의 발명은 사진입니다. 수년간 사진은 초상을 남기고 싶은 개인의 욕구를 단숨에 충족시켜주었습니다. 초상화나 사진을 남기는 건 영원히 살고자 하는 욕망만이 아니라(이집트의 미라를 떠올려보십시오) 소중한 사람의 기억을 최대한 생생하게 보존하고 싶은 가족과 친구들의 욕구도 반영한 것이었지요.

그런데 지금까지 소개한 것들보다 문화적으로 더 큰 의미를 갖는 것이 개인의 필요가 야기한 대중 수송 혁명입니다. 일명 조지 스티븐슨George Stephenson(1781~1848, 상업적 활용이 가능한 기관차를 최초로 발명한 인물. 철도의 아버지로 불린다. _옮긴이) 혁명과 이보다 훨씬 더 결정적이었던 헨리 포드의 혁명입니다(포드가 발명가가 아닌 건 알지만, 그가 미국

삶은 문제해결의 연속이다

을, 이어서 전 세계를 획기적으로 변화시킨 건 사실입니다).

　최초의 선로는 사람과 짐을 실어 나르는 동력화한(모터를 장착한) 역마차였다고 볼 수 있습니다. 상품 운송용 짐차가 아니라 객차가 먼저 만들어졌던 거죠. 개인의 여행 욕구(주로 친지나 친구를 만나기 위한)에 부응해서요. 최초의 자동차도, 그리고 획기적인 포드 '모델T'도 마찬가지였습니다. 특히 포드가 최초로 대량생산한 모델T는 미국 국민에게 새로운 삶의 방식을 제공하거나 촉진한 정도를 넘어 말 그대로 미국 전체를 크게 변혁시켰습니다. 정신의 개혁이 새로운 세계관, 새로운 삶의 태도를 만든 셈이죠. 삶의 방식 변화로부터 기대할 만한 수준을 훌쩍 뛰어넘는, 실로 엄청난 혁명이었습니다. 사실상 포드 혁명은 자각하지 못했던 여러 사슬로부터 많은 사람을 해방시켜주었습니다. 이 반(半)의식적 해방을 그린 소설이 싱클레어 루이스의 『자유의 공기Free Air』입니다.

　어쩌면 특히 도덕적으로 더 큰 의미를 갖는다고 할 수 있는 것이 ('가정부'라고 하는) 가사 노예의 해방입니다. 이는 주로 가사노동의 기계화로 인해 가능했습니다. 이 엄청난 혁명, 그리고 당시 경제적 최상위층 여성만 제외하고 모두가 경험한 해방은 매우 처참하고 비극적인 구속으로부터의 해방이었음에도 불구하고 오늘날 거의 회자되지 않고 있습니다. 물을 쓰려면 멀리서 길어 와야 하고, 난방을 위해 석탄을 날라 와야 하고, 모든 빨래를 손으로 해야 하고, 호롱불도 실내를 밝히어 하는 고됨을 오늘날 누가 알겠습니까? 그러다가 인류는 가스를 사용할 줄 알게 되었습니다. 처음엔 변덕 심한 연소기로 미약한 불만 지필 수 있었지만, 훗날 (오스트리아의 화학자 벨스바흐Carl Auer Welsbach가 고안한) 놀라운 '아우어 가스 덮개' 덕분에 비약적 발전이 있었지요. 이 모든 것이 순전히 문명의 진보였습니다.

1913년경에는 가스레인지의 등장으로 인류의 해방, 더 정확히 말하면 여성의 해방이 서서히 진행되었습니다. 그리고 1922년경에 이르러 가스는 부엌 연료로써 석탄과 본격적으로 경쟁하게 되었습니다. 사실 난방에도 한동안은 계속해서 석탄이나 석유코크스(석유의 중질 유분을 열분해하여 얻은 고형 탄소를 주성분으로 하는 물질 _옮긴이)가 사용되었거든요.

이토록 끔찍한 가사노동 환경은 분명 수명을 크게 단축시켰을 겁니다. 일터에서의 고생은 말할 것도 없고요. 그 일터의 노고가 오늘날에는 *삶의 기쁨*joie de vivre으로 대체되었습니다. 그러니 여성은 과학기술의 발달에, 그것에 적대적인 사람마저 덕을 보고 있는 셈입니다.

냉소주의적
역사관에 반대하며[19]

나는 한평생 지루함을 느껴본 적이 없습니다. 수업을 들을 때
만 빼고요. 특히 뇌를 마비시키는 학교 수업들이 지루했는데, 역
사와 지리 수업이 유독 그 강도가 심했던 걸로 기억합니다.

그렇기에 역사 교사들이 약간의 냉소주의로 수업에 양념을 쳐
학생들의 흥미를 자극하려는 행태는 너그러이 봐줄 만하지 않나
생각합니다. 그러다가 냉소주의적 역사관을 유행시키는 것 또한,
용서해서는 안 되지만 이해는 갑니다.

---

19 1991년 5월 아이히슈테트 대학에서 한 강연

냉소주의적 태도는 역사에서만이 아니라 전반적으로 욕망(탐욕, 돈에 대한 욕구, 금과 석유와 권력을 향한 욕망 등)이 언제나 모든 것을 좌우한다고 주장합니다. 전제정치 체제에서만이 아니라 민주정치 체제에서도, 과거에 그래 왔으며 앞으로도 늘 그럴 것이라는 게 그들의 주장입니다. 다른 점이 있다면 민주주의 국가에서는, 그게 가능하다면, 위선이 훨씬 심하다는 것입니다. 나는 이 주장이 잘못됐을뿐더러 매우 무책임하다고 생각합니다. 바로, 매우 그럴싸하게 들리기 때문입니다. 그래서 반박이 매우 절실하다고 생각합니다. 우리가 우리 자신 그리고 우리의 역사를 보는 시각은 굉장히 중요한데, 우리가 내리는 결정과 우리가 하는 행동에도 지대한 영향을 미치기 때문입니다.

냉소주의적 역사관은 내가 여기서 언급하려는 가장 최근의 세 가지 지배적 사조 가운데 하나입니다. 오늘날 냉소주의 역사관은 마르크스주의적 역사관을 직계승한 이론으로 보입니다. 마르크스주의적 역사관은 민족주의 역사관 또는 인종주의 역사관이 몰락한 후 대유행했습니다.

독일에서는 나폴레옹 전쟁과 히틀러 몰락 사이의 시기에 민족주의적 또는 인종주의적 역사관이 성행했습니다. 히틀러 출현 이전부터 유행했던 민족주의 사관은 하나의 지적 사조, 세계관을 만들어냈고, 그것이 없었더라면 히틀러의 지배는 불가능했을 것

삶은 문제해결의 연속이다

입니다. 이 세계관은 일부는 나폴레옹, 일부는 헤겔 덕분에 생겨났다고 할 수 있습니다. 민족주의 사관은 역사를 국가와 인종들 간에 존망을 걸고 벌이는 지배권 투쟁으로 봅니다. 그래서 이 이론에 따르면, 예를 들어 히틀러 제국의 몰락은 게르만족의 절멸을 가져왔어야 합니다. 히틀러가 막판에 이 이론이 예견한 민족 절멸을 실현하기 위해 온갖 실질적 조치를 다 했음은 잘 알려져 있지요. 그런 노력에도 불구하고 다행히 그 예언이 틀렸음이 드러났습니다.

진지하게 받아들일 만한 것처럼 보였던 이론도 예측이 어긋나면 신뢰성을 잃습니다. 당시 매우 지배적이었던 민족주의 사관도 결국 그렇게 되었지요. 이는 분명 헤겔주의 역사관과 민족주의 역사관의 뒤를 이어 마르크스주의 역사관이 지배적 사조가 되는 데 기여했습니다. 결코 동독에서만 그런 것도 아니었습니다.

세 번째 유행 사조인 냉소주의적 역사관의 승리를 불러온 것이 마르크스주의 역사관의 지적 몰락이므로, 여기서 그에 대해 좀 더 자세히 살펴볼 필요가 있겠습니다. 무엇보다 마르크스주의 역사관에 대한 반론 확립이 내 인생에 굉장히 중요한 역할을 했기에 여기서 짚어보고자 합니다.

마르크스주의 역사관은 '유물사관' 혹은 '역사적 유물론'이라고도 하는데, 둘 다 기원이 마르크스와 엥겔스로 거슬러 올라갑니다. 마르크스주의 역사관은 헤겔의 역사관을 재해석해, 역사를 민족 간 투쟁이 아닌 계급 간 투쟁으로 봅니다. 목표는 단 하나, 사회주의(혹은 공산주의, 용어는 중요하지 않습니다)가 역사적 필연성으로 반드시 승리해야 한다는 증거(과학적 증거)를 제시하는 것입니다.

이 증거라는 것은 마르크스의 저서 『철학의 빈곤The Poverty of philosophy』의 마지막 세 쪽에 최초로 제시되었는데, 엄밀히는 1847년 프랑스어판이 최초라고 해야겠네요. 마르크스가 제시한 증거는 이러합니다.

> 역사는 곧 계급 투쟁의 역사다. 우리 시대(마르크스가 『철학의 빈곤』을 쓴 것은 1847년)에 이는 부르주아지, 곧 착취 계급과 프롤레타리아, 피착취 생산 계급 간의 투쟁을 뜻한다. 이 투쟁은 생산자 집단의 승리로만 끝날 수 있다. 그들이 계급의식으로 무장하고 조직화하면 생산을 전면 중지할 수 있기 때문이다. '우리의 강한 팔이 원하면 모든 바퀴가 멈춘다.' 바꿔 말하면 생산 집단이 아직 의식하지 못하고 있더라도, 물리적 힘을 손에 쥐고 있다는 얘기다. 게다가 그들은 압도적 다수를 차지한다. 그러므로 그들의 해방, 소위 '사회 혁명'에서 그들의 승리는 반드시 실현될 것이다. 이 혁명은 부르주아지의 해체로 마무리될 것이며, 이 과정은 승리한 프롤레타리

삶은 문제해결의 연속이다

아의 독재를 통해 이루어질 것이다.

이는 단일 계급으로 이루어진 사회의 막을 열 것인데, 그 사회는 당연히 생산자들로 이루어진 계급 없는 사회다. 더 이상 지배 계급이란 없으며 그에 따라 (자본 계급이 해체되는 즉시) 지배자도 피지배자도 존재하지 않게 된다. 그러면 모든 전쟁은 계급 전쟁이므로, 계급 없는 이 사회는 인류가 오래도록 열망해온 평화를 가져온다.

이것이 사회주의가 도달해야 할 '역사적 필연'의 과학적 증거라는 것입니다.

마르크스는 이미 1847년에『철학의 빈곤』마지막 두 쪽에서, 자신의 논거에 대한 반론을 예상했습니다. '구(舊)사회의 몰락 이후 새 지배 계급이 출현해 결국 또 새로운 정치 세력으로 자리 잡지는 않을까?' 이 중요한 질문에 마르크스는 한마디로 답했습니다. '아니다.' 생산 계급은 분열되지 않을 거라고 확신한 듯합니다. 프랑스 혁명 이후 그랬듯 관료 계급과 경찰, 정치적 후원자들의 지지를 업은 나폴레옹식 독재자들로 이루어진 신 지배 계급과 나머지 사람들 전부로 분열될 가능성을 고려하지 않은 겁니다.

사회 혁명과 필연적으로 뒤따를 사회주의 도래를, 마치 뉴턴의 천체 역학이 일식을 예측하듯, 과학적으로 예견하고 논거를 제시하겠다는 마르크스주의의 태도는 도덕적으로 엄청난 위험 요소를 안고 있습니다. 나는 그것을 1918년에서 1919년으로 가는 겨울에 직접 경험한 바 있습니다. 제1차 세계대전이 끝나갈 무렵, 내가 열여섯 살 반이 됐을 때의 일입니다. 사회주의의 역사적 당위성에 설득당한 청년은 자신이 보탬이 돼야 한다는 도덕적 의무감에 사로잡히기 마련입니다. 당원들이 거짓말을 해대고 도덕적으로 비난받아 마땅한 수단을 사용하는 것을 목격해도, 내가 젊은 날 그랬듯, 쉽게 합리화합니다. 사회주의 운동이 반드시 일어나야 하는 것이라면 그에 저항하는 건 명백한 범죄가 아닌가 하고 생각하게 되는 겁니다. 그러니 사회주의 혁명의 도래를 촉진하고, 그것에 대한 저항을 최소화하는 게 모든 인간의 의무라고 믿게 되는 것입니다. 하지만 혼자서는 그것을 실현할 만큼 강하지 못하므로 당에 합류해 운동을 지원하면서 물심양면으로 충성해야 한다고요. 설사 그 과정에서 자신이 도덕적으로 혐오하는 바를 지지해야 하거나, 용납해야 한다고 해도 말입니다.

이런 기제는 개인을 도덕적 타락으로 이끌 수밖에 없습니다. 여기에 휩쓸리면 지적 농간과 변명, 거짓말을 점점 더 용납하게 됩니다. 그러다 어떤 경계선을 넘으면 이후로는 무엇이든 다 순순히 받아들이게 됩니다. 그것은 정치적 테러리즘과 범죄로 가는 길입니다.

삶은 문제해결의 연속이다

나는 이 공식에 빠져든지 약 8주쯤 되었을 때, 열일곱 생일을 며칠 앞둔 시점에 마르크시즘을 완전히 거부함으로써 함정에서 빠져나올 수 있었습니다. 시위 현장에서 경찰이 발포한 총에 어린 동지들이 쓰러지는 모습에 큰 충격을 받고서, 스스로에게 이렇게 물었습니다. '이 과학적 증거라는 것이 이치에 맞는다는 걸 진정 알고 있는가? 실질적인 방법으로 비판적 검증을 해보았는가? 다른 청년들에게 목숨을 걸도록 종용하면서 그에 대해 책임을 질 수 있는가?'

나는 이 질문들에 대한 진실한 대답은 여지없는 부정임을 깨달았습니다. 나는 마르크시즘이 말하는 사상적 근거를 비판적으로 검증한 적이 없었습니다. 그저 다른 사람들의 승인에 의존하는 정도로 그쳤고, 그들은 또 (나를 포함한) 다른 이들의 판단에 의존했지요. 이는 모든 협력자가 지적으로 파탄 나고 (무의식중에) 서로를 거짓으로 인도하는 상호보험입니다. 나는 내가 이러한 함정에 빠졌음을 깨달았습니다. 가장 단단히 빠진 것은 두말할 것 없이 당 지도자들이었습니다.

모든 것은 마르크스주의가 말하는 증거인 계급 없는 사회의 도래에 달렸다고 나는 배웠습니다. 그러나 마르크스가 반론의 가능성을 보고도 부정한 시점에서 그 이론은 무너졌습니다. 당의 지원을 업고 '새로운 계급'을 형성함으로써 마르크스가 품었던 희망들을 무효화한 건 분명 낭 시노사들입니다. 이 '긴 지배 계급'은 미래의 피지배자들을 기만하고 불신하면서, 한편으로는 그들에게 신뢰를 요구합니다. 사회주의가 승리하고 독재 정부가 도래하기도 전에 이미 그 지도자들은 조금이라도 곤란한 질문을 던지는 이들은 주저 없이 당에서 축출했던 것입니다(그때만 해도 아직 가차 없이 죽이지는 못했습니다). 이것이 대답하기 곤란한 질문을 처리하는 그들의 방식이었습니다. 당 규율의 원천이기도 했지요.

나는 이를 늦지 않게 깨닫는, 분에 넘치는 행운을 얻었습니다. 열일곱 번째 생일에 마르크시즘에서 완전히 등을 돌린 겁니다. 만약 마르크시즘을 계속 신봉했더라면 나는 어떤 사람이 되었을까요? 용기와 결단력을 갖춘 반체제 운동가 안드레이 사하로프 같은 사람도 오랫동안 마르크시즘에 사로잡혀 있다가 스탈린(그의 심복이었던 비밀경찰국장 라브렌티 베리아를 통해)의 손에, 이어서 흐루쇼프의 손에, 인간이 발명한 무기 중 최대의 파괴력을 지닌 대량살상 무기를 쥐여주기에 이릅니다. 아직 연구가 완성되지 않아 비교적 약한 상태에서도 사하로프의 수소폭탄은 히로시마에 투하된 폭탄보다 수천 배 강력한 파괴력을 갖도록 설계되었습니다.[20]

훗날 나는 마르크스의 사회주의 혁명을 믿으며 공산당에 몸담

---

20 안드레이 사하로프의 『Memoir』(Hutchinson, London, 1990), 218쪽 인용

삶은 문제해결의 연속이다

우 저명한 과학자 여러 명을 만나봤습니다. 그 위대한 과학사 중 한 명을 설득해 마르크시즘을 버리도록 한 것이 나는 무척 자랑스럽습니다. 그는 바로 유명한 영국의 생물학자 J. B. S. 홀데인Haldane입니다.

스탈린이 사망하자 사하로프는 스탈린의 범죄를 인도주의적 행위로 간주하고 면죄부를 주면서, (그가 보기에) 인류 발전에 중대한 의미를 띠는 사회주의 혁명에서 필연적인 행위였다고 변명을 해댔습니다. 그러나 나는 누구든 이념을 위해 자신을 희생할 수 있는 건 자기 자신뿐, 다른 누구도 희생해서는 안 된다는 것을 다행히 일찌감치 깨달았습니다.

마르크스가 말하는 과학적 증거는 사회주의와 인류 평화 도래의 필연성을 보여주려는 맥락에서 제시된 것입니다. 하지만 마르크스주의 역사관에는 속물화한 마르크스주의라고 볼 수 있는 다른 요소들도 보입니다. 간략하게 요약해보겠습니다.

사회주의를 위해 투쟁하지 않는 인간은 모두 오직 이기심으로만 움직이는 이들이다. 이를 인정하지 않는 자는 사기꾼이며 위선자다. 중죄인이라고 할 만하다. 그들이 사회주의의 도래를 지연시킨다면 사회주의 혁명을 위해 치러질 인류의 모든 희생에 대한 죄과는 그들이 져야 할 것이다. 혁명을 폭력적으로 변질시키는 건 바로 혁명에 대한 저항이다. 혁명가들이 피 흘리게 만드는 건 바로 그런 중범죄자들의 탐욕이다.

이제 역사 인식의 세 번째 사조를 논할 차례가 되었습니다.

마르크스주의에서 사회주의 도래라는 요소를 제거하면 냉소주의적 역사관이 되는 것은 분명합니다. 새로운 이념을 덧붙일 필요도 없습니다. 기껏해야 비관주의에 입각한 이념만 남겠지요. 세상은 권력과 금, 석유에 눈먼 자들, 양심 없는 무기 제조업자들에 의해 지배되기에 지금도 그렇고 앞으로도 항상, 아무리 물자가 풍부한 나라라도 굶주림과 강제 추방, 전쟁, 가난이 크게 좌우하는 곳일 것이라는 비관론 말입니다.

마르크스주의 그리고 그에 따른 냉소주의는 가장 부유한 국가인 미국이 최악이라고 가르칩니다. 이렇게 해서 반미주의가 주로 미국만큼 부유하지 못한 국가들에서 일어나는 것입니다.

초현대적 사조인 냉소주의적 역사관과 그 선조뻘이면서 못지않게 위험한 두 사조에 대해 개략해봤습니다. 이제 나 나름으로 발전시킨 역사관으로 급선회하려고 합니다. 얼마나 급격한 선회인지는, 이 강연 후반부의 제목으로 써도 좋을 다음의 선언을 들으면 실감할 것입니다. "나는 낙관주의자다."

나는 미래를 전혀 알지 못하며 따라서 어떠한 예측도 하지 않는 낙관주의자입니다. 우리가 판단할 수 있으며 또 판단해야만 하는 현재와 우리가 영향을 줄 수 있는 활짝 열린 미래를 명확히 구별해야 합니다. 그에 따라 우리에겐 미래가 단순히 과거와 현재의 연장이라는 것과는 다른 태도로 미래를 맞이할 도덕적 의무가 있습니다. 열린 미래는 예측이 불가능하며 도덕적으로 다른 가능성을 안고 있습니다. 따라서 우리가 기본적으로 취할 태도는 '어떤 일이 일어날까?'가 아니라 '세상을 조금이라도 나은 곳으로 만들려면 무엇을 해야 할까?'이어야 합니다. 후대가 망쳐놓을 수도 있음을 안다고 해도요.

강연의 후반부에서는 이에 따라, 다음 두 가지 문제를 다루겠습니다. 현재를 보는 나의 낙관주의, 그리고 미래를 염두에 둔 나의 능동주의입니다.

우선 1950년 첫 미국 방문을 계기로 나는 낙관주의자로의 견지를 굳히게 되었음을 밝힙니다. 이후 스무 번 내지 스물다섯 번쯤 더 다녀왔는데, 갈 때마다 강한 인상을 받았습니다. 그러나 전후 유럽을 휩쓴 마르크스주의의 영향에 우울감에 빠져 있던 나를 영원히 건져준 건 첫 번째 방문이었습니다. 1938년, 히틀러의 오스트리아 침공 이후 집필을 시작한 『열린사회와 그 적들』이 1945년에 마침내 출간되었습니다. 그러나 출판 성적도 좋고 호평도

받았음에도, 마르크스주의의 승리에는 아주 작은 흠집도 내지 못할 것처럼 보였지요.

여기서 잠깐, 나의 낙관주의를 이루는 주요소들을 설명하고 넘어가야겠습니다.

1. 반복하지만 나의 낙관주의는 미래가 아닌 오직 현재만을 대상으로 합니다. 나는 진보의 법칙 같은 건 없다고 생각합니다. 심지어 과학이나 과학기술 분야에도 그런 건 없다고 봅니다. 진보는 '일어날 법한 일' 정도로도 이야기해선 안 됩니다.

2. 나는 서방세계가 그 어느 때보다 나은 세상에 살고 있다고 믿습니다. 대다수 지식인이 우리가 도덕적 지옥에 살고 있으며 물리적, 도덕적 오염으로 타락해가고 있다는 새로운 비관적 종교를 설파하면서 큰 죄를 범하고 있지만, 내 생각은 변함없습니다.

3. 나는 이 비관적 종교가 명명백백한 거짓이며, (주요 논지로 곧바로 들어가) 지금 우리가 살고 있는 사회만큼 개혁을 향한 열정이 불타오른 사회는 없었다고 봅니다.

4. 이 개혁을 향한 열정은 희생을 감수하려는 새로운 윤리적 의지, 두 차례의 세계대전에서 이미 (양 진영 모두에서) 확연히

삶은 문제해결의 연속이다

보였던 어떤 의지로부터 나온 결과입니다. 7년 전생 때만 해도 프리드리히 II세는 병사들에게 "이 겁쟁이들아, 영원히 살기라도 바라는 것이냐"라고 호통치며 죽음을 피하지 말 것을 종용해야 했습니다. 그런데 윤리적 가치에 호소하는 것으로 충분하다는 것이 드러났지요. 독일에 대한 의무와 애국심에서, 세계의 자유와 평화에, 그리고 양 진영 모두 전우애에 호소하는 것으로 충분했던 것입니다.

앞서 경험에 의한 주장도 펼친 바 있지만, 나는 공산주의의 영향력이 윤리적 가치의 호소에서 나온다고 봅니다. 평화운동도 마찬가지입니다. 더불어 테러리스트들 역시 처음에는 윤리적 가치의 호소에 반응했으나, 내가 앞서 얘기한 이념에 내재한 이중성의 함정에 빠진 것이라고 봅니다.

오랫동안 내가 매우 가까운 벗으로 여길 만큼 친했다가 말년에 어느 공산당 서기의 영향력에 휘말려 무너진 버트런드 러셀은 우리 시대의 문제는 지적 발전이 너무 빠른 속도로 이루어진 반면, 도덕적 발전은 그 속도를 따라잡지 못한다고 말했습니다. 그래서 핵폭탄 기술을 알아냈을 때 그에 수반되었어야 할 도덕적 원칙들을 미처 세우지 못했다는 겁니다. 즉 러셀의 말은 우리가 너무 똑똑한데 도덕적으로는 너무 타락했다는 것입니다. 냉소주의자들을 포함해 많은 사람이 러셀의 말에 공감했습니다. 그러나 나는 정반대의 가치관을 고수하고 있습니다. 나는 우리가 너무 올바른 동시에 너무 어리석다고 생각합니다. 우리의 도덕성에 직접적 혹은 간접적으로 호소하는 지론들에 너무 쉽게 흔들리며, 그러한 지론들을 대하는 우리의 태도는 충분히 비판적이지 못하다는 뜻입니다. 우리는 그런 이념들을 걸러내기에 충분히 지적으로 성숙하지 못한데다가, 당장이라도 뭐든 희생해야 한다며 기꺼이 자신을 바치잖습니까.

나의 낙관주의의 긍정적인 면을 정리해보겠습니다. 우리는 한마디로 좋은 세상에 살고 있으며, 서방세계에 지금껏 존재했던 것 가운데 최고의 사회 체계를 마련했습니다. 그 사회 체계를 끊임없이 개선하고 혁신하려고 노력하고요. 결코 쉽지 않은 일이었지만요. 희망적으로 보였던 개혁이 잘못된 정책으로 판명된 경우도 많습니다. 우리의 사회적, 정치적 행위의 결과가 종종 우리가 의도했던, 혹은 예측했던 결과와 다르게 나타날 수 있다는 사실을 아는 것이 매우 중요합니다. 그럼에도, 많은 사람이 희망했던 것보다 훨씬 큰 업적을 성취한 것은 사실입니다.

우리가 악으로 가득한 세상에 살고 있다는 만연한 믿음은 명백한 거짓입니다. 그러한 사상은 퍼지면서 많은 젊은이를 좌절에 빠뜨립니다. 자신을 지탱해줄 일말의 희망 없이는 살아남지 못할

삶은 문제해결의 연속이다

수도 있는 나이에 말이죠. 다시 말하지만, 나는 미래를 낙관적으로 보는 사람은 아닙니다. 미래는 열려 있기 때문입니다. 역사에서 진보 법칙이란 존재하지 않습니다. 내일이 어떤 모습일지 우리는 알지 못합니다. 아무도 예견할 수 없는 수십억 개의 좋고 나쁜 가능성이 존재하지요. 나는 예언적으로 미래의 목표를 정해놓는 세 가지 역사관을 거부하며, 도덕적 원칙에 입각해 그 세 가지를 다른 어떤 사상으로도 대체하지 말 것을 주장합니다. 역사로부터 어떤 것을 추정하려는 건 잘못된 태도입니다. 예를 들어, 오늘날의 풍조를 보고 내일은 어떻게 될지 추측하는 식 말입니다. 역사를 적어도 일부는 예측이 가능한 어떤 풍조로 보는 것은 하나의 심상 또는 은유를 가지고 이론을 정립하려는 것과 같습니다.

우리가 나아갈 올바른 방향은 과거를 미래와 완전히 분리된 것으로 보는 것입니다. 과거의 사실들을 역사적으로, 그리고 도덕적으로 판단해 어떤 일이 실현 가능한지, 어떤 일이 도덕적으로 옳은지를 배워야 합니다. 미래를 예언하려고 과거로부터 풍조나 동향을 추론하는 건 아예 지양해야 합니다. 미래는 열려 있기 때문이죠. 어떤 일이든 일어날 수 있습니다. 지금 이 순간 소련에는 사하로프가 만든 수소폭탄이 수천 개 있으며, 그것을 사용하고 싶어 안달 난 과대망상 환자도 넘쳐납니다. 인류는 당장 내일 지구에서 싹쓸이될지도 모릅니다. 그러나 커다란 희망도 존재합니다. 현재보다 훨씬 나은 미래를 만들 무한한 기능성이 존재하니까요.

불행히도, 미래를 이런 방향으로 보는 방식은 받아들이기 쉽지 않은 모양입니다. 일부 지식인은 미래를 현재, 과거와 분리해서 보는 것 자체가 불가능한 것으로 보입니다. 철인(哲人)이 미래에 나아갈 방향을 손으로 가리켜주어야 한다고 마르크시즘에서 배운 이들입니다. 나는 내가 이야기하는 현재에 대한 낙관주의가 적어도 낙관주의를 가장한 철인의 방향 지시인 게 분명하다는 말을 여러 차례 들었습니다. 미래를 낙관적으로 보지 않고서 어떻게 현재를 낙관적으로 보겠느냐는 거죠.

그러나 나의 현재에 대한 낙관주의가 미래에 대해 내놓을 수 있는 건 희망밖에 없습니다. 그것은 우리에게 희망과 동기(인센티브)를 줍니다. 과거에 우리가 많은 것을 더 나은 방향으로 이끄는 데 성공했으니 미래에도 그 같은 성공이 얼마든지 가능함을 보여주기 때문입니다. 한 예로, 1920년대에 하녀들이 노예의 지위에서 벗어난 이래로 서방세계에서는 실질적으로 노예가 사라졌습니다. 서방세계가 적어도 이런 부분에서는 해방되었다는 사실을 우리는 자랑스러워해도 좋습니다.

미래에 관해서라면, 예언을 찾으려 들지 말고 그저 도덕적으로 옳으며 책임을 질 수 있는 방향으로 행동하면 됩니다. 그러기 위

삶은 문제해결의 연속이다

해 우리는 이념이라는 색안경을 통하지 않은, 있는 그대로의 현재를 정확하게 보는 법을 배울 의무가 있습니다. 무엇이 성취 가능한지는 현실에서 배울 수 있습니다. 앞서 언급한 세 가지 이념적 역사관의 렌즈를 끼고 현실을 본다면, 그것은 배울 의무를 저버리는 것과 다름없습니다.

미래는 열려 있으며 우리에겐 미래를 현재보다 낫게 만들기 위해 최선을 다할 책임이 있습니다. 그런데 이 책임에는 자유가 전제됩니다. 전제정치 체제에서 우리는 노예나 다름없으며, 노예는 자신이 하는 행동에 책임이 없습니다. 이는 오늘 강연의 마지막 논제와 이어집니다.

정치적 자유(전제정치 체제로부터의 자유)는 정치적 가치 중에서도 가장 중요합니다. 우리는 언제든 정치적 자유를 위해 싸울 준비가 되어 있어야 합니다. 정치적 자유는 언제라도 잃을 수 있습니다. 그렇기에 가만히 앉아서 이대로 자유가 보장될 거라고 믿어서는 절대 안 됩니다.

전제정치 체제에서는 우리 모두가 인류를 배신하고, 그럼으로써 인간성을 상실할 위험에, 그리고 인간성을 말살당할 위험에 처하게 될 수 있습니다. 심지어 안드레이 사하로프 같은 사람도 (후에 감탄할 만한 행동으로 전제정치에 반기를 들 용기가 있음을 증명해 보였지만) 젊은 시절 잔학한 범죄자의 면모를 보였습니다. 앞서 얘기했다시피 사상 최대의 위력을 갖는 내탄살상 무기를 스탈린의 심복인 사디스트 중의 사디스트 베리아의 피 묻은 손에 쥐여주었을 뿐만 아니라, 소련 해군이 그것을 최대한 활용할 수 있도록 더욱 끔찍한 계획까지 세웠거든요. 그것을 어느 고위 장교가 자신의 전투 윤리에 어긋난다는 이유로 거부했고, 사하로프는 훗날 자신이 무척 부끄러웠다고 기록한 바 있습니다. 이 모든 사달이 사하로프가 광적이고 타락한 마르크스 사상에 눈멀어 '위대한 인도주의자' 스탈린(당시 사하로프는 스탈린을 인도주의자로 봤습니다)의 사명이라고 믿었기 때문에 일어난 겁니다. 당시의 이런 압제적 분위기에서 사하로프는 일시적으로 진정 광기 띤 괴물이 되었습니다. 일시적이긴 하나 최악의 재앙을 구체화하기에 충분한 시간이었죠. 지구상 모든 생명체의 머리 위에 다모클레스의 검을 달아놓은 겁니다.

전제정치 체제는 인간으로서의 책임을 박탈해 우리의 인간다움을 박탈합니다. 이렇게 되면 양심을 따르려는 사람은 불가능한 선택에 직면합니다. 이를테면 가정에 대한 의무와 박해받는 이들을 도울 의무, 아니면 최소한 그 박해에 가담하지 않을 의무 둘 중에 선택하기 같은 해소 불가능한 갈등에 처하는 겁니다. 자기 자신에 대한 의무와 자신 위에 군림하는 독재자에 대한 가짜 의무, 예를 들면 사하로프가 흐루쇼프에게 이행을 약속했다가 (독일 전범들이 그랬듯) 추후 자신의 변호에 이용한 것과 같은 의무를 혼동하지

삶은 문제해결의 연속이다

않으려면 엄청난 용기가 필요합니다.

전제정치 체제가 어떻게 인간의 의무감과 책임의식, 나아가 의무와 책임을 다하려는 그 인간마저 파괴하는지는 '뮌헨의 백장미'라는 결코 잊을 수 없는 사례를 통해 분명히 알 수 있습니다. 한 무리의 학생들과 교수 한 명으로 이루어진 저항단체 백장미는 1942년에서 1943년으로 넘어가는 겨울, 히틀러의 전쟁에 반대해 투쟁할 것을 촉구하는 선전물을 배포했습니다. 한스 숄과 그의 누이 조피 숄은 동료 크리스토프 프롭스트와 함께 1943년 2월 22일 처형당했습니다. 알렉산더 슈모렐과 교수 쿠르트 후버는 1943년 7월 23일에, 빌리 그라프는 1943년 9월 12일에 처형당했습니다. 당시 한스 숄은 24세였고, 조피는 21세였습니다. 다른 학생들도 모두 비슷한 나이였죠. 동지들 가운데 몇 명은 아직 살아 있습니다.

다른 이에게 모범이 되는 영웅은 우리 세대에서는 드물게 볼 수 있는 존재가 되었습니다. 앞에서 언급한 이들은 진정한 영웅이었습니다. 그들은 다른 이들이 뒤따르기를 희망하며, 희망이 없어 보이는 투쟁을 시작했습니다. 진정한 모범이었지요. 자유와 책임을 위해 싸우고 자신의 인간성과 인류 전체의 인간성을 위해 싸웠으니까요. 잔악하고 비인간적인 전제정치가 그들을 침묵하게 만들었지만, 우리는 결코 그들을 잊어서는 안 됩니다. 그들을 대신해 말하고 행동해야 합니다.

정치적 자유는 우리의 개인적 책임, 인간성의 필요조건입니다. 반드시 *자유*라는 *기본적* 가치관으로 더 나은 세상, 더 나은 미래를 향한 걸음을 내디뎌야 합니다.

나는 유럽이 거의 항상 프랑스 혁명이라는 실패한 (적어도 드골이 제5공화국을 세우기 전까지는) 예에만 집중하면서 그 못지않게 위대한 혁명임에도 거의 항상 평가절하되는 미국 독립전쟁에는 (어쨌든 학교에서는) 별로 관심을 보이지 않는 게 참 안타깝습니다. 아테네의 솔론이 도입을 시도했고, 칸트도 철저히 분석한 바 있는 개인의 자유라는 이념이 결코 유토피아적 망상이 아니라는 증거를 바로 미국이 보여줬기 때문입니다. 미국 독립전쟁은 자유 수호에 헌신하는 정부 형태가 존재 가능할 뿐만 아니라, 가장 큰 난관들도 극복할 수 있음을 충분히 보여주었습니다. 무엇보다 여기서 말하는 정부 형태는 권력의 분할 분배를 통한, 또한 그렇게 분할된 권력들 사이의 상호 견제와 균형을 통한 *전제정치의 지양*이라는 (특히 국민 중 다수파에 의한 전제정치를 지양하자는) 가치에 기초를 둔 정부입니다. 이러한 이념은 독일 민주정치 체제의 기본법을 비롯해 수많은 민주국가에게 영향을 미쳤습니다.

그러나 미국은 힘거운 시기를 여러 차례 겪어야 했습니다. 사실 독립전쟁 이래 줄곧 힘거운 시기를 지나왔으며, 여러 영역에

삶은 문제해결의 연속이다

서 비견하지 못할 성공을 거두었음에도 불구하고 아직 그 시기를 뒤로하지 못하고 있습니다. 자유를 향한 투쟁이 지금도 계속되고 있는 것이지요.

미국 독립전쟁의 불씨가 된 모든 인간의 자유라는 위대한 이념은 독립 이전 시대, 특히 스페인으로부터 인습된 노예제와 극명한 대조를 이루며, 이 노예제는 미국 남부에 깊게 뿌리내려 100년 넘게 지속했습니다. 미국은 노예제 지속 여부를 두고 남과 북으로 양분됐고, 남부는 북부를 상대로 선제공격을 함으로써 전쟁을 일으켰습니다. 친구와 가족이 서로에게 총을 겨누게 만든 사상 최악의 전쟁이었지요. 이때만 해도 자유를 위한 미국의 싸움은 프랑스 혁명만큼 절망적으로 보였습니다. 그러나 양측이 참혹한 수준의 사상자(60만 명이 목숨을 잃었으며, 여기에는 링컨 대통령도 포함됩니다)를 냈음에도, 초반에 우세를 보이던 남부는 곧 격퇴당하고 제압됐습니다. 이로써 노예는 해방되었고요. 그러나 해방된 흑인 노예의 자손들을 어떻게 미국 사회에 통합하느냐라는 커다란 문제가 남았습니다. 그저 피부색이 다르다는 이유로 몇 세기를 지속해온 잔악한 차별 관습은 분명 극복해야 할 과제였지만 쉽게 잊히지는 않을 터였으니까요.

이 문제를 웬만큼이라도 정확히 기술하고 분석한 독일 사학자의 연구를 나는 아직까지 보지 못했습니다.

내 생애 가장 강렬히 각인된 장면들 중 하나는 1950년부터 1989년 사이 여러 차례 목격한 바 있는, 미 정부가 해방 노예들을 동등한 권리를 갖는 시민으로 자리 잡도록 도와주려는 시도였습니다. 그중 한 일화를 들려주겠습니다. 1956년 나는 애틀랜타대학에 객원교수로 있었습니다. 애틀랜타는 남북전쟁 당시 남부연맹을 이룬 주들 가운데서도 심장에 해당하는 곳입니다. 그런데 내가 객원교수로 갔을 당시 애틀랜타대학에는 학생이 전부 흑인이었고, 교수 중에도 백인은 소수에 불과했습니다. 한 번은 저명한 흑인 학자인 학장에게, 이 훌륭한 대학이 언제 어떻게 설립되었는지 물었습니다. 놀랍게도 딥 사우스(미국 최남동부 지역. 조지아, 앨라배마, 미시시피, 루이지애나 등의 주가 여기 속한다. _옮긴이)에 있는 이 흑인대학은 남북전쟁이 끝나고 6년 후, 기독교교회연합이 백인과 흑인 성직자, 교사들이 한데 섞여 가르치도록 설립된 몇 군데의 흑인 칼리지(여덟 군데라고 들은 것으로 기억합니다)가 하나로 통합되어 탄생한 대학이라더군요.

이 일화를 어떻게 해석할지는 여러분에게 맡기겠습니다. 『마이어스 엔지클로페디셰스 렉시콘Meyers Enzyklopädisches Lexicon』(마이어 백과사전, 1839년부터 1984년까지 출간된 독일 백과사전 '마이어스 렉시콘' 시리즈 중 1971~1979년 총 25권으로 출간된 9번째 개정판 _옮긴이)에서 남북전쟁 결말을 서술해놓은 다음 구절과 비교해본 후 어떤 결론을 내릴지도 여러분에게 맡깁니다. '반면에 전쟁의 원인이었던 노예제는 해결된 것처럼 보이기만 했을 뿐이었다.' 이러한 기술은 부당한 것 같습니다. 해당 항목의 나머지 내용 전반도 그렇고요. 저자가 과연 어떤 해결책을 염두에 두고 저렇게 썼는지 궁금합니다. 어쨌든 애틀랜타대학의 역사는 내가 미국에 방문할 때마다 직접 목격한 다른 많은 시도와 더불어 몹시 강한 인상을 남긴 게 사실입니다.

수많은 나라를 가봤지만 미국만큼 자유로운 공기를 맛본 곳은 없습니다. 관용이 동반된 이상주의 그리고 남을 돕고 배우려는 태도를 이렇게 많이 보인 곳은 없었습니다. 이토록 적극적이고 실용적인 이상주의, 이토록 기꺼운 학습 자세라니. 이후로도 나는 흑인 학생들의 통합이 성공적으로 이루어져 더 이상 피부색이 차별 요소가 되지 않는 것으로 보이는 미국 대학을 여러 군데 방문해봤습니다.

이런 이야기가 호응을 받지 못할 것을 잘 압니다. 3년 전 하노버에서 열린 회의에서 나는 미국을 옹호하는 연설을 했습니다. 앞서 여러 강연에서 미국이 공격을 받은 데 대한 반론이었지요. 비난 섞인 고함이 터져 나왔고, 연설 내내 여기저기서 야유가 끊이지 않았습니다. 나는 이를 청중이 지루해하지 않았다는 신호로 기쁘게 받아들였지요. 더불어, 내가 자유와 관용을 위해 싸우고 있는 것 같아서 (그렇게 믿을 수 있어서) 자못 만족스러웠답니다.

평화를 위한 전쟁[21]

슈피겔: 포퍼 선생님, 소비에트 연방이 몰락함으로써 선생님께서 거의 반세기 전에 한 예언이 현실이 되었습니다. 이것을 『열린사회와 적들』에 대한 비판적 합리주의의 승리로 봐도 되겠습니까?

포퍼: 저는 그런 예언을 한 적이 없습니다. 예언이란 하면 안 되는 것이라고 생각하니까요. 그 사람의 예견이 맞아떨어졌는지 아닌지를 두고 지식인을 판단하는 건 잘못된 태도입니다.

---

21 「슈피겔」 1992년 4월호에 최초로 실린 인터뷰. 슈피겔의 허락을 얻어 여기에 싣는다.

독일에서, 저에도 헤겔 이후로는 역사학이 예언적 성격을 띠어야 한다는 견지가 줄곧 이어져 왔습니다. 저는 그것이 잘못된 견지라고 봅니다. 인간은 역사에서 배우지만, 역사는 역사로만 머물러야 합니다. 우리가 미래를 보는 태도는 역사에 근거해 미래를 내다보려는 태도와는, 그리고 과거에 걸어온 길을 미래에도 그대로 나가려는 태도와는 달라야 합니다.

슈피겔: 좋습니다. 그럼 예언은 아니라도, 선생님께서는 최소한 자유민주주의가 여러 형태의 전제정치에 맞서 승리할 거라고 기대하셨지요.

포퍼: 미래를 보는 태도는 다음과 같아야 합니다. 우리는 미래에 일어날 일에 대해 지금 현재 책임이 있습니다. 과거는 이미 일어난 일이지요. 그에 대해서는 어쩔 수가 없습니다. 조금 다른 의미에서 과거에 대해 책임이 있긴 해도요. 그러니까 우리가 이미 저지른 일에 대해서는 책임을 진다 해도 말입니다. 그렇지만 미래에 대해서는 현시점에서 우리에게 도덕적 책임이 있습니다. 어떤 이념적 렌즈도 적용하지 않은 채 최선을 다할 의무가 있는 거죠. 전망이 그리 밝지 않다고 해도요. 여기서 최선이란 당연히 가장 덜 폭력적인 방식, 세상의 고통, 그러니까 불필요하게 존재하는 고통을 감소시키는 방식을 말합니다.

슈피겔: 이미 레닌 시대에 좌파 공산주의자들이 일당 독재하의

러시아에서 강제된 국가 이념이 마르크스의 이론들과 서로 공통점이 없다고 불평한 건 사실 아닙니까? 마르크스는 산업화한 서방세계에서 프롤레타리아 혁명이 일어날 거라고 예견했으니까요.

포퍼: 그에 대해선 이렇게 답해야겠군요. 공산주의의 광기는 (마르크시즘에서도 이미 발견되는데) 한마디로 자본주의 세계를 악으로 봅니다. 하지만 마르크스가 정의한 자본주의는, 심지어 그 비슷한 것도 이 세상에 존재한 적이 없습니다.

슈피겔: 맨체스터 자유주의(19세기에 맨체스터를 중심으로 전개된 자유무역주의 운동 _옮긴이)가 지적한 극악한 노동 조건 같은 게 다 허상이라는 말씀입니까?

포퍼: 물론 당시는 노동자에게 최악의 시기였죠. 하지만 다른 사람들에게도 똑같이 어려운 시기였습니다. 마르크스는 주로 노동자에게 관심이 있었습니다. 한 가지 명백한 역사적 사실은 그때 이후로 노동 조건은 점점 나아졌다는 겁니다. 점점 나빠질 것이며, 그럴 수밖에 없다고 한 마르크스의 주장과는 다르게요.

슈피겔: 마르크스의 절대빈곤 이론을 말씀하시는 겁니까?

포퍼: 네. 그런데 빈곤 이론이 틀린 것으로 드러나자, 그 이론은 식민국에게 전이 적용되었습니다. 오늘날 제3세계라고 부르는

나라들이요.

슈피겔: 소위 제국주의 이론 말씀이군요.

포퍼: 전형적으로 지식인들이 머리만 굴려 내놓는 공식인 데다, 당연히 말도 안 되는 소리입니다. 산업화가 곧 빈곤화일 수는 없습니다. 이건 누가 봐도 자명한 사실입니다. 식민국가들의 사정도 점점 나아졌습니다.

그렇다면 자본주의는 대체 뭘 말하는 것이었을까요? 산업화 그리고 대량생산을 말하는 것이었습니다. 그리고 대량생산은 생산을 많이 해서 많은 사람이 물자를 얻게 하는 것을 뜻합니다. 대량생산을 하면 큰 시장, 또 그에 따라 많은 소비자가 있어야 하니까요. 마르크스는 자본주의를 지옥에 비유했습니다. 그런데 지옥은 딱 단테가 그린 지옥만큼만 실제 세계에 존재하는 것이었습니다. "*Lasciate ogni speranza*(모든 희망을 버려라)." 마르크스가 꼭 집어 자본주의에 대입한 개념은 단테가 그린 지옥문에 쓰여 있는 바로 이 문구였습니다. 만약 자본주의가 필연적으로 빈곤을 초래한다면, 거기서 벗어나는 유일한 길은 사회주의 혁명뿐이라고요.

나는 지금의 현대사회에 매우 비판적인 시각을 가지고 있습니다. 개선의 여지가 있는 부분이 많거든요. 그러나 자유주의적 liberal 사회 체제는 지금껏 지구상에 존재했던 체제 가운데 최고이자 가장 공정한 형태입니다. 마르크스가 길 알던 그 체계에서 진화하여 나온 것이고요.

슈피겔: 자본주의가 사회적으로 불공정하다는 마르크스가 한 비판의 윤리적 호소 중 '논증을 거쳐' 남은 것은 하나라도 있습니까? 세계적으로 빈부 격차는 실제로 줄었습니까?

포퍼: 중세 이래로 윤리적 호소라는 방법은 여러 형태로 존재했습니다. 기독교 사상가들뿐만 아니라 계몽주의 사상가들도 윤리적 호소는 매우 중히 여겼습니다. 그런데 여기서 논하는 바로 이 윤리적 호소에 반대한 이들은 바로 낭만주의자들이었죠.

슈피겔: 계몽주의라면 칸트가 말한, 인류 최대의 의무로서 전 세계에 공정한 헌법을 확산시킬 의무를 염두에 두고 말씀하시는 겁니까? 선생님께서 보기에 궁극의 낭만주의자는 헤겔입니까?

포퍼: 맞습니다. 낭만주의에 입각한 대안은 전쟁과 폭력 없이 아무것도 이룰 수 없다는 것이었습니다. 헤겔이 체득해 적용한 역사관이 바로 그거였죠. 하지만 과거에 경험한 무력 충돌을 미래에 자꾸 대입시키면 희망이 없어집니다. 오늘날 존재하는 무기들은 우리를 괴멸시킬 수 있기 때문입니다. 우리의 낭만주의 선조들에게 그토록 고무적으로 보였던 강철 무기의 대량학살이 이제는 지구상의 생물을 절멸시킬 수 있는 원자폭탄으로 대체됐지요.

삶은 문제해결의 연속이다

슈피겔: 동유럽의 몰락을 초래한 건 무엇일까요? 군비 확장 경쟁으로 인한 경제력 소실입니까, 아니면 지적 파탄입니까? 그것도 아니면 자신들의 사명에 대한 의구심이었을까요?

포퍼: 여러 가지 요소가 작용했습니다. 꼽아 보자면 헝가리가 동독에서 탈출한 사람들에게 국경을 개방한 것도 한몫했고, 고르바초프가 소련 공산당 정치국에 개혁 명령을 내린 것도 한몫했습니다. 하지만 경제 개혁은 결실 없이 끝났지요. 경제는 위로부터의 개혁이 불가능합니다. 게다가 지식인층의 절망도 있었고요. 마르크스주의가 남긴 것이라곤 허망한 주장들과 '자본주의 타도'라는 표어뿐이었으니까요. 존재하지도 않는 사악한 자본주의를 해체하라는 표어입니다. 흐루쇼프는 그것을 실재에 적용하려고 했고요.

슈피겔: 1962년 피델 카스트로가 통치하던 쿠바에 소련이 미사일을 배치하기로 하면서 일어난 눈치 싸움을 염두에 둔 말씀인가요?

포퍼: 흐루쇼프는 미국에 대한 대규모 공습을 계획하고 있었습니다. 미국이 반격할 태세를 보이자 그제야 물러났지요. 핵물리학자 안드레이 사하로프는 『회고록』에서, 별다른 조작을 가하지 않은 순수한 상태에서도 자신이 개발한 슈퍼 폭탄이 히로시마 폭탄보다 수천 배 강력한 파괴 효과를 낼 거라고 했습니

다. 당시 그 슈퍼 폭탄 중 36대가 쿠바에 이미 배치된 상황이었죠. 사하로프가 말한 '수천 배'가 3,000배를 의미한다고 쳐도, 쿠바에 배치된 폭탄들은 히로시마 폭탄 10만 8,000대와 맞먹습니다. 파괴력을 상상해보십시오. 고르바초프는 고별 연설에서 그런 폭탄이 3만 개 이상 있다고 밝혔습니다.

쿠바 해상에서 벌어진 위기 상황은 마르크스주의가 목적한 것을 이루기 위해 어떤 짓까지 불사할지 보여준 사례입니다. 자본주의를 파괴하기 위해 핵폭탄까지 동원할 용의가 있다는 것을요. 이것을 결코 잊어서는 안 됩니다. 실제로 폭탄이 발사됐다면 미국도 물론 파괴됐겠지만 온 세계가 방사능 영향으로 사멸했을 겁니다. 고통 속에, 몇 년에 걸쳐서요.

슈피겔: 페레스트로이카 개혁의 주역인 고르바초프에게 세계는 어떤 빚을 지고 있습니까? 정작 고르바초프는 본인이 밀어붙인 개혁으로 인해 실각했는데요.

포퍼: 이루 말할 수 없을 만큼입니다. 고르바초프는 이전까지 소련의 어떤 통치자도 본 적이 없는 시각에서 미국을 보기 시작한 사람입니다. 미국을 여러 번 방문했고, 환대도 한껏 즐겼습니다. 그러더니 매우 흥미로운 비(非)마르크스주의적 발상을 떠올렸습니다. 소련이 정상적인 국가가 되었으면 좋겠다는 것이었죠. 우리가 생각하는 법치국가에 근접한 개념이었습니다.

삶은 문제해결의 연속이다

고르바초프는 소련을 정상적인 나라로 만들고자 했습니다. 선혀 새로운 이 개념은 전적으로 고르바초프 덕분에 나온 거였습니다. 소련이 그전까지 얼마나 비정상인 나라였는지는 사하로프의 『회고록』을 보면 확실히 알 수 있습니다.

슈피겔: 소련 공산주의의 몰락과 냉전 체제의 종식은 세상을 더 안전한 곳으로 만들지 못했습니다. 곳곳에 민족주의 악령의 재래, 통제되지 않는 핵무기, 빈곤으로 인한 난민 발생의 현실을 마주하고 있지 않습니까? 이런 것들이 자유민주주의의 새로운 적일까요?

포퍼: 오늘날 우리의 최우선 목표는 평화가 되어야 합니다. 사담 후세인이라든가 그와 맞먹는 독재자들이 존재하는 지금의 현실에서 그것은 결코 성취하기 쉬운 목표는 아니지요. 그러나 우리는 평화를 위한 전쟁에 몸을 사리지 않는 태도를 취해야 합니다. 현 상황에서 그건 불가피합니다. 슬프지만 세상을 구하려면 반드시 그래야만 합니다. 굳은 결의가 굉장히 중요합니다.

슈피겔: 대량살상 무기의 확산을 저지하기 위한 전쟁이요?

포퍼: 현재 그런 미치광이 폭탄의 확산을 막는 것보다 더 중요한 건 없습니다. 이미 암시장에서 거래되고 있지만요. 그나마 이성을 잃지 않은 문명국가들이 힘을 합쳐 이 임무를 해내야 합니다. 왜냐하면 반복해서 말하자면, 사하로프 폭탄 한 개가

히로시마 폭탄보다 수천 배의 위력을 띠고 있기 때문입니다. 인구밀도가 높은 국가에 폭탄 하나가 터지면 단숨에 수백만 명이 사망할 거라는 얘깁니다. 이후 몇 년에 걸쳐 방사능 낙진에 의해 사망하는 숫자는 차치하고요. 이러한 파괴에 무감각해져선 절대 안 됩니다. 행동을 취해야만 합니다.

슈피겔: 사담 후세인이 핵폭탄을 개발할 낌새를 보일 경우 미국이 다시 후세인을 저지하기 위해 행동을 취해야 할까요?

포퍼: 후세인만 경계해서 되는 게 아닙니다. 그런 경우에 대비해 문명국가들 간에 특별전담기구가 갖춰져 있어야 합니다. 구시대적 평화주의를 고수하는 건 정신 나간 짓입니다. 우리는 평화를 위한 전쟁을 벌여야 합니다. 물론 전쟁의 끔찍함을 최소화하는 방향으로 전개해야겠죠. 무력의 문제인 만큼, 폭탄 사용을 막기 위해 무력이 사용되어야 합니다.

슈피겔: 팍스 아메리카나를 바탕으로 새로운 세계질서를 이룩하는 동시에 일본과 유럽의 경제적 부상을 막아 경쟁자를 제거하자고 주장하는 미국 국방부 전략가의 말처럼 들리는데요.

포퍼: 그런 사고방식은 범죄에 가깝다고 봅니다. 핵전쟁을 막을 필요성을 경제적 문제와 혼동해서는 안 됩니다. 우리는 팍스 아메리카나가 결국에는 팍스 시빌리타티스(문명세계의 평화 _옮긴이)로 이어지도록 적극 협조해야 합니다. 지금 상황이 요구하

는 게 그것이니까요. 결코 사소한 문제기 아닌, 인류 전체의 생존이 달린 문제입니다.

슈피겔: 고르바초프는 독일 방문 당시, 서방 국가들이 대거 지원해줬더라면 1991년 8월 모스크바의 정부 전복 시도는 없었을 것이며 자신도 실각하지 않았을 거라고 불평했습니다. 러시아가 더욱 심한 독재국가가 되지 않도록 서방이 보리스 옐친에게 더 조력해야 할까요?

포퍼: 도와줘야 한다고 생각합니다. 하지만 고르바초프는 불평할 자격이 없습니다. 우리는 그에게 고마워할 게 많지만, 그는 결국 무장하는 쪽을 택했잖습니까. 서방의 조력 제공은 그 끔찍한 무기를 효과적으로 통제하도록 러시아가 문명국들과 협력한다는 조건하에서만 이루어져야 합니다. 그리고 이 노력에는 러시아군도 참여해야 마땅합니다.

슈피겔: 선생님께서는 우리가 역사상 가장 발전하고 가장 공정한 사회에 살고 있다고 생각하시죠. 그런데 자유민주주의는 제3세계에 만연한 빈곤이나 환경 파괴 문제에 대해서는 그 어떤 믿을 만한 해결책도 제공하지 못하고 있지 않습니까.

포퍼: 우리에겐 전 세계를 먹여 살리고도 남을 여력이 있습니다. 경제적인 문제는 이미 해결됐습니다. 경제가 아닌 과학기술에 의해서요.

슈피겔: 하지만 제3세계에 집단적 빈곤이 광범위하게 퍼져 있는 사실은 반박할 수 없으시겠죠.

포퍼: 그렇습니다. 하지만 그것은 대규모 빈곤을 겪는 나라 지도자들의 정치적 어리석음에 기인한 것입니다. 우리는 그 국가들을 너무 이르게, 그리고 너무 미숙한 상태로 해방시켰습니다. 아직 법치국가로 발돋움하지 못한 국가들도 있습니다. 유치원생들을 방치한 것과 다름없습니다.

슈피겔: 오늘날 경제적 갈등은 수단만 바뀐 전쟁의 연장선일까요? 유럽과 미국은 마이크로칩 대결에서 일본에게 밀릴까 봐 전전긍긍하고 있지 않습니까.

포퍼: 그런 문제는 심각하게 받아들일 필요는 없고, 이런 식으로 논의하는 것도 바람직하지 않습니다. 내가 냉소주의적 역사관이라고 부른 것이 바로 이런 사고방식입니다. 지식인들이 도움을 주는 대신 잘난 척만 하려 드는 것 말입니다. 일본인들은 문명화된 국민입니다. 대화가 통하는 상대지요. 하지만 우리는 계속해서 어리석음에 부딪히고 있어요. 이는 서방 국가들 그리고 물론 일본도 마찬가지입니다.

슈피겔: 어리석음이요? 경제적 지배를 위한 전략을 말씀하시는 겁니까?

포퍼: 네. 일본은 큰 문젯거리들을 안고 있습니다. 인구 과잉으

로 인한 문제들이지요. 하지만 그건 다음에 논하기로 합시다. 불행히도 이런 문제들을 의도적으로 오도하고 그걸 가지고 선정적 자극을 하는 데에만 관심이 있는 언론인들이 항상 있습니다. 우리는 이미 선정적 자극은 경험할 만큼 경험했습니다.

슈피겔: 그렇지만 그것이 순전히 언론이 만들어낸 건 아니지 않습니까. 현재 미국의 '일본 제품을 사지 마세요!' 캠페인만 봐도 미국에 대결 정서가 얼마나 강렬하게 타오르고 있는지 잘 알 수 있죠.

포퍼: 그런 대결은 말도 안 되는 것입니다. 전부 부차적인 문제입니다. 현재 일본은 전혀 제국주의적 행태를 보이고 있지 않습니다. 일본이 언제든 핵폭탄을 만들 수 있는 산업 기반과 잠재력을 가진 건 사실입니다. 하지만 일본은 핵폭탄을 보유하는 게 무엇을 의미하는지 누구보다 잘 알고 있습니다.

제가 볼 때 이론경제학은 지적 정체를 만난 것 같습니다. 당면한 문제들에 사로잡혀 꼼짝하지 못하게 되었잖아요. 하지만 그런 문제들은 모두 해결될 수 있습니다. 돈이 너무 많아서 죽은 백만장자는 아직까지 한 명도 없었습니다. 그런데 세계대전 이전과 비교하면 독일 국민들 모두 백만장자인 셈 아닙니까.

슈피겔: 그러나 풍부한 자원의 남용은 확실히 지구의 황폐화를 가속화하고 있지 않습니까. 오존 구멍을 보세요.

포퍼: 하지만 그건 아직 증명된 게 아니잖습니까. 오존층 구멍이 어쩌면 수백만 년간 존재해온 것은 아닌지 누가 알아요. 근대 이후의 문명과 어쩌면 아무 관계가 없을지도 모르지요.

슈피겔: 명망 있는 과학자들은 다르게 보는데요. 그들은 염소 농도와 오존층 파괴가 분명 관계가 있다고 보고 있습니다.

포퍼: 명망 있는 과학자들이 언제나 옳은 건 아닙니다. 그들이 틀렸다는 소리가 아닙니다. 그저 우리가 생각하는 것보다 훨씬 아는 게 적은 경우가 많다는 얘기죠.

슈피겔: 이런 건 선생님께서 보통 녹색당과 논쟁하는 문제들입니다. 녹색당이 가끔 맹공격하기도 하고요. 왜 그렇다고 보십니까?

포퍼: 과학과 기술에 대한 그들의 근거 없는 적대감 때문입니다. 당 정체성으로 그들이 추구해야 마땅한 것과 정반대의 노선을 추구하는 반합리주의 무리가 녹색당 중심을 차지하고 있습니다. 동시에 그들은 권력을 쥐기를 원하며, 그들이 위선적이라고 손가락질하는 반대세력만큼이나 위선적입니다.

환경과 관련된 재난들은 대개 인구 폭발에 기인하며, 인구증가 문제는 윤리적으로 해결해야 합니다. 진지하게 말하는데, 부모가 원해서 낳는 아이들만 세상에 태어나야 합니다.

슈피겔: 그렇게 하려면 어떻게 해야 할까? 중국처럼 정부 명령

으로요?

포퍼: 정부의 제재가 아니라 교육을 통해 가능합니다. 부모가 원치 않는데 태어난 아이들은 위험에 처합니다. 도덕적 측면의 위험이요. 아이 낳기를 원하지 않는 사람에게는 안 낳는 쪽을 택할 수단이 주어져야 합니다. 그런 수단은 이미 존재합니다. 임신중단약을 두고 하는 얘깁니다.

슈피겔: 가톨릭교회와 교황은 반대할걸요.

포퍼: 교회와 교황은 입장을 바꿀 수밖에 없을 겁니다. 납득할 만한 윤리적 이유를 제시하면요. 강간의 결과로 태어나는 아이나 에이즈에 감염된 채 태어나는 아이들이 떠오르는군요. 아니면 일부 국가에서 그렇듯, 거의 생존 가능성이 없이 태어나는 아이들도요. 그런 경우 출생을 막음으로써 그 아이들을 구하지 않는 것이 범죄입니다. 가톨릭교회는 이 문제에서 반드시 뜻을 굽혀야 하며 또 그렇게 할 것입니다. 그건 시간문제입니다.

슈피겔: 포퍼 선생님, 이제 독일과 관련하여 몇 가지 문제를 토론하고 싶군요. 유럽에서 힘의 균형을 바꿔놓을 만한 변화 중 하나가 더욱 강해진 통일독일입니다. 이웃 국가들이 경계할 이유가 있을까요?

포퍼: 물론 있고말고요. 그러나 독일의 현 상황은 (정치적 상황이든 도덕적 상황이든) 기대했던 것보다 훨씬 낫습니다. 이는 인간의

기본적 합리성이 일정 수준 이상 된다는 걸 믿게됩니다. 하기
만 앞으로 어떻게 될지는 그 누구도 알 수 없습니다. 이것이 바
로 인류의 안녕이라는 문제에서 역설적인 점이지요. 다양한 위
험에 대한 경각심을 바탕으로 하지만, 동시에 의식하지 못하는
사이 그 경계심을 무너뜨리기도 한다는 것 말입니다. 자유는
금세 당연한 것으로 여겨집니다. 이는 자칫하면 또다시 독재자
의 발에 짓밟힐 수 있다는 뜻이지요. 오스트리아에서는 이미
그런 기미가 포착되었고요.

슈피겔: 그렇게까지 말할 수는 없지 않을까요. 우익 자유당의
대변인 외르그 하이더를 두고 하시는 말씀인가요?

포퍼: 네. 젊은이들이 하이더에게 열광하고 있습니다. 그건 그
나라 교육의 어리석음 때문입니다. 하이더가 이상적 지도자로
꼽는 인물은 히틀러입니다. 그는 히틀러가 한 짓을 똑같이 벌
이고 싶어 합니다.

슈피겔: 그런 말을 하지는 않던데요.

포퍼: 충분히 짐작 가능하게 말하고 있습니다. 그런 얘길 듣고
싶어 하는 무리들이 똑똑히 캐치할 만큼요.

슈피겔: 거의 60년간 독일은 전체주의 체제를 두 번이나 겪었습
니다. 현재는 사회주의 통일당-슈타지(동독 국가안전부)를 통일독
일 사회에 통합시키는 문제에 직면해 있고요. 법치가 없던 곳

에서요. 이 상황에서 과거 일에 대한 정치적 책임감이 어떻게 작용해야 할까요? 서방세계가 도덕적 판단을 내리는 위치에 서도 되는 겁니까?

포퍼: 우리는 동독의 주도세력, 즉 진짜 책임이 있는 집단을 도덕적으로 심판하는 자리에는 얼마든지 앉을 자격이 있습니다. 에리히 호네커Erich Honecker(1971년부터 1989년까지 당 지도자로 동독을 이끈 인물. 1992년 소환되어 1993년 재판을 받다가 건강상의 이유로 석방되었다. _옮긴이)를 법정에 세우는 시도는 상당히 바람직하다고 봅니다.

슈피겔: 그럼 선생님은 공개 탄핵의 포화 속에 이루어지는 대규모의 심판에는 반대하고 본보기로 몇몇 대표적 인물만 처형하는 것에는 찬성하는 쪽이라는 거군요?

포퍼: 과거에 동독에서 이루어진 처형과 똑같은 형태의 복수와 응징을 최소화하는 것이 굉장히 중요하다고 봅니다.

슈피겔: 치우침 없이 말이죠.

포퍼: 네, 치우침이 없어야겠죠. 법정은 최대한 신중한 태도로 재판을 진행해야 할 겁니다. 재판은 (최대치로 잡아도 150명가량의) 통일 전 당 지도자들의 범죄만을 다루어야 합니다. 그 정도의 심판은 이루어져야죠. 그런데 더 이상은 하려야 할 수가 없습니다. 다른 이유들은 차치하고, 그저 시비의 가림이 되어버릴 테니까요.

슈피겔: 모두가 영웅일 수는 없으니까, 그리고 그 상황에서도 최대한 평범한 삶을 유지하기 위해 해야 할 일을 했을 뿐이라는 이유로 부역자들은 사면해줘야 한다고 보시는 겁니까?

포퍼: 그렇습니다. 부역자들을 너무 가혹하게 응징해선 안 됩니다. 대부분은 겁을 먹고 협조했을 뿐이거든요. 그것이 바로 테러리즘이 작동하는 방식입니다. 사람들을 겁주는 거요. 그런데 어느 시점에는 보통 사람이 영웅 기질을 발휘할 순간이 옵니다. 저질 행위와 악질 행위를 저지르도록 강요당하는 순간이요. 그럴 때 어떤 사람은 영웅이 되어 저항하는 것이지요.

슈피겔: 요새 미국에서 떠오르는 인물인 신(新)보수주의 사상가 프랜시스 후쿠야마는 이념 대립의 종식과 자유민주주의의 전 세계 확산이 '역사의 종언'을 가져왔다고 하던데요. 민주주의의 승리가 인류 이념 진화의 종착역이라고요.

포퍼: 전부 얄팍한 말장난에 지나지 않습니다. 철학적 기적 같은 건 존재하지 않습니다. 마르크스도 역사는 계급 투쟁의 역사일 수밖에 없으므로 '사회 혁명'과 함께 역사의 종언이 도래할 것이라고 말하지 않았습니까.

슈피겔: 후쿠야마의 주장 뒤에는 포퍼 선생님이 그다지 좋아하지 않는 인물이 있는 것 같습니다. 꼭 집어 말하면 헤겔, 그리고 인류가 끊임없는 변증법적 발전을 거쳐 최종적으로는 자유

삶은 문제해결의 연속이다

의 실현이라는 목표에 이른다는 그의 역사관이요.

포퍼: 그렇습니다. 헤겔은 자신의 역사관이 후쿠야마의 사상에 영향을 줬다고 봤을 겁니다. 그도 인류 역사를 권력 투쟁의 역사로 봤으니까요. 대체로 그렇기도 했고요. 우리의 역사서들은 인류 발전의 역사를 결코 대주제로 삼은 적이 없습니다. 오직 권력 투쟁의 역사만 중점적으로 다룰 뿐이지요.

물론 역사의 종언이 필요하긴 합니다. 권력 투쟁의 역사에 종지부를 찍는 것이요. 이는 핵무기의 출현 때문에 필연적인 것이 되었습니다. 도덕적 필연성은 늘 있었지만, 이제는 과한 무기 생산 때문에 인류의 생존을 위해서라도 필요하게 되었습니다.

슈피겔: 히로시마의 참극 이전에도 이미 선생님께서는 인류가 지구상에서 절멸할 날이 올 거라고 말씀하셨죠.

포퍼: 그런 일이 없을 것이라고 누가 장담할 수 있겠습니까? 세상에는 가늠할 수 없는 위험이 존재하는데요. 인간이 언젠가는 죽는 것처럼, 인류 전체도 소멸할 날이 올 겁니다. 어쩌면 태양계와 함께 소멸할지도 모르지요. 하지만 이런 얘기를 해봐야 소용없습니다. 생각하는 것조차도요. 오히려 실제로 일어날 가능성이 더 큰 시나리오는 제가 에이즈 출현 한참 전에 예측한 것, 어떤 미지의 병원균이 우리를 싹 쓸어버릴 거라는 것입니다. 머지않아 일어날 수도 있는 일입니다. 언제라도요. 반대로

수천 년이 지나서야 그렇게 될 수도 있고요.

슈피겔: 정리하자면 이렇군요. 진보의 법칙, 논리적인 역사의 종착점이란 없다?

포퍼: 그런 것은 없습니다. 있는 것은 남에게 비정하게 굴지 않으면서 살아가야 할 인간의 막중한 책임입니다. 예를 들면, 에이즈균에 감염된 아이를 세상에 태어나게 하는 것은 정말이지 이해할 수 없습니다. 가톨릭교회도 마찬가지입니다. 그들이 최우선으로 삼아야 할 제언은 '누구에게도 잔학 행위를 해서는 안 된다'여야 합니다.

슈피겔: 포퍼 선생님, 선생님은 이제 아흔에 가까운데도 지금까지 줄곧 자신을 낙관주의자로 정의하셨습니다. 하지만 이번 인터뷰만 보면 다소 비관적으로 보이는데요. 인생의 황혼 녘에 새로운 깨달음이라도 얻으신 겁니까?

포퍼: 낙관주의는 의무입니다. 우리는 해야 할 일과 책임져야 할 일들에 우선 초점을 맞추어야 합니다. 제가 이 인터뷰에서 한 말들은 당신을 비롯해 많은 사람에게 경각심을 심어주기 위함이었습니다. 우리는 자손에게 더 나은 삶을 물려줄 책임이 있습니다. 단지 경제적인 면만 두고 하는 얘기가 아닙니다.

슈피겔: 포퍼 선생님, 인터뷰에 응해주셔서 감사합니다.

삶은 문제해결의 연속이다

공산주의의 몰락:
과거를 이해해야 미래를 바꿀 수 있다[22]

강연 제목에서 충분히 짐작되겠지만, 나는 마르크시즘에 반대하는 사람입니다. 오늘 강연은 서방세계에 가해진 마르크시즘의 공격, 1917년 10월 레닌과 트로츠키의 혁명으로 촉발된 마르크시즘 공격에 대한 내용이 주를 이룰 것입니다. 그 두 사람이 어떤 과정으로 몰락했는지는 여기 모인 우리가 산증인이나 다름없으니 다들 잘 알 것이라고 믿습니다.

여러분 가운데 우리 시대 모든 불행의 시작점을 직접 목격했

---

22 1992년 3월 6일 스페인 세비야에서 열린 '92 엑스포' 행사에서 영어로 한 강연

을 만큼 나이 든 사람은 얼마 없겠지요. 그런데 나는 프란츠 페르디난트 대공이 사라예보에서 암살당한 1914년 6월 28을 생생하게 기억하는 몇 안 되는 생존자 중 한 명입니다. "암살범은 세르비아인!"이라고 외치던 신문팔이 소년의 목소리가 아직도 귓가에 울리는 것 같습니다. 제1차 세계대전이 발발한 1914년 7월 28일도 생생히 기억합니다(그날은 내 열두 번째 생일이었지요). 먼저 아버지의 편지에서 소식을 접했고, 이어서 프란츠 요제프 황제의 대국민 성명문으로도 확인했습니다. 오스트리아와 독일이 그들이 시작한 전쟁에서 패할 것을 예감한 1916년의 어느 날도 기억합니다. 1917년 3월 러시아에서 민주주의 혁명이 일어났던 날도 기억합니다. 이어서 레닌이 주도한 케렌스키 임시정부 전복과 러시아 혁명의 시작도, 1918년 3월 러시아와 독일의 평화조약도, 1918년 10월에 전쟁을 종식할 오스트리아와 독일제국의 몰락도 기억합니다. 역사적으로 가장 중대하다고 할 수 있는, 또 지금 와서 보면 인류를 절멸시킬 수도 있었던 이 사건들을 나는 아주 생생히 기억합니다.

자, 오늘 강연은 매우 짧기 때문에 모든 내용을 극적으로 단순화해서 전달할 것임을 미리 알립니다. 내가 아는 역사의 초상들을 가장 굵은 붓으로, 가장 거친 색감으로 표현해보도록 하겠습니다.

삶은 문제해결의 연속이다

제1차 세계대전이 터지기 전, 서유럽과 독일, 북미에서 이미 어느 정도 진행된 산업화는 진정한 자유주의 사회의 승리를 가져올 수도 있었습니다. 사실 앞에 나열한 국가들은 자유나 놀라울 정도의 경제적 성공을 이미 경험한 터였죠. 열린 국경들, 제약이 없는 자유로운 이동, 범죄와 폭력의 감소, 수준이 날로 성장하는 문학, 임금 상승과 물질적 번영까지 그들은 한껏 맛보았습니다. 기술의 발전 덕에 여전히 끔찍하도록 열악했던 노동 환경도 약간은 개선됐고요. 그런데 독일과 오스트리아가 시작한 제1차 세계대전이 이 모든 걸 파괴해버렸고 기존의 정부 형태를 더 이상 신뢰할 수 없음을 만천하에 보여줬습니다. 사실 오늘날 우리도 똑같은 문제에 직면해 있습니다.

제1차 세계대전이 끝나갈 무렵 패전국인 독일과 오스트리아, 터키의 정권은 외부의 힘에 의해 타도되었습니다. 그러나 자국 내 혁명 또한 있었고, 특히 오스트리아의 혁명이 두드러졌는데 러시아 혁명의 영향을 받은 감이 없지 않았습니다. 승전국들 중에서도 프랑스와 이탈리아는 뿌리까지 흔들렸습니다. 오직 영국과 미국만이 전쟁 전 자유주의 개혁으로 향하던 움직임을 재개할 수 있었는데, 그것도 일부 러시아의 영향이라 할 수 있는 혁명의 시도가 영국을 한차례 휩쓸었다가 가라앉은 뒤의 일이었습니다.

두 영어권 국가의 사례는 전후에 닥친 주가 대폭락과 대공황에도 불구하고 분명 사회 안정 효과를 가져왔습니다. 1935년 영국은 실업난과 히틀러의 위협에도 불구하고, 내가 평생 본 나라들 중 유럽에서 가장 행복한 공업 국가였습니다. 모든 노동자, 모든 버스 운전사와 택시 기사, 경찰관이 신사처럼 행동했습니다. 그런데 러시아에서 마르크시즘의 승리와 더불어, 공산당이 전 세계 공산주의 혁명을 위해 선전과 조직화에 쏟아부은 엄청난 노력이 급기야 서방의 모든 국가에서 좌파와 우파의 극명한 양분을 야기하고 말았습니다. 먼저 무솔리니 치하의 이탈리아에서 이 양극화로 파시즘이 대두되었고, 다음엔 독일과 오스트리아를 위시한 유럽 국가들에서 이를 모방한 파시스트 운동이 전개되면서 급기야 전염병처럼 내전이 퍼져나갔습니다. 우익 테러리스트 집단이 주가 되어 이끌었으니, 매우 일방적인 내전이라고 할 수 있었죠.

그리하여 다음과 같은 양상이 펼쳐졌습니다. 동유럽, 특히 소비에트 연방에서는 강력한 이데올로기와 끝 모를 거짓말을 무기로 삼은 독재 권력으로, 마르크시즘이 대륙을 거침없이 집어삼켰습니다. 서유럽에서는 (마르크스주의 정당들의 영향 아래 있었던 데다 러시아의 막강한 힘에 의한 선전력과 매력 그리고 사회주의 국가 건설의 희망이 한꺼번에 작용하여) 힘 좀 있다 하는 좌파 세력들로부터 심각한 폭력 위협이 끊이지 않았습니다(실제 폭력은 그만큼 잦지 않았지만요). 그리고 그 위협이 우파 세력으로부터 실제 폭력적인 대응을 부추겨 결과적으로 파

삶은 문제해결의 연속이다

시스트들에게 더 힘을 실어주고 말았습니다. 독일과 오스트리아 그리고 유럽 대륙 남쪽의 몇몇 국가는 더욱 첨예해진 좌우 대립의 결과로 파시즘에 굴복하고 말았고, 이는 또 스페인에서 끔찍한 내전으로 폭발했습니다. 이 내전은 어느 정도 소련과 독일 나치에 의한 현대전 실험의 성격을 띠었습니다. 파시스트 정당은 심지어 프랑스와 영국에서도 생겨났습니다. 그러나 이 두 나라와 북유럽의 작은 국가들에서는 한편으로 민주주의가 굳건히 자리를 지키고 있었습니다.

히틀러가 서구 국가들을 상대로 전쟁을 일으키기 전의 이러한 상황에서 거의 모든 현자와 지식인이 민주주의가 인류 역사에서 잠시 나타났다 사라지는 일시적 단계에 불과하다고 선언했고, 곧 사라질 것이라고 예언했습니다. 하필 내가 열린사회를 주제로 그 지식인이라는 자들 그리고 인류에 전혀 도움이 안 되는 지식인의 예언 경향을 꼬집는 내용의 책을 쓰기 시작한 것도 바로 이즈음이었지요.

그러던 중 히틀러가 제2차 세계대전을 일으켰고, 전쟁에서 패했습니다. 단 한 사람, 윈스턴 처칠 덕분이었습니다. 히틀러와 그 동조 세력들을 결정적으로 패배시킨 서방 민주주의 국가들과 러시아의 연합이 이루어질 수 있었던 건 전적으로 윈스턴 처칠 덕분이었거든요. 그러나 그 결과 민주주의 국가들 내의 좌우 대립에서 좌파의 힘이 꺾이느 베로니 깸깨졌습니다. 거튼기에 무솔리니의 패배로 파시즘이 전반적으로 몰락했지만, 동유럽과 서유럽 간에 제2차 세계대전 때의 대립보다 훨씬 위험한 '냉전'이 시작되었습니다. 게다가 동유럽은 공산주의 독재 권력의 철권 아래 어느 때보다 단결해 있었고, 서유럽 민주국가들은 여전히 내부 분열로 약해진 상태였지요. 와중에 좌파 세력은 소련에게 더욱 선동되어 강력한 지지를 얻었습니다. 또한 소련은 서방의 소위 자본주의 국가들에 맞서도록 중동을, 나아가 전 세계를 부채질하고 있었고요.

이 모든 혼란에도 불구하고 자유민주주의 국가들, 서방의 열린 사회들은 승리를 거두었습니다. 결국 엄청난 내부 압력에 무너진 건 (그러한 긴장을 항상 열린 자세로 논의해온) 서방의 자유민주주의 국가들이 아니었습니다. 먼저 무너진 건 강력하게 통합되고 통일된 동독의 공산주의 독재 세력이었죠. 그리고 그들은 무너지면서 통합된 소비에트 제국의 철권을 함께 무너뜨렸고요.

신사 숙녀 여러분, 민주주의가 얼마나 어마어마한 압력을 견뎌냈는지를 한번 생각해보기 바랍니다. 당시 민주주의가 극복한 압력은 이제까지 그 어떤 정치 세력이 견뎌냈던 것보다 더 어마어마했다고 나는 단언합니다. 게다가 당시의 민주주의 세력은 아주 느슨하게 엮인 민주국가들의 집합체였습니다. 그마저 각자 내부

삶은 문제해결의 연속이다

분열로 흔들리는 동시에 그 내부 긴장을 첨예화하는 마강한 외부 세력들에게도 위협받고 (나아가 공격받고) 있었고요. 각 나라가 스스로 해결해야 하며 가장 가까운 동맹국에게도 이해를 구할 수 없는 심각한 문제들을 안고 있었습니다. 그들 모두 "스스로 분쟁하고 있는(마가복음 3장 25절)" 집이었고, 맞서기엔 너무 벅찬 외부의 적들에게 하나같이 생존을 위협당하고 있었다는 얘깁니다. 그럼에도 그 집들, 그 자유국가들은 버틸 수 있었고, 끝까지 버텼습니다. 열린사회였기 때문입니다.

닫힌 집, 단단히 묶이고 하나로 통합된, 쇠사슬로 지탱되는 닫힌 집, 그 집들은 무너져 산산조각이 났고요.

그리하여 열린사회는 승리했고 소비에트 제국은 패했습니다. 다행히 우리도, 그들도 전쟁을 촉발하지 않고 마무리되었지요. 그런데 불행히도 우리의 최신 적들 가운데 내부 유혈사태를 겪게 된 (그리고 아직도 겪고 있는) 나라들이 생겼습니다. 그 비극에 우리도 일조했고요. 마르크시즘이 불러온 비극이지요. 우리 자신도 일부 그들로 인해 초래된 경제적 위기의 한가운데에 있었습니다.

1989년 이후 우리가 연속해서 목격한, 그리고 결코 종결되지 않은 이 엄청나고 중대한 사건들에 대한 나의 해석, 마르크시즘을 죽음으로 이끈 질병에 대한 나의 가설은 한마디로 요약됩니다.

마르크시즘은 마르크시즘으로 인해 죽었다.

더 정확히 말하면, 마르크시즘이 갖는 힘은 마르크스 이론의 공허함 때문에 죽었다, 이것입니다. 마르크스 이론, 마르크스 사상은 꽤 똑똑한 소리로 들렸지만 사실상 역사적, 사회적 실상과 어긋났습니다. 철저히 거짓된 이론이었고 허세만 가득한 이론이었습니다. 그 사상에 담긴 수많은 거짓과 논리적 오류는 헤아릴 수 없이 많은 사소한 거짓말과 대담한 거짓말로 포장되어 있었습니다. 냉혹한 권위와 폭력이 받쳐준 그 거짓 선전은 곧 러시아 내 공산주의 독재 계급과 러시아 외부의 야심 찬 독재자들 사이에 일반적인 이론적 유행으로 자리 잡았습니다. 거짓말로 가득 찬 세계는 하나의 지적 블랙홀로 좁혀들었습니다. 여러분도 알다시피 블랙홀은 모든 것을 집어삼켜 무(無)로 만들어버리는 무한한 힘을 가졌지요. 거짓말하기와 진실 말하기의 간극이 사라졌습니다. 결국 지적 공허함은 스스로를 집어삼켰습니다. 이렇게 보면 마르크시즘은 마르크시즘으로 죽은 셈입니다. 사실 죽은 건 아주 오래전이지요. 그러나 내가 우려하는 바는 서방세계이건 동유럽이건 수백만이 넘는 마르크스주의자들이 실제 세상에서 무슨 일이 일어나건, 전과 같은 행태를 계속해나갈 것이라는 것입니다. 역사적, 실재적 사실들은 무시하거나 합리화하는 게 그들 속성이니까요.

여기까지가 서두였습니다. 개괄적이고 아주 내략석인 역사 개관이라고 할까요. 강연의 나머지는 두 파트로 나뉩니다. 첫 번째 파트는 마르크시즘의 개요 및 비평이 될 것이고, 두 번째 파트는 우리에게 닥친 새로운 정세를 어떻게 민주주의의 *정치적 개혁*으로 승화시켜 궁극적인 삶의 개선을 이룰 것인가를 주제로 펼쳐질 예정입니다. 여기서 개혁은 제도적 개혁이 아니라 우리가 세상을 보는 관점의 개혁을 말합니다.

서두가 너무 관념적이었으니 내가 마르크시즘에 잠깐 노출됐다가 그것을 비판하게 된, 그 못지않게 관념적인 이야기로 여러분을 지치게 만드느니 여기서 잠깐 자전적인 이야기를 해볼까 합니다. 내가 젊었을 때의 일화로 양념을 더해보겠습니다. 내가 어쩌다가 마르크시즘에 물들게 됐는지(아니, 하마터면 물들 뻔했는지), 그리고 어떻게 해서 1919년 7월 28일 열일곱 번째 생일을 며칠 앞두고 일생일대의 마르크시즘 반대론자로 전향하게 됐는지에 대한 이야기입니다.

내 부모님은 제1차 세계대전 이전부터 강력한 반전주의자였고, 특히 아버지는 임마누엘 칸트와 빌헬름 폰 훔볼트, 존 스튜어트 밀 등에게 영향을 받은 진보적이고 매우 학구적인 변호사였습니다. 덕분에 나도 전쟁이 한창이던 열넷인가 열다섯 살 때 정치적 자유를 유지하는 게 얼마나 어려운 일인가라는 흥미로운 문제에 대해 일찍이 생각해보게 되었습니다. 빈에 있는 테게트호프 동상의 뒷길을 걸으며 평화와 민주주의에 대해 희망적인 생각을 이어가던 중 문득, 민주주의란 결코 진정으로 안착될 수 없겠다는 생각이 든 거지요. 자유가 정착됐다 싶으면 사람들은 그것을 당연시하기 시작할 테고, 그러면 자유는 곧 위험에 처하게 될 것이기 때문입니다. 자유를 잃는 게 어떤 것인지, 그것이 곧 테러리즘이나 전쟁을 의미할 수 있다는 걸 쉽게 떠올리지 못하기 때문에 더 이상 자유를 소중히 여기지 않게 되는 것입니다.

이러한 깨달음을 갑작스럽게 얻었을 바로 그 무렵, 나는 '평화주의 정당'이라고 선전하고 다니는 공산당에 슬슬 매료되고 있었습니다. 마침 1918년 3월 러시아와 독일 동맹국들 간에 브레스트리토프스크 조약이 체결된 직후였습니다. 종전을 목전에 두고 어딜 가나 평화를 이야기하는 분위기였지요. 하지만 공산당을 제외하고 어느 집단도 평화를 위해 정치적 희생을 감수하려고 나서지는 않았습니다. 바로 그것, 정치적 희생을 감수하겠다는 것이 브레스트리토프스크 회담에서 트로츠키가 내세운 주장이었습니다. 전 세계에 전하는 메시지이기도 했고요. 어쨌든 나는 분명히 전달받았습니다. 비록 볼셰비키는 신뢰하지 않았지만요. 한 러시아인 친구에게 그들의 광기와 습관적 거짓말에 대해 들어 익히 알고 있었거든요. 그런데도 그들의 평화주의 선언이 내 마음을 움

삶은 문제해결의 연속이다

직였던 거죠.

독일제국과 오스트리아제국의 몰락 후 나는 여러 가지 이유로 학교를 그만두고 대학입시를 준비하기로 결심했습니다. 그리고 얼마 후에는 공산당이 과연 어떤 집단인지 경험해보기로 조심스럽게 결정을 내렸고요. 당 본부로 찾아가 심부름꾼이 되기를 자처한 것이 1919년 4월쯤이었던 걸로 기억합니다. 그 무렵 나는 마르크스 이론을 상당 부분 꿰차고 있었습니다. 당원이 되기에 나이가 다소 어렸지만 당 지도자들은 두 팔 벌려 환영했고, 온갖 잡일에 나를 동원했습니다. 묘하게도 나는 그들의 조금 비밀스러운 회의에 곧잘 참석했는데, 덕분에 그들의 사고방식을 속속들이 알게 되었습니다. 마르크시즘의 '사상적 덫(이라고 한참 후 내가 지칭하기 시작한 것)'에 걸려들기 직전 아슬아슬하게 탈출할 수 있었던 건 천만다행이었죠. 그러나 당시에는 도덕적 의무로 느껴지는 것에 단단히 발목 잡혀 있었습니다. 나를 마르크시즘에 거의 말려들게 한 것도 바로 그것이었습니다.

이제 마르크시즘의 사상과 덫을 설명하고, 이어서 내가 어떤 끔찍한 경험으로 충격을 받고 도덕적 혐오감을 느껴 그 덫에서 탈출했는지 이야기해보겠습니다.

마르크스 이론 혹은 마르크스 사상은 다양한 면이 있지만, 지금까지 봤을 때 가장 중요한 건 그것이 역사 이론이라고 주장한다는 점입니다. 그것도 절대적인 과학적 확실성을 가지고 인류의 미래를 (단, 아주 큰 틀만) 예측할 수 있다고 주장하는 역사 이론으로요. 더 구체적으로 말하면, 마치 뉴턴의 천문학 이론이 일식을 예측하듯 마르크시즘은 사회 혁명을 예측할 수 있다는 것입니다. 마르크스 이론의 기본을 이루는 개념은 이것입니다.

"모든 역사는 계급 투쟁의 역사이다."

마르크스는 1847년『철학의 빈곤』결말부에서 계급 투쟁이 사회 혁명을 초래하며 그 사회 혁명은 계급 없는 사회 또는 공산주의 사회를 이룩할 거라고 처음으로 선언했습니다. 그의 주장은 매우 단순했습니다. 노동자 계급(또는 '프롤레타리아')이 유일하게 남은 피지배 계급이자 유일한 생산 계급인데 절대다수가 속한 계급이므로 반드시 승리할 수밖에 없다는 것입니다. 혁명에서 노동자 계급의 승리는 다른 모든 계급을 소멸시키고 따라서 단 하나의 계급만 존재하는 사회를 만듭니다. 그런데 단일 계급 사회는 곧 무계급 사회, 지배 계급도 피지배 계급도 없는 사회이지요. 그리하여 마르크스와 엥겔스가 1년 후『공산당 선언』에서 공산주의 사회가 도래한다는 선언이 골자입니다.

모든 역사는 계급 투쟁의 역사이기에, 계급 없는 사회는 역사의 종언을 의미합니다. 더 이상 전쟁은 없고 투쟁도 없으며, 폭력도 억압도 없습니다. 국가 권력은 쇠퇴합니다. 종교적인 용어로

삶은 문제해결의 연속이다

바꾸면, 이 땅에 천국이 도래하는 것입니다.

반대로 현존하는 사회, 마르크스가 '자본주의 사회'라고 칭한 사회는 그가 보기에 자본가들이 절대적 지배 권력을 가진 사회입니다. 계급 독재인 것이지요. 마르크스는 방대한 분량(총 3권에 자그마치 1,748쪽이나 되는)의 저서 『자본론』에서 '자본 집중의 법칙'에 의해 자본가 수가 점점 감소하고, 반면 노동자 수는 점점 증가할 거라고 했습니다. 그리고 그와 비슷한 '궁핍화 법칙'에 따라 노동자들은 점점 더 빈곤해지고 자본가들은 점점 부유해진다고요. 그러다 궁핍이 더 이상 견딜 수 없는 지경에 이르면 노동자들은 급진적 혁명주의자가 되어 계급의 이해를 추구하게 됩니다. 모든 국가의 노동자들이 하나가 되어 사회주의 혁명을 전개합니다. 자본주의는 자본가와 함께 청산되고 이 땅에는 평화가 도래합니다.

오늘날 마르크스주의 역사관은 더 이상 신뢰받지 못하며, 서구의 마르크스주의자들도 더는 마르크스 역사관을 고집하지 않습니다. 인류가 추악하고 타락한 '자본주의' 세계에 살고 있다는 이론을 설파하긴 하지만요. 그러나 배고픔에 허덕이던 제1차 세계대전 동안 그리고 더더욱 궁핍했던 전후 시기에는 여전히 마르크시즘이 통했고, 한참 후에도 저명한 물리학자들과 화학자들에게 널리 받아들여졌습니다.

아인슈타인은 마르크스주의자가 아니었고, 자신의 이론을 포함한 모든 이론은 결점이 없을 수 없음을 잘 알고 있었습니다. 그럼에도 그는 마르크시즘에 동조했고, 찬미자라고 해도 좋을 정도였습니다. J. B. S. 홀데인과 J. D. 비날Bernal(1901~1971, 영국의 물리학자 _옮긴이)을 비롯해 영국의 선도적인 과학자들 중에도 공산당원이 있었습니다. 실제로 그들은 마르크시즘이 역사과학과 같은 지위를 갖는다는 주장에 혹하기도 했습니다. 버날은 스탈린이 사망하기 얼마 전, 스탈린이 생존하는 최고의 과학자이며 나아가 역사상 가장 위대한 과학자 중 한 명이라고 극찬하기도 했죠.

마르크시즘을 역사과학으로 봐야 한다는 주장이 얼마나 심각한 건지는 알렉산더 바이스베르크Alexander Weissberg의 저서를 보면 이해될 겁니다. 빈의 물리학자인 바이스베르크는 지금은 사망했지만, 스탈린에 대한 열정으로 1931년 소련으로 망명하기 전까지는 나와 잘 아는 사이였습니다. 소련으로 간 그는 1936년 대숙청 당시 투옥되었고 여러 차례 고문당하고 감금되었다가, 1939년 히틀러와 스탈린의 독소불가침조약 당시 스탈린이 독일과 오스트리아에서 온 수많은 공산당원을 히틀러에게 팔아넘기면서 히틀러의 손에 넘어갔습니다. 역사상 가장 매정한 인신 거래였지요. 거기서 바이스베르크는 다른 사람들과 함께 강제수용소로 이송되었고, 탈출하고 다시 붙잡히기를 여러 차례 반복한 끝에 마침내 1945년 소련군에 의해 해방되었습니다. 그럼에도, 스탈린

삶은 문제해결의 연속이다

의 정치범 수용소에서의 경험을 상술한 그의 책 말미에서 우리는 그가 여전히 마르크스주의 역사관을 믿고 있음을 눈치챌 수 있습니다. 1946년 런던에서 재회했을 때, 그는 내게 당시의 경험을 자세히 이야기해주었습니다. 나는 그가 완전히 치유되었다고 생각했죠. 그런데 아니더군요. 1951년 독일에서 그의 책이 출간되었을 때, 그리고 그로부터 몇 년 후 그를 다시 만나 이야기 나누었을 때 그는 마르크스 이론에 군데군데 수정할 부분이 있음을 인정하면서도 마르크스 사관을 여전히 신봉하고 있었습니다. 물론 나는 그의 생각을 바꿔보려고 노력했습니다만, 스탈린의 정치범 수용소도 실패했는데 내가 성공했을 리 만무했지요.

위대한 과학자 중 '신봉자' 세 사람을 더 언급하고자 합니다. 먼저, 졸리오-퀴리 부부가 있습니다. 라듐을 발견한 마리 퀴리의 딸인 이렌느와 그 남편 프레데릭입니다. 1935년 노벨 화학상을 공동 수상했고 저항단체와 프랑스 원자력위원회 일원으로 활동했지만, 두 사람 모두 죽을 때까지 프랑스 공산당원이었습니다.

그리고 러시아 수소폭탄의 아버지인 안드레이 사하로프가 있습니다. 나는 과거에도 그랬고 지금도 반체제 운동가 사하로프를 몹시 존경합니다. 그의 60세 생일에는 뉴욕에서 그를 유배에서 풀어달라고 소련 정부에 호소하는 연설을 하기도 했을 정도로요. 그러나 그가 40세 때 공산주의 강령에 담긴 이념을 얼마나 깊이 신봉했는지를 그의 『회고록』에서 읽고 나는 놀라움을 금치 못했습니다. 스탈린이 죽었을 때 사하로프는 위대한 인도주의자가 죽었다며 눈물을 흘리기까지 했습니다. 그리고 그가 40세였던 1961년까지 그 위대한 인도주의자에 의해 필연적으로 닥칠 혁명과 고통의 시대를 믿어 의심치 않았고요. 말년에 이르러서야 그는 급진적으로 입장을 바꿨습니다.

여기서 '마르크시즘의 덫'은 과학적 이론이라고 주장하는 마르크스주의의 예언만을 뜻하는 게 아닙니다. 그보다는 마르크스주의 예언의 신봉자가 자기도 모르게 빠져들어 당에 충성하게 되는 동기인 도덕적 굴레를 뜻하는 것입니다. 나는 그 도덕적 굴레가 어떤 것이었는지 선명히 기억합니다. 그것은 마르크스의 역사 예언에 대한 절대적 믿음과 합쳐져 강력한 덫이 되었습니다.

혁명 후 도래한다는 지상낙원설에는 처음부터 다소 회의적이었습니다. 물론 당시 오스트리아의 사회적 현실은 매우 불만스러웠습니다. 굶주림과 빈곤, 실업, 치솟는 물가, 여기에 그 와중에도 차익을 챙기는 환투기꾼들도 있었고요. 그러나 가장 우려되는 건 공산당 지지자들에게 '계급의 적'에 대한 살인 충동을 부추기려는 당의 명백한 의도였습니다. 당원들은 나에게 그것이 필요악이며 그렇게 심각하게 받아들일 필요가 없다고 하더군요. 혁명에서는 오직 승리만이 중요하다면서요. 어쨌든 혁명 과정에서 사망할 노동자보다 지금 자본주의하에 매일같이 죽어 나가는 노동자가 훨씬 많지 않느냐고. 나는 마지못해 수긍했지만, 속으로는 내 도덕성의 큰 부분을 희생시키는 기분이었습니다. 게다가 당 지도자들이 일삼는 거짓말은 또 어떻고요. 하루는 이렇게 말했다가 다음 날엔 저렇게 말하고 또 그다음 날엔 전혀 다른 말을 하는 식이었죠. 예를 들면, 적색 테러를 부인했다가 곧바로 그 당위성을 주장하는 식으로요. 누군가의 실책이 목격돼도 당에 대한 충성은 절대적이어야 하므로 누구도 그것을 지적해선 안 되었습니다. 오직 당의 규율만이 승리를 앞당길 수 있으니까요. 나는 이번에도 마지못해 동조했지만, 당을 위해 나의 양심을 희생하고 있다는 기분이 들기 시작했습니다.

그러다가 불행한 사건이 터졌습니다. 1919년 6월 어느 날, 당이 주최하는 시위에 나간 비무장한 젊은 동지들이 경찰의 총격에 사망하고 만 것입니다(내가 기억하기로 사망자는 여덟 명이었습니다). 나는 경찰의 행태에 분개했지만, 나 자신에게도 분노했습니다. 당의 시위에 동조했을 뿐 아니라, 당원들의 합류를 부추긴 면도 있었거든요. 그중 몇 명은 그때 총탄을 맞고 죽었을지도 모릅니다. 무엇을 위한 죽음이란 말입니까? 나는 그들의 죽음에 책임을 느꼈습니다. 그래서 결심했습니다. 내가 추종하는 이념을 위해 나 자신의 목숨을 걸 권리는 있지만 남에게 목숨을 걸라고 종용할 권

리는 없나고. 진실성에 의심의 여기가 있을 수도 있는 마르크시
즘을 위해서라면 더더욱 안 될 일이었지요.

내가 한 번이라도 마르크스 이론을 진지하게 비판적으로 검토
해본 적이 있나, 스스로에게 물었습니다. 대답이 '아니다'라는 걸
인정한 순간, 깊은 우울에 빠졌습니다.

그런데 당 본부로 복귀해보니 그곳 분위기는 사뭇 다르더군요.
그런 희생은 혁명이 으레 요구하는 것이라는 둥, 희생은 피할 수
없다는 둥 하면서요. 진일보라고까지 했습니다. 이제 노동자들이
경찰에게 분노하고 계급의 적을 더욱 의식하게 됐으니까요.

나는 다시는 돌아가지 않았습니다. 마르크시즘의 덫에서 벗어
난 것이죠. 그러나 곧바로 마르크시즘에 대한 철저히 비판적인
연구에 착수했습니다.

여러 가지 이유로 (가장 큰 이유는 파시즘을 부추기고 싶지 않아서) 그 연구
의 결과물을 26년이나 지나서야 『열린사회와 그 적들』이라는 책
으로 발표하게 되었습니다. 그사이 다른 연구 결과들도 발표했지
만요. 구체적으로 어떠한 이론이 과학의 지위를 정당하게 부여받
을 수 있는지를 판가름하는 척도를 세웠습니다. 여기서 과학이란
뉴턴의 천문학 같은 것을 말합니다.

이 자리에서 마르크스 사관의 오류를 조목조목 설명하기는 어
렵습니다. 『열린사회와 그 적들』에서 마르크시즘의 예언을 자세

삶은 문제해결의 연속이다

히 분석하고 비평했으니 참고 바랍니다. 여기서는 가장 명백한 결론 하나만 짚고 가고자 합니다. 마르크스가 말하는 '자본주의'는 더 이상 존재하지 않는다는 것입니다. 사실 마르크스가 알았던 사회는 엄청난, 진실로 놀라운 혁명을 여러 차례 거쳤습니다. 수백만 남녀 노동자가 감내해야 했던 살인적이고 끔찍한 강도의 노동은 서구 국가들에서 사라졌습니다. 여전히 그런 끔찍한 노동은 목격되지만, 그것을 직접 겪어본 자만이 과거와 어떤 차이가 있는지 알 수 있습니다. 진정 혁명이라 부를 만하지요. 일부 집단이 비난해 마지않는 과학기술의 발전 덕에 가능했던 혁명입니다.

전체적으로 마르크스가 예견한 상황과 정반대의 결과가 일어났습니다. 노동자들의 생활은 덜 비참해졌고, 서방 민주국가들에서는 다수가 행복을 누리고 있습니다. 물론 좌파 정당들(공산당과 녹색당 모두)은 여전히 우리가 사는 세상이 추악함과 불행으로 가득 차 있다고 선전합니다. 가장 유감스러운 점은 그렇게 함으로써 불행 자체를 퍼뜨리고 있다는 것입니다. 행복이란 어느 정도 우리의 사고방식에 달린 것입니다. 그러나 역사학자로서 말하건대 나는 우리가 살고 있는 열린사회가 역사상 가장 좋은 사회이자 가장 공정한 사회라고 봅니다.

분명 마르크스가 '자본주의'라 칭한 사회는 더 이상 존재하지 않습니다. 그러니 우리가 사는 사회를 계속해서 그 이름으로 부름으로써 우리 스스로를 오도할 이유가 없습니다.

그뿐만이 아닙니다. 마르크스가 사용한 의미로의 '자본주의'는 이 세상에 존재한 적이 없습니다. 마르크스가 말한 '궁핍화 법칙' 같은 성향이 내재된 사회나 자본주의가 숨은 힘으로 독재하는 사회는 존재한 적이 없다는 겁니다. 이 모든 주장은 그때도 그렇고 지금도 망상에 불과합니다. 물론 산업화 초기는 끔찍할 만큼 어려운 시기였습니다. 그러나 산업화는 생산성 증대를 가져왔고 이어서 대량생산을 가져왔습니다. 당연히 그 대량생산된 물자는 머지않아 다수에게 돌아갔고요. 마르크스가 예언으로 그려 보인 역사는 거짓일 뿐 아니라 실현 불가능한 것입니다. 소수의, 더구나 점점 수가 감소하는 부자 자본가들을 위해 대량생산을 한다는 것은 말이 안 됩니다.

그러니 자명합니다. 마르크스가 말하는 자본주의는 현실화가 불가능한 개념, 망상입니다.

그러나 망상에 불과한 그 자본주의 사회를 파괴하기 위해 소비에트 연방은 대량의 핵무기를 포함하여 그때까지 누구도 본 적이 없는 엄청난 규모의 군수물자를 구축했습니다. 그 파괴력은 히로시마 폭탄 수천만 개와 맞먹습니다. 어쩌면 더 강할 수도 있고요. 모두 존재하지도 않는 지옥, 개념으로만 존재하는 추악한 세계를 파괴한답시고 만들어낸 것입니다. 분명 현실은 낙원과 거리가 멀

삶은 문제해결의 연속이다

었습니다. 그러나 공산주의의 현실보다는 낙원에 훨씬 가까이 있었습니다. 그리하여 나는 (아까와는 다른 방향에서, 그러니까 마르크시즘 이념의 논리적 분석과 비평의 방향에서) 또 한 번 같은 결론에 도달했습니다. 다시는 그러한 이데올로기에 조종되어서는 안 된다는 것입니다.

이제 강연의 마지막 주제를 논하려 합니다. 우리는 과거로부터 어떤 점을 배워 미래에 적용할 수 있을까? 또 우리 정치인들에게 어떤 권고를 해줄 수 있을까?

제일 먼저, 현자는 앞으로 일어날 일을 예견할 수 있다고 믿는 어리석은 습관부터 버려야 합니다. 가만 보면 거의 모두가 진정한 현인이라면 당연히 참인 예언을 할 수 있다고 믿더군요. 그리고 거의 모든 사람이 합리적인 미래 계획이란 그런 참의 예언을 토대로 세워져야 마땅하다고 믿고 있습니다.

게다가 모두가 인류의 역사를 눈앞에서 흘러가는 거대한 강인 것처럼 여깁니다. 그 강은 과거로부터 흘러 내려온 것으로 봅니다. 그러니 잘만 파악하면 최소한 그 강줄기가 앞으로 대강 어떤 방향으로 흘러갈지 예측할 수 있을 거라고 믿는 겁니다.

많은 사람이 이러한 시각에서 아무런 문제도 발견하지 못하는 것 같습니다. 그러나 이는 매우 잘못된 견지입니다. 심지어 도덕적으로도 잘못됐죠. 전혀 다른 역사관으로 대체되어야 마땅하니다. 그래서 나는 나름의 편지를 제안하는 바입니다.

역사는 오늘에서 멈춥니다. 우리가 역사로부터 배울 수는 있습니다. 그러나 미래는 과거의 연장이 아니며, 과거를 바탕으로 추정할 수 있는 것도 아닙니다. 미래는 아직 존재하지 않습니다. 우리에게 지워진 가장 큰 책임은 바로 우리가 미래에 영향을 줄 수 있다는 사실, 우리가 최선을 다하면 미래를 더 나은 것으로 바꿀 수 있다는 사실에 있습니다. 그렇게 하려면 과거로부터 학습한 모든 것을 적용해야 하는데, 우리가 배웠어야 마땅한 가장 중요한 교훈은 바로 겸손입니다.

그렇다면 내가 제안하는 바는 무엇일까요?

우리는 그 과정에서 인류가 멸망한다 해도 인류를 위해 파괴되어야 마땅하다는, 존재하지도 않는 자본주의 지옥에 대한 믿음에서 야기된 좌우 대립이 세상을 얼마나 무서운 광기로 물들였는지 똑똑히 보았습니다. 사실 그 광기로 인류가 파멸 직전까지 갔었지요. 우리가 할 수 있는 건 앞으로 다시는 세상이 이런 망상에 홀리지 않기를 바라는 겁니다(안타깝게도 그 마수에서 벗어나는 데 오랜 시간이 걸릴 것으로 우려되지만요).

무장을 해제하기 위해 노력할 것 또한 제안합니다. 외부적으로, 즉 외교 관계에서만이 아니라 내부적으로도요. 즉 좌우 대립 없이 정치를 해나가도록 노력하자는 말입니다.

삶은 문제해결의 연속이다

이루기 어려운 일이라는 것은 잘 압니다. 그러니 불가능한 건 아닙니다.

'그렇지만 좌파 정당과 우파 정당은 항상 존재하지 않았는가?' 맞습니다. 그러나 이토록 광적인 양극화, '과학적' 확실성으로 불타오른 극단적 혐오와 광기는 레닌 이전엔 결코 없었습니다. 윈스턴 처칠은 보수당과 자유당을 마음대로 오갔습니다. 이는 스캔들과 분노, 심지어 평생 풀리지 않을 개인적 원한까지 낳았지요. 배신감도 낳았을 테고요. 그렇다 해도 오늘날의 양극화보다는 훨씬 양호한 수준이었습니다. 성실한 공산당원이라면 배신자로 찍힐 위험에, 그리고 소련에 거주했을 경우에는 투옥이나 숙청의 위협에 항상 떨며 살았겠죠. 그 차이를 다음과 같이 설명하면 더 쉽게 이해될지도 모르겠군요.

보통 사람에게 스파이 행위, 심하면 친구 사이의 스파이 행위는 형용 불가한 끔찍한 일이자 상상도 못할 행위지요. 그런데 수많은 성실한 공산당원이 고발당한 혐의가 바로 이 스파이 행위였습니다. 최소한 스탈린 통치 당시에는 그랬습니다. 정식 고발이 이루어지기라도 했을 경우에는요. 이제 양극화가 극단으로 치달으면 어떤 분위기가 조성되는지 이해하셨겠지요. 열린사회에서라면 충분히 해소할 수 있는 문제입니다.

그럼 좌우 양극화 대신 무엇을 안착시켜야 할까요? 아니, 더 좋은 질문이 있습니다. 어떤 노선의 정당을 내세우면 좌우 양극화를 대체해 그것을 타파할 수 있을까요?

어느 한 정당이 나서서 (주요 정당이면 더 좋고) 다음과 같이 선언할 것을 제안합니다.

> 이제 우리는 이념 전쟁의 기구를 해체할 수 있으며, 다음과 같은 공통의 인도주의적 노선을 채택할 수 있다(단, 우리가 추구하는 노선이 완전히 일치하더라도 반대 정당이 다수당의 정직성과 행정력을 통제하도록 최소 둘 이상의 정당이 존재해야 함을 명심해야 한다). 잠정적인 초안은 다음과 같으며, 앞으로 논의를 통해 개선해나갈 것이다.

> 1. *자유를 강화하되, 책임의식으로 통제한다*: 우리는 개인의 자유가 최대한 보장되는 사회를 염원하지만 그것은 문명사회에서만 가능합니다. 즉 비폭력적 삶을 위해 책임을 다하는 사회를 말하는 것입니다. 이는 문명사회의 특징이기도 합니다. 문제가 발생할 때마다 평화롭고 비폭력적인 해결법을 강구해야 한다는 뜻입니다.
> 2. *세계 평화*: 원자폭탄과 핵탄두가 이미 발명된 이상 문명국들은 평화 유지와 핵폭탄 및 수소폭탄의 확산 방지에 공동

으로 힘써야 합니다. 이것은 우리의 최우선 임무입니다. 그 임무를 다하지 않으면 문명사회는 사라질 것이며, 곧이어 인류 전체가 소멸할 것이기 때문이지요(이 단순한 진실을 혹자는 서구의 이념적 제국주의라고 매도하는데, 언뜻 똑똑한 소리인 것 같지만 전혀 근거 없는 비난입니다).

3. *빈곤과의 싸움*: 과학기술에 힘입어 세계는, 최소한 잠재적으로나마, 빈곤을 해소하고 실업률도 최소화할 수 있을 정도로 부유해졌습니다. 그런데 경제학자들은 이를 굉장히 어려운 과제라고 결론지었습니다. 실제로 어려운 과제일 것입니다. 그러더니 그들은 돌연히(1965년 즈음해서) 빈곤 해소를 그 전과 같이 우선적 해결 과제로 삼기를 그만두었지요. 마치 빈곤 해소가 갑자기 시류에 뒤떨어진 문제가 된 것 같고, 수많은 경제학자가 그것이 해결 불가능한 문제인 것처럼 굴고 있습니다. 그러나 실제로는 빈곤 해소가 해결 가능한 문제라는 증거는 얼마든지 있습니다. 자유시장의 개입을 피할수는 없겠지만요. 어쨌거나 우리도 자유시장에 지속적으로, 어쩌면 불필요할 정도로 많이 개입하고 있지 않습니까. 빈곤의 해결은 상당히 시급한 문제이며, 그것을 시류에 뒤떨어진 문제로 취급하는 건 수치스러운 일입니다. 만일 경제학자들이 더 나은 대책을 제시할 수 없다면, 공공사업을 이

용하면 됩니다. 특히 노노 선실이나 학교 실립, 교사 연수 같
은 민영화한 부문을 사회사업으로 추진하고, 실업률이 높아
질 때 그러한 사업을 더욱 강화하여 경기부양책으로 삼으면
됩니다.

4. 인구 폭발 억제: 기존의 산아제한 수단들에 더해 임신중단
   약의 개발로, 생화학 기술은 인구통제 계도가 세계 어디서
   든 가능한 상태까지 발전을 이루어냈습니다. 이것이 서구
   제국주의 정책이라는 주장은 서구의 열린사회 국가들이 공
   동의 노력으로 (이미 감소하고 있는) 인구를 더욱 감소시키는 데
   성공하면 얼마든지 반박할 수 있습니다.

   이 안건은 가장 시급한 문제이며, 인도주의를 내세우는 모
   든 정당이 최우선 과제로 삼아야 합니다. 환경 문제는 전부
   인구의 폭발적 증가에 기인하기 때문이죠. 이는 조금만 생
   각해도 누구나 알 수 있습니다. 예를 들어 1인당 에너지 소
   비만 봐도 점점 증가하고 있으며, 앞으로 어떻게든 감소시
   켜야 합니다. 그런데 정말 그렇다면 인구 폭발의 원인을 찾
   아내 해결 노력을 집중시키는 것이 더더욱 시급합니다. 인
   구증가는 빈곤 및 문맹 문제와도 직결됩니다. 게다가 인도
   주의적 이유에서도 우리는 부모가 원해서 낳는 아이만 세상
   에 태어나도록 하는 것을 목표로 삼아야 합니다. 아무도 원

하지 않는 아이를 낳으면 그 아이는 십중팔구 정신적, 육체적 폭력에 노출되는데, 그것을 알고도 방치하는 것은 비정한 일입니다.

5. 비폭력 교육: 폭력이 최근 들어 부쩍 증가하고 있다는 것이 나의 소견입니다(물론 내가 틀렸을 수도 있지만요). 어쨌든 조사해 볼 가치가 있는 가설입니다. 더불어 우리가 아이들에게 폭력을 묵인하도록 가르치고 있지 않은지도 점검해봐야 합니다. 만약 그렇다면 당장 조치를 취해야 합니다. 폭력을 용인하는 태도는 우리 사회에 명백한 위협이 되기 때문입니다. 그러나 폭력 문제는 차치하고, 우리는 아이들을 제대로 돌보고 있으며 그들이 필요로 하는 보살핌을 제공할 준비가 되어 있을까요? 이는 아주 중요한 문제입니다. 어린이들은 아주 어릴 때부터 우리의 손에 완전히 맡겨지기 때문이지요. 그러므로 아이에 대한 우리의 책임은 이루 말할 수 없이 막중합니다.

이 문제는 분명 앞서 언급한 문제들, 이를테면 인구 증가 문제와 분명히 연관됩니다. 우리는 아이들에게 비폭력의 미덕까지는 아니어도 지상 최대의 악, 세상에 존재하는 악 가운데 최대의 악은 바로 학대라는 진실을 반드시 가르쳐야 한다고 생각합니다. '불필요한 학대'라는 표현은 쓰지 않겠습니다. 세상에 필요한 학대란 없으니 허용해도 좋을 학대라는 것도 존재하지 않으니까요. 정신적 학대도 포함해서요. 우리가 경솔함으로, 어리석음이나 게으름, 이기심으로 정신적 학대를 종종 저지르고 있음을 자각해야 합니다.

이러한 교육적인 문제들을 논하는 것이 시류에서 완전히 밀려난 것 같아 염려됩니다. (아무리 부도덕한 짓이라도) 원하는 대로 할 자유가 무엇보다 우선시되는 세태 때문이기도 하고, 도덕을 이야기하면서 뒤로는 위선을 저지르는 경우가 너무 많기 때문이기도 합니다. 여기에 대해서는 칸트를 인용하는 것으로 대신하겠습니다. "지혜로워지기를 주저하지 말라." 나는 그보다는 소박한 요구를 하겠습니다. 시류를 거스르고 날마다 조금씩 더 책임지기를 주저하지 마십시오. 어쩌면 이것이 자유를 위해 우리가 할 수 있는 최선일지도 모릅니다.

삶은 문제해결의 연속이다

지식은 평화를 위해
쓰여야 한다[23]

　오늘 이렇게 큰 상을 받게 된 것에 대해 모두에게, 특히 독일 유
엔협회에 감사드립니다. 오토 한이라는 이름이 붙은 상을 받게
됐다는 것이 특히 더 감동입니다.

　우라늄 핵분열을 성공시키기 20년 전에도 이미 오토 한은 내게
큰 우상이었습니다. 새로운 방사성 원소와 새로운 원자 그리고
새로운 형태의 방사능까지 발견한 방사화학 및 원자 이론 학계의
위대한 연구자 중 한 사람이었지요. 그런데 그 위대한 연구자들

---

[23] 1993년 12월 17일 베를린에서, 오토 한 평화상 수상 기념 연설

은 그뿐 아니라 새로운 이론까지 발명했습니다. 서로 다른 형태의 방사능, 각 방사성 원자 간의 전이를 설명하는 새로운 자연법칙의 가설을 확립한 것입니다.

내가 열여섯 살이던 1918년에 벌써 오토 한은 퀴리 부부, 에른스트 러더포드, 윌리엄 램지, 이론가인 막스 프랑크, 알베르트 아인슈타인, 닐스 보어와 어깨를 나란히 하는 위대한 과학자 반열에 올라 있었습니다. 나는 빈의 볼츠만가세(볼츠만 가)에 있는 물리학연구소에 방문해 친구 프란츠 우르바흐Franz Urrbach와 대화를 나누다가 이들 위대한 과학자, 핵물리학자, 방사능화학자들의 이름을 처음으로 듣게 되었습니다. 지금은 죽고 없는 나의 친구 프란츠는 당시 물리학자 스테판 마이어Stefan Meyer가 소장으로 있던 빈의 라듐연구소에서 일하고 있었거든요. 몇 년 후에는 나의 스승이자 지금은 거의 잊힌 원자과학자 아서 하스Arthur Haas가 저술한 『원자론Atomic Theory』(초판 1924년 발행)을 읽으면서 오토 한에 대해 더 잘 알게 되었고요. 1929년에 나온 개정판은 책장이 닳도록 읽고 또 읽어서 어디에 무슨 내용이 있는지 다 기억할 정도입니다. 내 기억이 맞는다면, 퀴리 부부의 라듐과 폴로늄 발견 그리고 오토 한과 리제 마이트너의 프로트악티늄 발견에 대한 내용이 183쪽에 한꺼번에 나올 겁니다.

이렇게 오토 한이라는 이름은 내 머릿속에서 놀라운 원자 발견의 영웅적 시대에 대한 최초의 기억과 영원히 짝시어셨습니다. 더불어 나는 제1차 세계대전과 제2차 세계대전 사이에 에른스트 러더포드와 닐스 보어, 오토 로베르트 프리슈Otto Robert Frisch, 리제 마이트너와 개인적으로 만나는 행운도 누렸습니다. 하지만 오토 한은 만나보지 못했습니다.

제2차 세계대전이 끝날 무렵 프리슈는 오토 한이 히로시마 원폭 소식을 전해 듣고 얼마나 좌절했는지 내게 전해줬습니다. 오토 한과 당시 영국에 억류돼 있던 다른 독일 핵물리학자들에게 그 소식이 전해졌을 때 오토 한은 연대책임을 느꼈습니다. 충격이 이만저만이 아니었습니다. 나중에 나는 프리슈에게서 원자력 무기 교육 활동에 대한 이야기도 들었습니다. 오토 한은 독일이 원자폭탄으로 무장하면 절대 안 되는 이유와 평화를 반드시 지켜야 하는 이유를 역설하고 다녔다고요.

나는 아주 젊었을 때부터 오토 한을 과학자이자 한 인간으로서 존경해왔습니다. 무려 75년이나 그를 존경해왔는데 이렇게 그의 이름이 붙은 오토 한 평화상을 오늘 받게 되는군요. 그러나 나에게 의미 있는 건 단지 오토 한이라는 이름만이 아닙니다. 내 평생, 특히 제1차 세계대전이 발발한 날(지금도 생생히 기억합니다) 이래로 평화수호라는 문제는 늘 개인적 책임으로 나의 의식에 머물렀습니다.

그렇기에 평화상 수상자 결정에 관여하신 모든 분께 깊은 감사를 표합니다. 더불어 이 자리에 참석함으로써 평화의 절대적 필요와 국제연합 강화의 필요성에 동조하고 힘을 실어주신 여러분께도 감사드립니다.

앞서 과학계의 저명한 영웅들, 특히 1918년 빈의 물리학연구소에서 처음 알게 된 오토 한을 비롯한 여러 핵물리학자와 방사능화학자를 언급했지요. 그런데 사실 그 과학자들에게 존경심을 품은 계기가 된 일은 그보다 훨씬 전에 있었습니다. 훗날 유엔의 전신인 국제연맹에 헌신하게 된 계기도 되었죠. 1908년 크리스마스에 나의 누이 도라가 책 한 권을 선물 받았고, 그 책은 나를 단숨에 사로잡았습니다. 누이는 나만큼 흥미를 느끼지 못해서, 1년 뒤 그 책을 나에게 선물로 주었습니다. 그것은 노르웨이 탐험가 프리드쇼프 난센Fridtjof Nansen이 쓴 책이었습니다. 난센은 제1차 세계대전 후 국제연맹 창설에 공헌하고 1930년 사망할 때까지 조직의 핵심 인물로 활발한 활동을 한 인물입니다.

일곱 살의 나를 단단히 매료시킨 그 책은 『극북Farthest North』 독일어판이었습니다. 1893년에 시작해 1896년까지 3년 넘게 이어진, 극지방 탐험가 난센의 생생한 북극 탐험을 기록한 책입니다. 탐험은 지금으로부터 100년 전 프람Fram호가 출항하면서 시작됐습니다. 프람호는 난센이 직접 제작한 배로, 유빙에 부딪쳐도 부서지지 않고 그 위로 들려 올라가도록 설계되었죠. 거의 35개월

삶은 문제해결의 연속이다

동안 프람호는 북극의 얼음에 둘러싸인 채, 그러나 난센의 계획을 충실히 따라, 시베리아 동부 해안에서 스피츠베르겐으로 북극해를 가로질러 갔습니다.

　어린 시절 내게 이보다 큰 영향을 끼친 책은 없었습니다. 그 책은 발견에 대한 흥미에 불을 지폈습니다. 탐험만이 아니라 이론적 발견에 대한 관심도 함께 타올랐지요. 난센의 책은 어린 내게 과감하고 대담한 이론, 어쩌면 지나칠 정도로 대담한 가설의 중요성을 깨우쳐주었습니다. 난센의 탐험 계획도 이론적 계산과 대담한 아이디어에 기반을 둔 것이었거든요. 그는 자신이 제시한 아이디어가 특히 북극 탐험의 선구자들에게 날카로운 비판을 받았다고 했습니다. 그 전문가들은 난센의 계획이 터무니없고 자멸적이라고 비난을 퍼부으면서, 프람호가 앞서 북극 탐험에 나섰던 배들과 똑같이 유빙에 부딪쳐 산산조각이 날 거라고 예언했습니다. 그러나 난센은 빈틈없는 반론으로 응수했습니다. 결국 북극의 겨울 3년을 거친 기나긴 탐험은 대담하지만 신중히 계산된 난센의 가설들을 증명하는 실험 무대가 되었습니다.

　덕분에 과학 연구와 이론 연구를 포함해 모든 연구는 대담한 가설을 밀어붙이고 그것을 실험적으로 검증하는 단계로 이루어진다는 개념이 어렸을 적부터 또렷이 각인되었습니다. 과학이 처음부터 확신이 가는 결과가 아닌 실험적 탐구로 이루어진 것이라는, 어쩌면 다소 냉민격인 관험을 갖게 될 것입니다. 그렇다면 진정한 과학은 주로 반복된 도전으로 성취되는 발견들로 이루어졌다고 할 수 있겠지요. 확고한 사실들이 아니라 불확실한 가설들로 이루어졌다는 겁니다. 따라서 연구자는 때로 자신의 지적 책임을 시험대에 올리는 모험을 감행해야 합니다.

가설 없이 실험이 이루어질 수 없음은 이미 찰스 다윈이 강조한 바 있습니다. 그런데 난센은 그보다 조금 더 나아갔습니다. 터무니없는 가설을 내놓는 것이 아무 가설도 제시하지 않는 것보다 낫다고 주장했거든요. 그 예로 그는 북유럽 신화 또는 전설로 간주되는 세 가지를 제시했습니다. 얼음에 갇히지 않고 일본과 중국에 이르는 세 가지 탐험 항로를 말하는 겁니다. 첫째는 북아시아에 이르는 북동로, 둘째는 북아메리카 북단에 닿는 북서로, 셋째는 유빙과 충돌 없이 북극을 곧장 지나 북반구를 가로지르는 루트입니다. 난센은 책의 서문에 이 세 가지 항로에 대해 이렇게 언급했습니다. "언뜻 황당무계하게 들리는 이 가설들이 결국에는 인류에게 도움이 되었다. 그 가설들을 증명하는 과정에서 지구에 대한 인간의 지식이 크게 확장되었기 때문이다. 조사하고 탐구해서 소용없는 일은 없다. 잘못된 가정에서 시작된 것이라 해도 말이다."[24]

어렸을 때 이 책을 읽고 또 읽으면서 나는 그것이 내게 얼마나 지속적으로 영향을 줄 것인지 예견하지 못했습니다. 지금에서야 깨닫고, 놀라움을 금치 못할 따름입니다. 더불어 원자에 대한 나의 관심(그리고 오토 한 같은 핵물리학자 및 방사능화학자들에 대한 경외감) 또한 난센의 영향으로 생긴 것임을 이제는 분명히 알겠습니다.

몇 달 전 평화상 수상 기념 연설의 주제를 나의 두 영웅 오토 한과 프리드쇼프 난센으로 정한 후 초고를 쓰고 있었을 때는 그 두 사람이 친구였다는 사실을 까맣게 몰랐습니다. 그러다가 지난 달 오토의 손자인 디트리히 한Dietrich Hahn이 오토 한의 전기를 보내 주었습니다. 발터 게를라흐Walter Gerlach가 쓰고 디트리히가 중요한 내용을 보강한 것으로 압니다. 디트리히의 손에 중요한 내용이 보강되어 다시 출판된 것으로 압니다. 아무튼 책을 받은 날 우연히 내 조수가 42쪽을 펼치더니 소리 내어 읽었습니다. "이후 지질학적 문제들을 놓고 오토 한과 프리드쇼프 난센 사이에 활발하게 서신이 오갔다. 개중에는 오토 한이 베게너의 대륙이동설을 확증하는 내용의 편지도 있었다."

내가 얼마나 놀랐을지 상상이 가십니까! 과학과 평화를 위해 일생을 바친 나의 두 영웅 오토 한과 프리드쇼프 난센에 대해 연설문을 작성하면서도 두 인물이 친했다는 사실은 전혀 몰랐다니요.

---

24 「Farthest North」, Constable & Co, London, 1897, 7쪽

디드리히 힌의 책에서 알프레드 베게너에 대한 부분도 몹시 흥미로웠습니다. 베게너도 난센처럼 자신의 가설을 검증하기 위해 목숨을 건, 나의 어린 시절 영웅 중 하나였거든요. 그는 세 번째로 그린란드 탐험에 나섰다가 (난센이 사망한 해인) 1930년에 고지대 빙원에서 50세의 나이로 죽음을 맞이했습니다.

이 자리에서 난센의 이야기를 하고 싶었던 이유는 두 가지입니다. 하나는 그 덕분에 내가 과학 연구에 흥미를 갖기 시작했다는 것이고, 다른 하나는 그가 1918년 이후 적십자와 국제연맹의 고등판무관으로 평화를 위해 평생 힘썼다는 사실입니다. 난센의 업적 중에 아직 완전히 잊히지 않은 것이 하나 있습니다. 제1차 세계대전 후 그는 '난센여권'이라는 것을 만들었고, 이 여권은 1922년부터 국제적으로 인정되었습니다. 국적을 박탈당한 난민에게 발급하는 이 여행증명서는 결국 총 52개국에서 인정을 받기에 이릅니다. 처음에는 러시아 난민이 대상이었지만 점차 전 세계 난민을 위한 신분증명이 되었습니다.

난센의 다른 업적은 지금은 거의 잊혔는데, 소련의 빈민을 돕기 위해 제네바에서 열린 국제연맹 회의에서 구호조직을 설립한 것입니다. 그것은 국제 빈민구호조직으로서는 최초였고, 1921년부터 1923년까지 유지되었습니다. 난센은 끈질긴 설득으로 레닌에게서 허락을 받아내 소련 내 빈자와 병자들에게 음식과 의약품을 전달했습니다. 당시 레닌은 구호 활동을 가장한 첩보 활동과 국내 열악한 상황 폭로를 가장 두려워했던 듯합니다. 조직이 활동을 접은 뒤인 1923년 레닌은 난센의 구호조직이 300만 명을 구했다고 밝혔지요. 700만 명이라고 추산하는 보고들도 있습니다 (내가 직접 확인하지는 못했지만요).

이 중요한 활동이 (유엔의 활동에 모범이 됐음에도) 얼마 안 가 잊혔다는 사실을 알고 몹시 안타까웠습니다. 오늘 이 자리에서 언급한 이유도 바로 그래서입니다. 냉전 당시 난센의 구호활동에 대해 알 만한 (특히 외교업무를 수행 중인) 인물을 만날 때마다 그에 대해 물어봤지만 하나같이 들어본 적 없다고 하더군요. 국제연합의 초기 역사에 그런 일이 있었음을 짚어보는 것이 바람직할 것으로 생각됩니다. 우리가 역사에서 배우는 건 이루 형언할 수 없을 만큼 중요하며, 역사의 왜곡과 망각에서 배우는 것도 그 못지않게 중요합니다. 난센의 구호 활동은 소련과 서구의 좌파 지식인들이 그 역사를 마음 편히 받아들일 수 없었기에 그렇게 빨리 잊힌 것이라고 나는 추정합니다.

오토 한과 난센이 전후 어떤 편지를 주고받았는지 나는 모릅니다. 주로 지구물리학에 관한 이야기였지만 간간이 난센이 세계 평화를 위한 펼친 활동도 언급되었을 거라고 봅니다. 난센은 1930년에 세상을 떠났습니다. 오토 한은 제2차 세계대전이 끝난

1945년 이후, 그가 세계 평화를 위해 원자력 무기 반대 운동을 시작한 이후에도 난센을 줄곧 떠올렸을까요? 그러지는 않았을 것 같습니다. 오토 한이 평화운동을 벌인 이유는 단순히 자신이 일반 시민들보다 원자력 무기에 대해 더 많이 알고 있기에 인류의 운명을 좌우하는 그 엄청난 문제를 널리 알려야 할 의무감을 느꼈기 때문이었거든요. 그는 사정을 명료히 알릴 수 있었고, 그러기 위해 자신의 지식을 사용해야 한다고 생각한 것입니다.

"무엇을 위해 지식을 사용하느냐?" 인류를 위한 아주 오랜 소망을 위해서 사용해야 합니다. *"Et in terra pax*(이 땅에 평화를)." 신약성서에도 나오는 말이지요. 베토벤의 장엄미사곡을 들을 때마다 어느 순간 감동을 느끼는 메시지이기도 하고요. 제1차 세계대전 후 국제연맹도 이 땅의 평화를 위해 만들어졌습니다. 가장 위대한 근대 철학자 임마누엘 칸트가 『영구평화론』(1795년)에서 창설을 요구했고 비로소 현실화한 그 국제연맹입니다. 제2차 세계대전 후 국제연합 창설 역시 세계 평화를 이루어야 한다는 장엄한 희망에서 나온 결과였습니다. 오토 한이 원자폭탄을 염두에 두고, 죽음 직전에 '세계 평화의 필요성'에 대해 짧게나마 저술한 이유이기도 하고요.

"평화는 필요 선이다." 어쩌면 앞으로도 아주 오래도록 그것을 위해 싸우고, 수호해야 할지도 모릅니다. 우리는 그럴 준비가 되

삶은 문제해결의 연속이다

어 있어야 합니다. 더불어 우리 자신과 국제연합이 실수를 저지를 가능성에도 대비해야 합니다. 그러나 낙관주의는 우리의 의무입니다.

마치기 전에 "낙관주의는 의무이다"라는 말의 의미를 확실히 하고자 합니다.

미래는 열려 있습니다. 미리 정해질 수 없는 것입니다. 따라서 아무도 예측할 수 없습니다. 우연히 들어맞는 경우뿐이지요. 미래에 담긴 가능성들은 좋건 나쁘건 한계가 없습니다. 내가 '낙관주의는 의무'라고 할 때 이는 미래가 열려 있다는 뜻과 더불어 우리 모두가 자신의 행동으로 그 미래를 결정할 수 있다는 의미도 됩니다. 다가올 미래에 대해 우리는 연대 책임이 있는 셈입니다.

그러니 우리는 나쁜 미래를 예측하는 대신 더 나은 미래를 가져올 만한 좋은 것들을 지지할 의무가 있는 것입니다.

마사리크와
열린사회의 힘[25]

60년의 (그것도 꽤나 모질었던) 세월이 흐른 후 다시 프라하에 오다
니, 굉장한 경험이 아닐 수 없군요. 나는 제1차 세계대전이 발발
하기 전인 1912년과 1913년에 프라하를 방문했었고, 전쟁 중에
도 몇 차례 다녀간 바 있습니다. 가장 최근은 1934년이었는데, 그
때 나는 프라하가 중유럽에서 가장 아름다운 도시라고 생각했습
니다. 그 생각은 변함이 없습니다. 하지만 나머지 모든 것이 변했
지요.

---

25 명예박사 학위 수여 기념으로 1994년 5월 25일 프라하의 카를로바 대학교에서 한 강연

삶은 문제해결의 연속이다

60년 전에는 체코슬로바키아 공화국의 건국자이자 공화국을 독립시킨 대통령 토마시 가리크 마사리크Tomáš Garrigue Masaryk가 흐라트차니 궁에 기거하고 있었습니다. 나는 마사리크를 마음 깊이 존경합니다. 마사리크는 그의 사후 1년 혹은 2년 뒤 내가 '열린사회'라고 명명한 특정 형태의 사회를 일구어나간 가장 영향력 있는 선구자 중 한 명이었거든요. 이론상으로만이 아니라 실제에서도 그는 열린사회의 개척자였습니다. 빈말이 아니라 에이브러햄 링컨과 윈스턴 처칠 사이에 가장 위대한 개척자를 꼽으라면 마사리크를 꼽겠습니다.

　전쟁에서 패하고 피폐해진 오스트리아제국에서 분리된 국가들 중 성공적으로 독립한 국가는 마사리크의 창조물인 체코슬로바키아 공화국이 유일했습니다. 체코슬로바키아는 재정적으로는 물론, 산업적, 정치적, 교육적 그리고 문화적으로도 성공작이었습니다. 그리고 그 성공작은 제대로 수호를 받았습니다.

　신생국이 (어찌 됐건 혁명의 결과로 태어난 국가가) 그렇게 평화롭고 성공적으로 정착한 적은 없었고, 단 한 사람의 창조적 업적으로 그렇게 된 적도 없었습니다. 게다가 장애물이 없었던 것도 아니었습니다. 마사리크의 철학과 지혜 덕분이었고, 용기와 진실함이 작용한 결과였고, 또한 용기와 진실성, 열린 태도가 두드러진 그의 성정 덕분이었습니다. 이는 지나침 없는 서술입니다. 그러나 그 시대의 인본주의, 혹은 인도주의도 큰 몫을 한 것이 사실입니다.

마사리크의 비범한 삶은 지금까지 수많은 사학자가 고찰했을 것입니다. 그렇지만 나는 그의 전기 작가들조차 모르고 있을 법한 두 개의 이야기, 혹은 일화를 가지고 프라하에 왔습니다. 내 생각에 두 일화 모두, 적어도 이야기의 일부는 현존하는 자료를 조사할 의향이 있는 사람에게 그 진위를 재확인받을 여지가 있을 것 같습니다.

첫 번째 일화는 제1차 세계대전 중이었던 1915년에서 1916년으로 넘어가는 겨울, 열세 살의 내가 처음으로 마사리크의 이름을 접했을 당시의 묘한 정황에 대한 이야기입니다.

내 아버지는 당시 빈에서 변호사로 활동하고 계셨는데, 우리 가족은 슈미트라는 가족과 친하게 지냈습니다. 그 집에 아들 셋과 딸 하나가 있었는데, 첫째 아들은 직업 군인이었고, 당시 20대 후반이던 둘째 아들 카를 슈미트 박사는 변호사였습니다. 그리고 셋째 아들 오스카는 나와 같은 학교, 같은 반 학생이었죠. 카를 슈미트 박사는 자주 우리 집에 놀러와 저녁 식사를 함께했습니다. 그런데 어느 날 오스트리아제국 군대의 전시(戰時) 군복 차림으로 찾아와서는 자신이 지금 맡은 임무가 국가반역죄를 조사하고 반역자들을 군법재판에 회부시키는 것이라고 말했습니다. 그중 몹시 흥미로운 이야기를 우리에게 들려줬는데, 토마시 마사리크 박사라는 66세의 빈대학 철학 교수의 이야기였습니다. 영국 아니면 미국에 망명 중인 인물로, 체코와 슬로바키아 독립운동의 주동자이며 국사범이라는 것이었습니다. 슈미트는 그가 매우 훌륭한 분이라고 확신에 찬 어조로 덧붙였습니다.

슈미트는 당시 읽고 있다는 마사리크의 저서들에 대해 이야기해주었습니다. 특히 가장 인상 깊게 읽었다는 러시아의 대(對)유럽 관계에 대한 책에 대해서요. 점점 이 주제에 빠져든 슈미트는 이 놀라운 배신자, 최고급 교육을 받고 최고의 문화적 소양을 지닌 선도적 철학자이자 윤리 교사, 위대한 진보주의자, 나아가 자신의 국민이라 여기는 이들을 위해 목숨을 걸 각오까지 되어 있는 이 인물에 대해 열정적으로 이야기하기 시작했습니다. 나중에는 마사리크가 오스트리아와 독일에 저항하기 위해 프랑스와 영국, 소련, 미국 등의 재외 체코인들 그리고 소련에 전범으로 억류되어 있던 오스트리아제국 체코인 병사들을 규합해 반군을 조직하고 있다는 얘기도 해주었습니다.

그런 이야기를 듣는 건 놀라운 경험이었습니다. 78년이 흐른 지금도 생생할 정도로요. 지금 생각해보면 그건 오직 오스트리아에서만 일어날 수 있었던 일이었습니다. 오스트리아제국은 전쟁 중이었으며 특별법 때문에 의회는 제 기능을 못 했고, 당시 오스트리아 수상인 카를 폰 슈튀르크Karl von Stürgkh 백작은 그 틈을 타녹재 권력을 위둘렀습니다. 그림에도 불구하고 빈에는 전쟁 전의 자유주의적 분위기가 아직 살아 있었지요. 이런 상황에서 변호사이자 군 장교의 신분으로 반역자 색출 임무를 맡은 청년을 떠올려보십시오. 그 청년이 일반 시민인 우리에게, 매번 방문할 때마다 극비리에 자신이 진행 중인 조사의 경과와 한 반역자에 대한 존경을 숨김없이 털어놓고 있었던 겁니다! 그런데도 그는 두려워하지 않았습니다. 자신이 안전한 것을 알았던 거죠. 독재와 계엄령에도 불구하고요. 오늘날 우리가 '근대 독재'라고 부르게 된 그 끔찍한 사태를 초래한, 1년 후 러시아에서 촉발될 상황과 얼마나 다른지요!

이것은 1916년 빈에서 있었던 일입니다. 그러나 권력자들이 민족통일주의를 등에 업고 득세한 지역들에서는 공포 정치가 지배했습니다. 지방 관료들, 군소 독재자들은 도시의 자유주의 물결에 흔들리지 않았습니다. 그러나 한편으로는 우려하고 있었죠. 그들은 은밀한 공포를 도구 삼아, 심지어 고문까지 동원해 통치했습니다. 내가 이런 사정을 알게 된 것은 모두 한 비범한 정보원, 고정 방문객인 카를 슈미트 박사를 통해서였습니다.

슈미트는 마사리크의 활동을 낱낱이 이야기해줬습니다. 마사리크는 그의 영웅이었지만, 만약 오스트리아가 전쟁에서 승리하고 마사리크가 체포될 경우 슈미트는 사형 선고가 떨어질 게

뻔한 재판에 그 영웅을 회부시킬 준비를 해야 했습니다. 그러나 1916년쯤 되자 그렇게 되지 않을 것임이 내 눈에도 명백해졌습니다. 동맹국들이 전쟁에서 패하리라는 것이요…. 내가 몰랐던 사실은 오스트리아 정부의 몇몇 각료도 항복을 원했지만 그럼에도 오스트리아가 전쟁을 계속한 건 독일의 침략이 두려워서였다는 것입니다.

여기까지가 첫 번째 이야기입니다.

거의 20년이 흘러, 슈슈니크 수상이 오스트리아 독재자로 군림하던 시기에 나는 다시금 토마시 마사리크에 관한 아주 개인적인 일화를 하나 듣게 되었습니다. 빈대학 시절 나는 그리스 철학 연구자인 하인리히 곰페르츠Heinrich Gomperz 교수의 제자였는데, 교수님과 나는 점차 우정을 나누는 사이로 발전했습니다. 돌푸스 수상이 오스트리아 나치 당원들에게 살해당한 후 슈슈니크가 정권을 잡고 교사와 교수를 포함해 모든 정부 공무원에게 '애국전선'이라는 조직에 가입할 것을 명했습니다. 애국전선은 (이미 히틀러 치하에 있던) 독일과의 합병을 반대한다는 선언문에 서명한 사람만 멤버로 받아들였습니다. 거의 교수 전원이 (특히 나치 당원이었던 사람들) 그 선언문에 서명했습니다. 유일한 예외가 하인리히 곰페르츠 교수였습니다. 가족이 독일 출신인 곰페르츠 교수는 문화적 배경과 그리스 철학에 대한 애정 때문에, 그리스 철학 연구가 융성한 독일과의 합병을 반기는 쪽이었거든요. 그는 유대인이었지만 히틀러의 폭력주의적 인종 이론을 (그의 폭력주의적 만행도) 잘 알고 있었습니다. 그러나 그는 독일의 수준 높은 문명에 믿음이 있었고, 히틀러는 곧 자취를 감출 정치적 미치광이로 보았습니다. 아마 히틀러를 대단한 인물로 간주하는 것은 자신의 품위를 떨어뜨리는 일이라고 여겼을 것입니다. 여러 면에서 곰페르츠의 생각은 애석하게 빗나갔습니다. 그런데 틀린 건 둘째 치고, 슈슈니크의 애국전선에 동참하지 않았다는 이유로 그는 해고당하고 수입원을 잃고 말았습니다. 게다가 검열 때문에 이런 식으로 해고된 사실이 널리 알려지지도 않았고요. 아무도 그의 해고 소식을 듣지 못했습니다. 나도 어떤 소식도 듣지 못했고요. 어느 날 그가 연락해와 우리가 만났을 때까지는요.

그는 내게 전후사정을 말하고, 미국으로 이민 가기로 했다고 털어놓았습니다. 그런데 비싼 여행경비를 댈 사정이 안 된다고요. 그래서 그는 옛 동료이자 친구인 마사리크에게 돈을 빌리러 프라하로 갔습니다. 마사리크는 개인 자금에서 일부를 꺼내주면서, 이것은 빌려주는 게 아니라 그냥 주는 거라고 극구 강조했습니다. 그러면서 정치적 상황 때문에 독일에 찬동하거나 심하면 히틀러에 찬동하는 것으로 비칠 위험이 있기에, 어떤 형태든 공적 자금을 사용할 수는 없다고 해명했습니다. 나는 그날 곰페르츠에게서 마사리크와의 감동적인 만남에 대해 속속들이 들을 수 있었습니다.

나는 20세기 유럽의 위대한 정치가이자 영웅 두 사람 중 한 명인 마사리크를 늘 존경해왔습니다. 다른 한 사람은 처칠입니다.

마사리크의 체코슬로바키아는 단언컨대 유럽에서 발전한 국가들 가운데 가장 열려 있는 사회였습니다. 마사리크의 체코슬로바키아는 20년밖에 지속하지 못했습니다. 하지만 얼마나 힘겹고 또 얼마나 경탄스러운 20년이었는지요! 이 열린사회는 역사상 최단 기간에 탄탄한 경제와 유럽에서 가장 견실한 국방 체계를 확립했습니다. 하지만 마사리크의 체코슬로바키아는 유럽의 두 구(舊) 열린사회 국가들(당시 유화론자들이 지배했던 영국과 프랑스)의 손에 무너지고 말았습니다. 이렇게 추정해볼 수도 있습니다. 마사리크가 살아 있었더라면, 그 두 나라가 히틀러에 협조해 체코슬로바키아를 붕괴시키는 일(1938년 9월 뮌헨 회담 _옮긴이)은 여간해선 일어나지 않았을 거라고. 히틀러는 당시 허세를 부리고 있었고, 마사리크라면 알아차리고 거기에 넘어가지 않았을 거라고 나는 생각합니다.

그러나 체코슬로바키아라는 열린사회의 기반에는 처음부터 불필요한 취약점이 하나 있었습니다. 바로 '민족자결주의 원칙'으로, 서방에서 거의 압도적인 도덕적 권위를 획득한 원칙입니다(아직까지도 그 권위는 유지되고 있습니다). 조금만 생각해봐도 유럽에서는 이

'원칙'이 전혀 적용될 수 없음을 분명히 밝혔을 텐데도 불구하고
요. 영국이나 아일랜드, 키프로스 같은 섬나라들조차, 정치 지도
자들은 민족자결주의를 외치지만 정작 인구는 다수 민족으로 구
성되어 있으니 말입니다. 마사리크가 세운 열린사회는 그러한 주
장에, 깊은 고찰에서 나온 도덕적, 정치적 대응으로 맞설 수 없었
습니다. 여러분의 조국(체코)이 이러한 압력에 다시금 처한 것도
최근의 일이었습니다. 체코는 신중히 검토한 이론적, 도덕적 변
론으로 대응하지 못했습니다. 그리고 나라는 갈라졌습니다. 이것
이 어떤 결과를 불러올지는 두고 봐야만 알겠지요.

하나의 언어를 공유하는, 동족으로 구성된 인구집단은 산업 협
력 측면에서는 단연코 엄청나게 유리합니다. 하지만 유럽에 그런
나라가 어디에 있답니까? 유럽은 그렇게 될 수가 없습니다. 정치
적, 교육적 수단을 동원해, 또 소수 집단과 지역 방언을 억압해가
면서 억지로 통합을 이룬 몇몇 국가를 제외하고요. 특히 독일과
프랑스가 그렇습니다. 그러나 그 두 국가에도 지금은 영향력 있는
소수 집단이 있으며, 그렇지 않은 국가는 사실상 없다고 봐야 합
니다. 유럽에서 예외는 아이슬란드뿐입니다(그리고 어쩌면 몰타도요).

평화와 문명을 사랑하는 사람이라면 그 유명한 (아니, '악명 높은'이
라고 해야 할까요?) 민족자결주의 원칙의 실행 불가능성과 비인도성
을 전 세계가 깨닫도록 힘써야 합니다. 민족자결주의는 이미 소

삶은 문제해결의 연속이다

수민족을 향한 테러리즘이라는 더없는 잔학함으로 전락한 바 있습니다.

우리는 그러한 잔학성에 맞서 싸워야 합니다. 역사란 원래 폭력적이고 참혹한 것이며 금과 석유, 부와 권력에 대한 탐욕으로만 움직인다는 냉소적 역사관에 휩쓸리지 않도록 경계해야 합니다. 이러한 냉소적 역사관은 잘못된 것입니다. 유럽의 역사는 아테네의 헌법을 개정한 솔론의 평화로운 개혁으로 시작되었습니다. 그 개혁으로 솔론은 원래 자유 시민이었으나 빚을 갚지 못해 자유를 잃었던 노예들을 전부 해방시켰습니다. 솔론의 개혁으로 아테네에서는 다시는 노예제가 부활하지 않았습니다. 그로부터 미국에서 에이브러햄 링컨의 노예 해방까지는 매우 긴 시간이 흘러야 했습니다. 링컨은 남부연합의 흑인 노예를 해방시키는 데 성공한, 역사상 가장 끔찍한 전쟁에서 60만 명의 백인 병사 가운데 최후의 한 사람으로 스러졌지요.

끝없는 탐욕과 폭력의 역사에서 예외가 위에 언급한 단 두 건만 있었던 건 아닙니다. 오히려 위의 두 건은 우리가 자유와 정의를 위한 투쟁에서, 대개의 경우 우리 자신의 실수로 겪어온 수없이 많은 패배와 퇴보 가운데 가장 두드러진 두 건의 성공(그런 성공이 그리 흔치 않음은 인정합니다만)일 뿐입니다.

다시금 퇴보를 겪고 있는 지금, 우리는 가장 최근의 성공을 복기해야 합니다. 남아프리카공화국을 말하는 겁니다. 또한 프랑스 함락 후 언뜻 절망적으로 보였으나 끝까지 히틀러에 대항한 처칠, 시베리아와 블라디보스토크를 가로지르고 태평양과 미국 대륙을 가로질러 6만 명의 용맹한 군인을 데리고 돌아와, 반복되는 잔혹한 죽음에도 다시 일어설 만큼 강력한 공화국, 하나의 열린 사회를 이룩한 마사리크, 그들이 품었던 자유와 열린 태도, 인류애 추구 정신이 얼마나 놀라운 과업을 이룰 수 있는지 기억 속에 생생히 새겨둬야 할 것입니다.

삶은 문제해결의 연속이다

문제들과 사랑에 빠졌더니,
어느 날 철학자가 되어 있더라[26]

친애하는 이나모리 회장님, 존경하는 이나모리 재단 임원 여러분,

귀빈 여러분, 그리고 신사 숙녀 여러분.

1992년 교토상 수상자의 강연을 들으러 이 자리에 와주신 여

러분 모두에게 감사의 뜻을 표하면서 문을 열고자 합니다. 오늘

은 우리 세 사람의 일생에 가장 행복한 날이 아닐 수 없습니다.

내가 알기로 우리 세 사람이 각각 두 번의 강연을 해야 하며, 오

---

[26] 1992년 11월 11일 교토상(1984년부터 이나모리 재단이 과학, 기술, 문화에 현저한 공적을 세운 사람에게 수
여하기 시작한 국제상 _옮긴이) 수상 기념으로 교토에서 한 연설. 고등과학기술 부문 모리스 빈센트
윌크스(Maurice Vincent Wilkes), 기초과학 부문의 니시즈카 야스토미(西塚 泰美)와 공동 수상했다

늘 상연은 그중 첫 번째입니다. 두 번째 강연의 주제가 각자의 연구 분야와 관련된 것이라면, 오늘 이 첫 번째 강연은 우리 각자의 인생에 대해, 그리고 어떻게 해서 각자의 전문 분야에 관심과 열정을 갖게 되었는지에 대해 이야기하기로 되어 있습니다.

나의 경우 애석하게도 그런 형식이 전혀 맞지 않는다는 걸 처음부터 밝혀야겠군요. 나는 여러분 앞에 철학자로 섰고 영국과 일본, 그 밖의 여러 나라에서도 철학자로 알려져 있습니다. 내가 영예의 교토상을 받은 부문도 '20세기 철학적 사상'이었고요. 그러나 나는 긴 생애 동안 '철학자가 되고 싶다'라거나 '철학을 공부해야지'라고 생각한 적이 단 한 번도 없습니다. 한 번도 철학자로서 나 자신을 만족스럽게 여긴 적도 없고요. 다른 사람들이 (일부 전문 철학자들을 포함해) 나를 철학자로 규정하기로 했다면, 그것은 결코 내가 계획하거나 의도한 바가 아닙니다.

물론 나도 인생의 어느 단계에서 어떤 직업을 가질지 결정해야 했습니다. 고심 끝에 교사가 되기로 했지요. 처음에는 초등학교 교사가 되고 싶었습니다. 조금 지나서는 중등학교 교사가 되고 싶었고요. 수학과 물리학, 화학, 생물학을 가르치고 싶었습니다. 이런 목표를 가지고 나는 1918년 열여섯이라는 이른 나이에 학교를 그만두고 빈 종합대학교 수학과와 물리학과에 들어가 '비범한' 학생이 되었습니다. 3년 후에는 그냥 '범상한' 학생이 되었고, 다

삶은 문제해결의 연속이다

시 7년 후 1928년에는 철학박사 학위와 수학, 물리학, 화학, 생물학 교사 자격증을 모두 손에 넣었습니다.

그렇지만 박사논문은 아동심리학계의 저명한 권위자인 카를 뷜러의 지도아래 심리학 주제를 택해 썼습니다. 두 가지 이유가 있었는데, 하나는 교육에 관심이 있고 그에 따라 심리학에도 관심이 있었기 때문입니다. 다른 하나는 심리학 분야에서 나만의 독자적 아이디어를 품고 있었기 때문입니다. 이 정도면 이 분야에서 박사논문 쓰기에 충분하다고 생각한 거지요. 그에 반해 수학과 물리학은 내게 너무 높은 곳에 있는 학문이라 감히 그 두 분야에서는 진정 독자적인 아이디어를 구축할 수 없을 것이라고 생각했습니다. 하지만 마음만 먹었다면, 그리고 교사가 되겠다고 결심하지 않았다면 그 두 학문을 주력 분야로 삼았을 겁니다.

이쯤 해서, 그로부터 몇 년 후 수학과 물리학에서도 나만의 아이디어를 확립했다는 것을 언급해야겠군요. 수학에서는 주로 확률 이론의 공리화 그리고 격자 이론이라 불리는 분야에서였습니다. 한 예로, (하한)반격자에 상대측정함수가 정의되어 있을 경우 그 상한에서는 분배적 격자가 된다는 정리의 증거를 최초로 제시했습니다. 확률 이론과 격자 이론 그리고 양자물리학에 고루 걸친 정리입니다. 물리학에서는 양자역학 분야에서 다수의 독자적 개념을 정립했습니다. 양자역학은 내가 박사학위를 받기 1년 전

하이젠베르그가 새롭게 제시한, 당시로서는 생소한 이론이었죠. 하이젠베르크의 이 발견은 몹시 중대한 것이었습니다. 그런데 얼마 안 가 에르빈 슈뢰딩거의 파동역학에 묻히는 듯했습니다. 슈뢰딩거의 파동역학은 하이젠베르크의 양자역학과 많이 달라 보이지만 (거의) 동일한 결과들을 도출했는데, 다만 더 직관적인 접근으로 보였습니다. 나는 1935년에 하이젠베르크와 슈뢰딩거를 모두 만나봤는데, 슈뢰딩거와는 1961년 그가 사망할 때까지 좋은 친구로 남았습니다. 아직도 그의 유족과는 친분을 유지하고 있지요.

여기서 잠시 짚고 갈 것이 있습니다. 위에 언급한 학문 중 어느 한 분야에서라도 창조적 선구자가 갖춰야 할 전문지식을 얻기에는 내가 너무 잡다하게 손을 댄 것을 여러분도 알겠지요. 하지만 지난 세월 여러 분야를 깊이 파고들면서 내가 어느 한 분야에서 선구자적 입지를 차지할 것이라고 한순간도 생각한 적이 없었습니다. 오직 그 학문들이 내게 불러일으킨 강렬한 흥미와 열정 때문에 파고든 거지요. 더불어 언젠가는 내가 가르치는 학생들에게서 똑같이 흥미와 열정을 불러일으킬 수 있기를 바라는 마음에서요. 만일 내가 그중 한 분야에서 발견자 혹은 연구자로서, 아니면 과학적 진보의 선도자로서 경력을 추구할 마음이 있었다면, 열두어 개의 학문에 발을 걸치는 나의 공부 방식은 한마디로 미친 짓이었을 겁니다. 그러나 나에게는 그런 열망은 없었습니다. 적어

삶은 문제해결의 연속이다

도 아주 최근, 그러니까 1934년이 저물어갈 무렵 『탐구의 논리』
를 독일어로 출판하기 전까지는요.

기왕에 공부 여력을 조각내 다양한 영역에 분산시키는 이야기
를 꺼냈으니, 한 가지 고백을 더 할까 합니다. 우리 집안은 음악가
집안입니다. 나의 외조부는 빈 음악동우회Gesellschaft der Musikfreunde
라고 알려진 단체의 공동창립자였습니다. 19세기 중반, 이 단체
는 한동안 세계에서 가장 유명한 연주회장으로 꼽혔던 무지크페
라인잘Musikvereinsaal이 빈에 세워지는 데 결정적 역할을 했습니다.
무지크페라인잘은 베토벤 교향곡 연주를 염두에 두고 설계됐습
니다. 열여섯 살 되던 해에 나는 작곡을 하기 시작했습니다. 요한
제바스티안 바흐가 나의 우상이었죠. 당시 만든 곡 대부분은 소
실됐지만 딱 한 곡, 파이프오르간을 위한 푸가는 올해 7월, 작곡
한 지 대략 70년 만에 스페인 마드리드 근방의 에스코리알 궁에
서 대중 앞에 초연되었습니다.

이제 다시, 내가 오늘 철학자로서 이 자리에 섰으며 이제껏 여
러 학문을 언급했지만 철학에 대한 이야기는 아직 꺼내지 않았다
는 사실을 여러분께 상기시켜야겠습니다.

처음 철학적 질문을 던진 건 일곱 살인가 여덟 살 때였던 것 같
습니다. 어느 날 아버지에게 무한대 개념, 그리고 공간의 무한성
개념을 설명해달라고 했습니다. 무한대 개념이 도저히 이해되지

않아서 설명을 듣고 싶다고요. 아버지는 숙부에게 물어보라고 했고, 실제로 숙부는 엄밀히는 실무한actual infinity 혹은 칸토어Georg Cantor(1845~1918, 독일의 수학자. 집합론을 창시했다. _옮긴이)의 무한 개념과 대비되는 가무한potential infinity 혹은 아리스토텔레스의 무한 개념에 대하여 상당히 훌륭하게 설명해주었습니다. 그 설명은 내 궁금증을 거의 완벽히 해소시켜주었습니다. 이후 칸토어의 무한 개념에 대해서는 의문점이 생겼고, 그 의문은 아직 해소되지 않았습니다.

이후에도 여러 가지 철학적 의문이 나의 호기심을 지배했습니다. 열 살 때는 '생이란 무엇인가?'라는 질문에 사로잡혔는데, 나는 학교 동기생들에게 삶이란 촛불이 타버리는 것과 같은 산화 과정이라는 주장을 펼쳤습니다. 나중에 알고 보니 고대 그리스의 철학자 '에페수스(에베소)의 헤라클레이토스'가 최초로 제시한 답이더군요. 그러한 질문들은 내가 아버지 서재에 넘쳐나는 철학 서적에 손을 대기 전부터 내 마음을 지배했던 셈이지요. 처음 펼쳐본 철학책은, 물론 중간에 덮긴 했지만, 칸트의『순수이성비판』이었습니다. 한 단어도 이해할 수 없었죠. 어떤 문제들을 논하고 있는지조차 이해하지 못했습니다. 그런데 얼마 안 가 아버지의 서재에 칸트의『순수이성비판』을 해설해주는 쇼펜하우어의 책이 있는 걸 발견했습니다.『의지와 표상으로서의 세계』(혹은 '의지와 관념')라는 제목이었죠. 내 기억이 정확하다면 그 책이 내가 태어나서 처음으로 숙독하고 제대로 공부한 철학 서적(적어도 두꺼운 철학 서적)이었습니다.

쇼펜하우어의 사상은 어렵게 느껴졌지만, 그럼에도 그 책에서 많은 것을 배웠습니다. 그래서 계속해서 쇼펜하우어와 칸트의 저서를 읽어나갔죠. 칸트를 이해하기 시작하자 쇼펜하우어보다는 칸트의 사상이 더 마음에 들었습니다. 칸트는 내게 수많은 해결되지 않는 의문을 심어놓았고, 그 질문들은 수년간 끈질기게 나를 괴롭혔습니다. 하지만 철학자가 되겠다는 생각은 (칸트나 쇼펜하우어 같은 이들의 철학서를 중점적으로 파고든다는 의미에서든, 아니면 철학을 전공하고 철학 연구서를 쓰겠다는 의미에서든) 여전히 들지 않았습니다. 만약 한 번이라도 그런 생각이 들었다면 거부하는 게 마땅했겠지요. 철학적 문제들에 큰 흥미를 느끼긴 했으나 나 자신이 답을 내놓을 능력은 없다고 생각했으니까요. 쇼펜하우어가 제시한 것 같은 사상 체계는 나를 사로잡았지만 동시에 놀랍도록 야심적으로 느껴졌습니다. 더불어 나는 그의 형이상학 이론들이 참이라고 보지도 않았고요. 무엇보다 나는 가르치기처럼 쓸모 있는 일을 하고 싶었습니다. 그도 그렇지만 물리학에서 발견되는 문제들이 더 재미있고, 진화론이 더 흥미진진하고 훨씬 설득력 있게 다가오기도 했고요. 이것이 내가 철학 서적은 많이 읽으면서 철학을 공부할 생각은 하시 않았던 이유입니다. 임마누엘 칸트 외에는 '소크라테스 이전 철학자'로 한데 묶어 일컫는 일단의 고대 그리스 철학자들을 몹시 좋아하고 존경했는데, 그중 헤라클레이토스와 크세노파네스, 파르메니데스를 특히 좋아했습니다. 또, 500명의 동포로 이루어진 배심원단에게 사형을 선고받은 아테네 시민 소크라테스도 빼놓을 수 없지요. 제자 플라톤이 『소크라테스의 변명』이라는 제목으로 남긴 그의 변론은 내가 접한 것 중 가장 아름다운 철학서입니다.

한편, 가구 제작 같은 기술을 배워두면 쓸모가 있지 않을까 해서 그것도 배웠습니다. 실제로 오스트리아 정부가 발급하는 공식 가구공 자격증도 땄답니다.

그런데 작업대에서 목재를 다듬던 중, 어떤 철학 문제에 대해 최초로 의식적인 답을 떠올리게 되었습니다. 서구의 고전음악 체계(조성이며 화성, 대위법 등)에 대한 문제였지요. 당시 떠올린 답을 종이에 적지도 남에게 얘기하지도 않았지만, 그로부터 50년 후인 1969년 자전적 성격의 책인 『끝나지 않은 탐구Unended Quest』의 짤막한 장에 간단히 언급하기는 했습니다. 그 책은 그로부터 또 몇 년 후인 1974년에 출간됐고요. 대단히 놀랍게도 올해, 그러니까 1992년 5월에, 내가 오래전 1919년인가 1920년에 생각해낸 서양 음악 기원론이 같은 시기에 발표된 독일의 유명한 사회과학자 막

삶은 문제해결의 연속이다

스 베버의 이론과 거의 똑같다는 얘기를 들었습니다.

이 이야기를 하는 것은 애석하지만 이것이 바로 내가 인생을 살아온 방식이기 때문입니다. 내가 받은 그리스어 장학금(덕분에 플라톤 철학과 소크라테스 이전 철학에 관한 새로운 역사 이론을 배웠습니다)과 과학 장학금, 그리고 철학(인식론, 현재는 과학철학이라 불리는 학문, 그리고 언어의 기원이나 민주주의 이론 같은 사회철학 분야) 장학금에 힘입어 내놓은 나의 변변찮은 연구 결과들 중 어느 것도 흔히 '연구'라고 하는 과정으로 도출된 게 아니었습니다. 대신 다음과 같은 과정으로 도출되었지요. 먼저, 한 가지 주제를 공부합니다. 아마 처음에는 피상적인 수준에 그치겠지만, 어떤 문제에 매료되면서 점차 깊이 파고들기 시작합니다. 그다음에는 (어떤 경우 금세, 어떤 경우는 몇 년 후, 심지어 다른 분야의 문제들로 내 관심이 옮겨간 이후에도) 하나의 문제 혹은 아이디어가 머릿속에서 구체화되어 심화 연구로 이어집니다. 이는 그 문제를 집중적으로 파고들기 시작해, 종종 새로운 아이디어와 결합해 그것을 구체화하거나 단순화하기 시작한다는 뜻입니다. 그 과정에서 종종 원래의 문제가 전혀 다른 성질의 문제로 변하기도 하고요. 시험적인 해결책이 떠오를 수도 있고요. 심층연구를 하는 과정에서 이 시험적 해결책이, 점점 성질이 달라지는 문제와 상호작용하면서 상당히 변하기도 합니다.

때로 이 모든 과정은 내 머릿속에서만 일어나며, 제시된 해결책은 기록되지 않습니다. 또 어떤 땐 좀 전에 이야기한 일화처럼 50년이 흐른 뒤 비로소 기록하기도 하고요. 아니면 해결책은 얻는 과정을 단계별로 기록하거나 도표로 만드는 경우도 있습니다. 금세 결과를 도출하는 때도 있지만, 새롭게 도출된 결과를 곧바로 발표한 적은 한 번도 없습니다. 연구 결과를 전혀 발표하지 않고 친구나 학생들에게만 얘기하는 경우가 오히려 더 많지요. 아니면 친구에게 여러 통에 걸쳐 편지를 보내 비평을 구하기도 하고요. 심한 경우 내 연구 결과를 잊어버리기도 하고, 최악의 경우 영원히 잊어버립니다. 내 연구법을 여러분께 권하지 않는 이유를 분명히 아시겠지요. 오히려 반대입니다. 청중 가운데 누구도 나의 이 산만한 연구 방식을 택하지 않기를 바랍니다.

이 방법을 누구도 모방하지 않기를 바라지만, 그와 별개로 나는 한평생 그런 방식에 만족하며 살아왔음을 고백합니다. 하지만 나와 함께 그리고 나를 위해 일했고 내 연구에 조력을 아끼지 않은, 지금은 고인이 된 아내는 그런 정신없는 방식 때문에 힘들어했습니다. 열심히 일해도 결과가 보장되지 않는 방식이기 때문입니다. 내가 열심히 연구에 매진했음은 자신 있게 말할 수 있습니다. 아내도 열심히 도와주었고요. 두 권에 걸친 『열린사회와 그 적들』을 봐도 그렇습니다. 얼마 전 나의 90세 생일을 기념해 독일어 개정판이 출간되어, 번역을 다듬기 위해 원고를 처음부터 끝까지 다시 들여다봐야 했습니다. 두 권에 새 부록까지 합쳐 1,000쪽이 넘는 분량입니다. 그런데 광범위한 대상과 너무 여러 가지 가설 및 주장을 담고 있어서 애초에 이런 걸 쓸 수 있었던 게 신기하게 느껴졌습니다. 그런데 사실상 나는 그 책을 매번 내용을 더 명료하게 하고 단순화하려고 노력하면서 스물두 번이나 교정했고, 아내도 원고 전체를 무려 다섯 번이나 (낡아서 잘 작동도 안 되는 타자기로) 다시 쳐야 했습니다. 1945년 마침내 출판되기까지 또 2년 3개월이 걸렸고요. 이러니 나의 연구법을 누구에게도 추천하지 못하겠습니다.

첫 번째 책인 『탐구의 논리Logik der Forshung』(영어판 제목은 『과학적 발견의 논리The Logic of Scientific Discovery』가 되었습니다)가 출간된 1934년, 나는 교사로 일하고 있었습니다. 처음 집필을 마쳤을 때 원고 분량은 1934년 출간본의 두 배였는데, 편집자가 내게 정확히 얼마만큼을 쳐내야 할지 말해주었죠. 그 책의 중심 주제가 된 아이디어를 발전시킨 것은 1919년에서 1920년으로 가는 겨울이었습니다. 그러니까 당시에는 발표할 생각도 없었던 아이디어를 14년 내지 15년 동안 주무르고 있었다는 얘기입니다.

1919년 6월부터 7월 사이에는 마르크스가 이야기한 사상들에 매우 비판적인 시각을 품게 되었고, 그 이론들이 참인지 거짓인지 이성적으로 판단하기 위해 깊이 파고들기 시작했지요. 이 중대한 연구를 진행하는 것을 의무로 여기기까지 했습니다. 당시

나는 고작 열일곱 살이어서 낭년히 누가 내 연구 결과를 읽고지 하거나 이 문제 대한 나의 의견에 관심을 가질 것이라고 기대하지 않았습니다. 그저 인류에 대한 중대한 위협이라고 생각되는 이론의 진위를 밝혀내 스스로 만족하기 위해 시작한 공부였죠. 이 연구의 결과는 25년 후 『열린사회와 그 적들』로 발표됐습니다. 이 책은 1945년 발간된 이래 꾸준히 중쇄됐음에도 불구하고 마르크시즘과 소비에트 제국을 약화시키는 데 미미한 영향을 주는 것으로 그쳤습니다. 작고한 나의 친구 프리드리히 폰 하이에크가 쓴 유명한 작품 『노예의 길Road to Serfdom』에 비하면 새 발에 피였다고 할까요. 하이에크는 올해 3월 세상을 떠났습니다.

나의 마르크시즘 연구 극초기, 그러니까 1919년과 1920년 사이의 겨울에 나는 몇 가지 문제를 인지했고, 그것은 1934년에 나온 나의 첫 출간작 『탐구의 논리』에 발표되었습니다. 영어판(『과학적 발견의 논리』)은 그로부터 25년 후 출간됐고요(내가 처음으로 탈고한 작품 『인식론의 두 가지 근본 문제Die beiden Grundproblem der Erkenntistheorie』는 1933년부터 1979년까지 무려 46년 동안이나 처박혀 있었습니다.) 그다음엔 『역사법칙주의의 빈곤The Poverty of Historicism』이 당시 「이코노미카 Economica」의 편집장이었던 하이에크에 의해 출간되었습니다. 하이에크는 그 원고를 1944년과 1945년에 걸쳐 연재물로 발표했고, 10년 후 한 권의 책으로 출판됐습니다. 먼저 이탈리아어로,

이어서 영어로, 나중에는 여러 언어로 번역되었고요. 일본어판은 1961년에만 세 번 개정판이 나왔고, 다시 1965년과 1966년에 두 종의 개정증보판이 나왔습니다. 1960년대에 여러 출판사가 일본어 번역판을 냈습니다. 그러다가 1973년 『열린사회와 그 적들』 일본어판이 발행되었고요. 그 후에는 일본에서 어떤 개정판이 나왔는지 잘 모르겠습니다. 세 저술 모두 1919~1920년 겨울에 시작된 나의 생애 초기 연구가 뒤늦게 맺은 결실이며, 전부 지식이나 인식론, 과학철학에 관한 이론을 다룬 글로 분류할 수 있습니다(엄밀히 말해 두 번째와 세 번째 책은 역사철학과 과학사에 관한 책이지만요).

이제 이 책들이 어떻게 세상에 나오게 됐는지 짧게 이야기해볼까 합니다. 아까도 말했지만, 나는 비판 정신으로 눈에 불을 켜고 마르크시즘을 공부하기 시작했습니다. 마르크스가 단언한 것들이 참인지 거짓인지 알아낼 작정이었죠.

마르크스, 엥겔스 그리고 레닌은 마르크스 이론의 체계가 과학이라고 주장했습니다. 자연과학의 지위와 권위를 갖는다고요. 뉴턴의 만유인력 이론과 비슷한 지위요. 이러한 단언은 현대 들어 자연과학의 지위와 권위가 공격받기 한참 전인 그 당시 중대한 무게를 띠었습니다. 당시에는 어떤 이론이 과학의 지위를 갖는다는 선언은 그 이론이 참이라는 것을 의미했거든요. 아니, 그 이상이었습니다. 그것이 참임이 논증될 수 있음을 의미했습니다. 당시의 과학은 서구세계에서 엄청난 위신을 누렸다는 얘기입니다. 그 어떤 학문보다 높은 지위를요. 마르크시즘이 과학이라는 주장(정확히는 마르크시즘이 과학적 이론이라는 주장이라고 말해야겠지요)은 따라서 사실상 엄청난 무게를 지녔습니다. 당시로서는 그 주장이 마르크스주의가 참이며, 어쩌면 해당 분야 전문가들의 비판을 제외하고는 그 어떤 비판도 미치지 못할 위치에 있음을 시사했던 거죠.

나는 1919년 가을, 마르크시즘은 과학이라는 주장을, 사회주의 혹은 공산주의가 다음번 역사적 시대 혹은 다음번 역사 발달 단계로 도래할 것이라는 주장(마르크시즘의 주장들이 전반적으로 의심의 여지가 많았기에 나는 이 주장도 벌써 의심하고 있었지만요)과 별개로 검토해보기로 결심했습니다.

그리하여 제일 먼저 다음의 문제를 살펴보기로 했습니다. '마르크시즘이 (내가 존경해 마지않는) 뉴턴의 만유인력 법칙 같은 과학이라는 주장이 참인가, 거짓인가?' 이 문제를 탐구하는 건 꽤나 즐거웠습니다. 자신을 미래의 물리 교사로 생각하고 있었는데, 물리 교사라면 물리학 혹은 화학에 과학의 지위를 (아니면 아예, 소위 자연과학이라 칭하는 것은 무엇이든 그것에 진정한 과학이라는 지위를) 부여하는 기준이 뭔지 정도는 알아야 한다고 생각했기 때문입니다. 아니면 이런 물음으로 대체할 수도 있겠군요. '나는 어째서 천문학은 존중하지만 점성학은 경멸하는가?' 그래서 (내가 싫어하는) 마르크시즘의

삶은 문제해결의 연속이다

문제를 (뉴턴의 우주 이론 같은 경우 내가 특히 좋아하는) 물리학을 포함해 좀 더 일반적인 문제로 대체하게 된 것이 무척 만족스러웠습니다.

바로 이 문제가, 충분한 시간이 흐른 뒤, 나를 과학철학자로 만들어주었습니다.

나는 겨우 열일곱 살이었고, 빈대학 수학연구소의 멤버이긴 했지만 이런 문제를 어떤 방식으로 다루어야 할지 감조차 잡지 못하고 있었습니다. 그래서 그냥 그 문제를 가지고 골똘히 생각해보는 것에서 출발하기로 했지요. 그것이 오래된 문제이며, 그러니 학교의 뛰어난 교수들(최소한 물리학 교수들)은 그 문제에 익숙하고 답을 알고 있을 거라고 확신한 채로요. 그런데 수학 연구수업에서는 전혀 다른 문제들만 논의되었고, 내가 고심하고 있는 문제는 언급할 틈도 없었습니다. 다른 학생들에게 이야기를 꺼내봤지만 (딱 한 명을 제외하고) 모두 반응이 시큰둥했고요.

나는 먼저 다음과 같이 규정하는 것으로 시작했습니다. '주장 혹은 명제는 그것이 증명될 수 있으면 과학의 범주에 속한다. 혹은 그것이 참의 명제임이 논증될 수 있으면 과학에 속한다.' 하지만 시작도 하기 전에 벌써 이 규정은 만족스럽지 못할 걸 알았고, 더 나은 것으로 대체해야 한다는 것도 알았습니다. 기하학에서는 그 유명한 유클리드의 공리와 공준(公準), 정의들이 있지 않습니까 (당시에는 공준과 공리를 구분하지 않았습니다). 이것들은 분명 기하학에 속하시만, 논증 불가힌 것으로 규정되지요. 기하학은 분명 과학인데도요! 게다가 채택된 공리와 공준, 정의들은 기하학의 근본 중의 근본이 되고요. 그것들로부터 기하학의 모든 명제가 도출되어 정리로 확립되니까요.

얼마 안 가 나는 문제를 일단 명료화하기 위해서는 해결책을 구하는 단계에 들어가기 전에 수학 같은 순전히 형식적인 학문 체계와 물리학이나 화학, 생물학, 지질학, 지리학 같은 소위 경험 과학 또는 자연과학을 구별해야 한다는 것을 깨달았습니다.

그래서 수학연구소에서 당시 '공리학'이라 불리던 것을 공부하기로 했습니다. 공리 체계 이론을 다루는 학문으로, 다비드 힐베르트David Hilbert가 이 분야의 권위자로 유명합니다. 이를 계기로 10년 뒤 교사자격시험의 일부로 수학 논문을 써야 했을 때도 공리학에서 주제를 선택했지요.

곧 (논리학이나 수학 같은) 순전히 형식적인 학문 *체계*와 실제에 적용하는 것을 목적으로 하는 학문 체계(더 명확히 표현하면, 뉴턴이나 아인슈타인의 만유인력 이론처럼, 실제적인 대상을 묘사하거나 설명하는 것이 목적인 학문)를 구분하는 그럭저럭 쓸 만한 기준을 도출할 수 있었습니다.

그렇게 해서 나는 먼저 순수 수학(이론 수학)과 만유인력 이론을, 그다음엔 뉴턴 이론과 아인슈타인 이론을 비교 연구하게 됐습니다. 각 이론을 심층적으로 공부했고, 이어서 다른 물리학자들이

삶은 문제해결의 연속이다

내놓은 관련 주장들을 검토했습니다. 순전히 개인적 흥미를 만족시키기 위한 것이었지, 내 연구가 새로운 지평을 열 것이라고는 꿈에도 기대하지 않았지요.

당시에는 하다못해 초등학교 교직이라도 얻을 가능성이 거의 없는 상황이었습니다. 오스트리아군에 입대해 제1차 세계대전에 참전하기에는 나이가 한 살 모자랐고, 교직에 결원이 생기면, 마땅한 처사이지만, 참전용사나 포로수용소에서 돌아온 귀환병에게 기회가 돌아갔습니다.

그래도 어찌어찌해서, 주로 소외당한 어린이를 가르치는 교육기관에서, 처음에는 무보수로 일자리를 얻을 수 있었습니다. 나중에는 운 좋게도 빈대학의 다양한 학생들을 대상으로 수학에서 심리학, 철학에 이르기까지 다양한 과목을 개인 지도할 기회를 얻었고요. 그 중에 미국인 학생도 몇 명 있었는데, 당시 달러화가 강세이고 오스트리아 화폐는 약세였기에 양자 모두에게 좋은 조건의 거래였습니다. 덕분에 나에게는 가르치는 법(그리고 안 가르치는 법)을 배울 아주 좋은 기회가 되었죠.

그 당시에는 이런 식으로 생활을 이어가는 것이 빈에서 그리 드물지 않았습니다. 오히려 경제적 상황 때문에 흔한 편이었죠. 1923년 빈 시(市) 당국이 초등학교 교사마저 시에서 신설한 교육대학의 과정을 이수한 사람만 고용하겠다고 공표했을 때, 나를

포함한 교사 지망생들은 빈대학의 부속기관인 교육대학에 부랴
부랴 지원했습니다.

그 시절 대학생들은 스스로 생활비를 충당해야 했습니다. 그래
도 최소한 우리는 교육대학 학비가 전액 면제였고, 수료하면 (봉급
이 형편없긴 해도) 교사 자리를 얻을 가능성이 있었지요.

나는 교육대학에서 흥미진진한 2년을 보냈습니다. 우리는 신
설된 교육대학과 그 모기관인 빈 종합대학 양쪽을 오가며 교육
받았는데, 동기들이 수업을 어려워한 탓에 어쩌다 보니 내가, 학
장 모르게 비공식적으로, 교수 노릇을 맡아 동기생들을 가르치
게 되었습니다. 물론 무보수로요. 그리하여 강의실이 빌 때마다
나는 교육대학의 필수과목을 어려워하는 학생들을 상대로 강의
를 하거나 연구수업을 진행했습니다. 패스해야 할 중간시험('콜로
퀴아Colloquia'라고 하는)이 굉장히 많아서, 내가 하는 수업은 시험 특
별 대비반이나 마찬가지가 되었습니다. 교수 중 유일하게 한 분,
심리학과의 카를 뷜러 교수님만 내 강의 활동에 대해 알고 계셨
습니다. 교수님의 실험실을 사용하기 위해 허락을 받아야 했거든
요. 교수님이 훗날 편지에 쓰시기를 내가 대비시킨 학생들의 시
험 성적이 가장 좋았다고 합니다.

나의 비공식 수업 중에는 중등학교 때 정식으로 라틴어를 배우
지 못한 학생들을 대상으로 한 라틴어 수업도 있었습니다. 당시

대학은 모든 학생에게 어느 정도 유창한 라틴어 실력을 요구했습니다. 그때 성인 학생들을 상대로 라틴어를 가르치면서 나 자신도 인간의 언어에 대해 많은 것을 배웠습니다. 그 경험이 언어에 대한 관점을 형성하는 데 큰 작용을 해, 훗날 인간 언어의 기원에 대한 (매우 개략적인) 이론을 정립하는 토대가 되었습니다. 이 이론은 여전히 미발표 연구로 남아 있습니다.

교육대학 과정을 마치고도 5년이 지나서야 초등학교 교사직 발령을 받았고, 다시 1년이 지나 중등학교 교직을 맡았습니다. 이 시기에 오늘날 과학철학으로 분류되는 분야의 다양한 주제에 대해 논문을 참 많이도 썼습니다. 1930년 당시 옷장이 논문용지로 가득 찰 정도였지요. 그중 발표된 것은 하나도 없습니다.

1930년, 초등학교 교사로 첫 출근을 하기 바로 전에 헤르베르트 파이글Herbert Feigl 교수를 만났습니다. 나와 동갑인 오스트리아 태생의 파이글은 미국에서 철학 교수로 재직 중이었고 '비엔나학파'로 분류되는 철학가 집단의 일원이었죠. 어느 날 저녁, 내 가설들을 진지하게 경청하던 그가 나에게 책으로 써보지 않겠느냐고 권했습니다. 그래서 나는 쓰던 논문을 제쳐두고 책을 쓰기 시작했고, 그렇게 1934년 가을에 출간된 것이 바로 『탐구의 논리』입니다.

『탐구의 논리』는 과학적 지식과 그 지식의 진화에 대한 이론, 훗날 내가 더 발전시킨 확률 이론, 그리고 양자역학에 대한 비판적 해석을 담고 있습니다(이 논제들은 이후 여러 학자가 재발견했습니다). 책은 대성공이었습니다. 물론 여기서 성공은, 독일에서 히틀러의 독재와 그의 독일 대학 탄압(전쟁 위협은 말한 것도 없고)에도 불구하고, 내 책에 논의된 것 같은 추상적인 문제들을 연구할 여지가 있었던 극소수 학자들에게 국한된 것이었지만요.

불안정한 정세에도 불구하고 내 책은 유럽뿐 아니라 미국에서도 좋은 평을 받았고, 곧이어 폴란드와 영국, 심지어 독일의 몇몇 대학에서 강연 요청이 들어왔습니다. 동시에 내가 가르치던 학교의 국가 사회당원(나치)들에게서, 그리고 나에게 막강한 권한을 행사하는 장학관에게서 협박이 들어오기 시작했지요.

그래서 영국의 강연 초청을 수락하기로 했고, 그러는 김에 아예 영국으로 이민을 가기로 결정했습니다. 영국에서 몇 차례 한 강연이 전부 좋은 반응을 얻었고, 덕분에 나는 1937년 뉴질랜드에서 대학임용 허가를 받았습니다. 먼저 캔터베리대학 철학과 강사직을 받아들였고, 이어서 뉴질랜드대학 시간제 강사직도 수락했습니다.

그러니까 나는 단 한 번도 철학을 전공으로 택해 공부하지 않았는데도 (심지어 한 번도 철학자가 되겠다고 의식적으로 노력하지 않았는데도) 학교 교사에서 어느새 대학에서 철학을 전문으로 가르치는 철학자로 진화해 있었습니다.

삶은 문제해결의 연속이다

어떻게 해서 그렇게 됐을까요? 답은 이렇습니다. 내가 철학을 공부하기로 선택하지 않았음에도, 내가 해결할 대상으로 여긴 문제들이 철학을 포함해 여러 분야를 공부할 수밖에 없도록 이끈 덕분입니다. 그러니 모두 내가 사랑해마지않는 문제들 덕분인 거지요. 나는 첫 번째로 탐구한 문제와 진정 사랑에 빠졌습니다. 한 이론을 경험과학으로 분류할 기준을 어떻게 세우느냐에 대한 문제였죠. 그에 대한 해결책을 얻은 뒤 곧바로 다른 문제들과 또 사랑에 빠졌고, 그중에 (호메로스, 크세노파네스, 파르메니데스, 플라톤 등이 대표하는) 고대 그리스 철학부터 칸트와 헤겔, 마르크스, 흐루쇼프와 고르바초프 등을 망라하는 근대 철학을 아우르는 철학 역사 문제도 있었던 겁니다.

여러분에게 내 연구법을 본받으라고 권해서는 안 된다는 것을 잘 알고 있습니다. 오히려 극구 피하라고 당부해야겠죠. 다만 진지하게 학문에 임하는 모든 학도, 특히 과학자들에게 자신이 진정 사랑에 빠질 만한, 그리고 자신의 인생을 기꺼이 바칠 만한 멋진 문제 하나를 찾으라고 권하겠습니다. 이러한 태도로 임하면 답을 찾기 위해 몇 번이고 문제에 달려드는 과정이, 또한 자신의 연구 열정을 비판적인 눈으로 보는 것이 한결 수월해질 겁니다. 성공하려면 한 번쯤 좌절을 넘고 열정을 더 뜨겁게 불태워야 하니까요. 연구가 성공적인 것처럼 보여도 연구자 자신이 더욱 철시비세 섬중해뼈야 되겨뜨요. 그린수룩 개년이 여지기 더 열려니까요. 아인슈타인은 1905년에서 1915년 사이 (훗날 중력에 관한 기하학 이론이 될) 상대성 이론을 정립하는 과정에서 몇 분에 한 번씩 해답일 것 같은 아이디어가 떠오르는 족족 퇴짜를 놓았다고 어느 저서에서 밝혔습니다. "인간의 오류 가능성에 대한 끊임없는 자각과 끊임없는 자기 비판을 중심 논제와 그것이 낳은 하위 문제들, 또 곁다리로 펼쳐진 문제들을 풀고자 하는 무한한 헌신과 결합하라." 이것이 내가 확신을 가지고, 진심을 다해 여러분께 권하는 연구법입니다.

다음의 조언으로 마무리하겠습니다. 아무리 도출된 답이 만족스러워도 절대로 그것이 최종 답이라고 생각하지 마십시오. 훌륭한 답은 많지만 최종적 답이라는 건 존재하지 않습니다. 우리가 내놓은 답들은 전부 오류일 가능성이 있으니까요.

이 원칙은 종종 상대주의로 오인되곤 했습니다만 실은 상대주의의 정반대입니다. 우리는 진리를 추구하는데, 진리는 절대적이고 객관적이며, 거짓 또한 그렇습니다. 그러나 한 문제에 대한 모든 답은 더 심오한 문제로 가는 문을 열어주게 마련입니다.

내 조언이 창조적이고 행복한 생으로 가는 길잡이가 되기를 바랍니다! 여러분, 인내를 가지고 들어주셔서 감사합니다.

삶은 문제해결의 연속이다

옮긴이의 말

『삶은 문제해결의 연속이다』가 처음 국내에 발간된 건 2006년이었습니다. 당시 가제가 '모든 생은 문제를 해결하려 한다'였는데, 결국 제목으로 '삶은 문제해결의 연속이다'로 정해졌습니다. 원제인 'All Life Is Problem Solving'은 중의적입니다. 모든 생명체는 문제를 해결하며 살아가고, 모든 삶은 끊임없이 문제를 해결하는 과정이기에 그렇습니다.

돌아보면 나에게 왜 이런 책이 맡겨졌을까, 나는 또 무슨 생각으로 덥석 맡았을까 새삼 의아할 정도로 어려운 작업이었습니다. 분량을 소화하고 문장을 다듬는 데 주어진 시간을 거의 다 썼던 걸로 기억합니다. 과거의 나를 믿고 재번역을 (왜냐하면 말 그대로 재번역이 되었으므로) 맡은 2022년에도 가장 번역하기 어려웠던 책을 꼽으라면 두밀하지 않고『삶은 문제해결의 연속이다』를 꼽겠습니다. 고생은 했지만, 오역과 누락을 바로잡을 기회가 주어진 것에 감사하는 마음입니다(물론 작업을 하는 동안에는 감사하지 않았습니다).

원고를 다듬던 지난 2022년 12월,『난장이가 쏘아올린 작은 공』의 저자 조세희 선생님의 별세 소식이 전해졌습니다. 그와 함께 과거의 인터뷰가 재조명됐는데, "냉소주의에 빠지지 말라"는 한마디가 유독 울림이 컸습니다. "(20대들은) 절대 희망의 끈을 놓지 말아라. 냉소주의에 빠지면 헤어나지 못한다. 공동의 일, 공동의 숙제를 해낼 수가 없다(경향신문 2022년 12월 25일 기사)." 세상은 과연 나아지고 있는가, 매일 고민하고 절망하던 때라 더 그랬던 것 같습니다.

세상은 나아지고 있는가? 몹시 인간 중심적인 질문입니다. 인간 이외의 생물과 환경은 소수의 인간이 대변한다 해도 외면되기 일쑤이며, 지구의 생물다양성은 이미 인간이 독단으로 돌이킬 수 없이 파괴해버렸으니까요. 그런가 하면 인간사는 또 어떻습니까? 간신히 1보 전진하면 너무 쉽게 2보 후퇴하는 것처럼 보입니다. 하지만 분노할지언정 비관하거나 냉소하지는 말라고 했습니다. 그 누구에게도 도움이 되지 않을뿐더러 문제를 해결하려는 노력에 찬물을 끼얹기만 할 뿐입니다. 칼 포퍼 선생의 역사관을 관통하는 하나의 큰 명제가 바로 '낙관주의는 우리의 의무'라는 것 아니겠습니까. 제1차 세계대전과 제2차 세계대전을 다 겪은 칼 포퍼 선생이 낙관주의가 인간의 의무라는데 누가 토를 달겠습니까. 희망적인 미래를 위해 현재에 할 수 있는 바를 다하는 것. 다른 시대와 다른 장소를 살아간 두 지적 지도자의 공통된 조언을 되새김하며 역자의 넋두리를 줄입니다.

좋은 책의 복간을 위해 힘써주신 포레스트북스 관계자 여러분, 좋은 책을 찾아 읽어주시는 독자 여러분께 감사드립니다.

2023년 1월
옮긴이 허형은

옮긴이 허형은

대학에서 한국사를 전공한 후 좋아하는 일을 찾아 번역의 길에 들어섰다. 2006년 발행된 칼 포퍼의 『삶은 문제해결의 연속이다』 초판본을 번역했고, 17년 만에 복간하는 이 책의 재번역을 진행했다. 옮긴 책으로는 『뜨거운 미래에 보내는 편지』, 『하프 브로크』, 『두렵고 황홀한 역사: 죽음의 심판, 천국과 지옥은 어떻게 만들어졌나』, 『세계의 끝 씨앗 창고』, 『미친 사랑의 서』, 『기독교는 어떻게 역사의 승자가 되었나』, 『디어 가브리엘』, 『토베 얀손, 일과 사랑』, 『삶의 끝에서』 등이 있다.

삶은 문제해결의 연속이다

초판 1쇄 발행 2023년 3월 3일
초판 2쇄 발행 2023년 12월 1일

지은이 칼 포퍼 **옮긴이** 허형은
펴낸이 김선준

편집3팀 이희산 **편집3팀장** 송병규 **디자인** 엄재선
책임마케팅 신동빈 **마케팅** 권두리, 이진규
책임홍보 권희 **홍보** 한보라, 이은정, 유채원, 유준상, 박지훈
경영지원 송현주, 권송이

펴낸곳 ㈜콘텐츠그룹 포레스트 **출판등록** 2021년 4월 16일 제2021-000079호
주소 서울시 영등포구 여의대로 108 파크원타워1 28층
전화 02) 332-5855 **팩스** 070) 4170-4865
홈페이지 www.forestbooks.co.kr
종이 월드페이퍼 **출력·인쇄·후가공·제본** 한영문화사

ISBN 979-11-92625-26-3 (03160)

㈜콘텐츠그룹 포레스트는 독자 여러분의 책에 관한 아이디어와 원고 투고를 기다리고 있습니다. 책 출간을 원하시는 분은 이메일 writer@forestbooks.co.kr로 간단한 개요와 취지, 연락처 등을 보내주세요. '독자의 꿈이 이뤄지는 숲, 포레스트'에서 작가의 꿈을 이루세요.